新时代高职高专大学生职业素养与职业能力提升系列课程教材

高职高专大学生心理健康教育

主　编　夏体韬
副主编　王瑾雯　晋娇燕

中国林业出版社

内容提要

本书针对高职高专大学生心理特点及出现的心理问题特征,系统介绍高职高专大学生入学适应、自我认识、合理认知、情绪管理、挫折与压力管理、人际关系、恋爱与性、生命教育、就业心理等。通过学习让高职高专大学生认识心理健康的重要性,学习了解并掌握一定的心理健康知识,增强自我心理健康保健和调节的意识,培养自我认知能力、人际沟通交流能力、自我管理调节能力等,切实提高心理健康素质,提升心理健康水平,促进学生素质全面发展。本书适用于高职高专院校心理健康教育课程教学,亦可供有关人员参阅。

图书在版编目(CIP)数据

高职高专大学生心理健康教育/夏体韬主编. —北京:中国林业出版社,2021.1(2022.9重印)
ISBN 978-7-5219-0997-5

Ⅰ. ①高… Ⅱ. ①夏… Ⅲ. ①大学生—心理健康—健康教育—高等职业教育—教材 Ⅳ. ①G444

中国版本图书馆CIP数据核字(2021)第019166号

中国林业出版社

责任编辑:张 佳 孙源璞
电 话:(010)83143561

出版发行	中国林业出版社(100009 北京市西城区刘海胡同7号)
网 址	https://www.forestry.gov.cn/lycb.html
经 销	新华书店
印 刷	河北京平诚乾印刷有限公司
版 次	2021年1月第1版
印 次	2022年9月第4次印刷
开 本	787mm×1092mm 1/16
印 张	12.75
字 数	268千字
定 价	38.00元

未经许可,不得以任何方式复制或抄袭本书之部分或全部内容。

版权所有 侵权必究

新时代高职高专大学生职业素养与职业能力提升系列课程教材编委会

主　任　夏体韬
副主任　李一源　徐贤明　王瑾雯
编　委　胡　琼　耿立春　徐　浩
　　　　张丽萍　子明高　晋娇燕
　　　　陈　月

序言

职业教育与普通教育是两种不同的教育类型,具有同等重要的地位。高职教育从无到有、由小到大,为经济社会发展培养了数以千万计的高素质劳动者和技术技能人才,成为国民教育体系和人力资源发展的重要组成部分。

随着扩招政策的推行,高职高专招生规模大幅提高,高职教育中面临的问题越来越具体,心理问题就是其中重要的一个。由于高职高专教育培养目标和生源结构与普通本科高校有所差异,高职高专学生中出现的心理问题特征也有所不同,因此我们萌发了编写一本更加适合高职高专学生特点与培养目标的心理健康教育教材的想法,帮助他们更好地适应职业教育、适应大学生活。

具体来说,高职高专大学生心理健康问题主要表现为以下几个方面:

一是自我认知偏差。从总体来看,高职高专大学生自我认知偏低的不在少数,认为高考失败,上了专科就是"差"学生;也有不少认为自己高考失误才上了专科,对专科存在偏见,认为自己应该去更好的学校。诸如此类的认知偏差容易导致自卑、心理失衡、陷入迷惘,久而久之容易诱发各种心理问题。

二是学习障碍突出。高职高专学生普遍高考成绩一般,入学后学习主动性不强,学习适应性欠佳,有的甚至自暴自弃荒废学业。

三是人际问题频发。高职高专学生因生源结构多样化,管理更为严格等诸多原因造成人际交往过程中更容易发生各种各样的摩擦,宿舍关系问题、异性交往问题等人际关系问题时常发生,严重影响了大学生的健康成长。

四是缺乏职业规划。高职高专学生学制较短,比普通大学生更快地面临就业问题,加之大部分学生缺乏对自己未来的规划,因此将承受更大的就业压力。

基于以上特征,我们组织了来自两所高职高专学校的一线教师,编写了这本《高职高专大学生心理健康教育》教材,我们站在高职高专学生的视角,用更生动形象的阐述方式,用更丰富的课程资源,旨在给高职高专的莘莘学子一种他们乐于接受、更有针对性的、客观全面的心理健康指导。

序言

《高职高专大学生心理健康教育》由云南农业职业技术学院夏体韬任主编,云南农业职业技术学院王瑾雯、云南机电职业技术学院晋娇燕任副主编。具体编写分工如下:第一、三、七章由夏体韬编写;第四、五、六、九章由王瑾雯编写;第二、八、十章由晋娇燕编写;第十一章由夏体韬与晋娇燕共同编写。本教材由王瑾雯、晋娇燕负责统稿,夏体韬定稿。

在编写本教材过程中,我们参考和借鉴了许多专家的相关著作和文章,在此谨向各位专家、学者表示感谢!由于编者水平和能力有限,如教材中存在不足与错误,诚望读者批评指正!

序言

第一章　认识心理学 ………………………………… 001
第一节　为什么要学心理学 ………………………… 002
第二节　心理学是什么 ……………………………… 003
第三节　什么是心理健康 …………………………… 007
第四节　高职高专学生心理健康 …………………… 013

第二章　大学生入学适应 …………………………… 019
第一节　环境的适应——大学是什么 ……………… 019
第二节　角色的适应——大学里我是谁 …………… 022
第三节　学习的适应——大学学什么 ……………… 025
第四节　人际关系的适应——大学是个小社会吗 … 030

第三章　合理认知及积极思维 ……………………… 034
第一节　什么是认知 ………………………………… 036
第二节　常见认知不合理的思维方式及信念 ……… 036
第三节　合理认知、积极认知的方式和策略 ……… 037
第四节　认知影响情绪和行为 ……………………… 038

第四章　认识自我 …………………………………… 041
第一节　自我意识的概述 …………………………… 041
第二节　自我意识发展过程中存在的偏差 ………… 044
第三节　认识自我、悦纳自我、完善自我 ………… 050

第五章　学习心理与行为 …………………………… 060
第一节　什么是学习 ………………………………… 060
第二节　学习的动机 ………………………………… 068
第三节　常见的学习困扰及增强学习行动力的方法 … 070

第六章　情绪的调节与控制 ………………………… 084
第一节　什么是情绪 ………………………………… 084
第二节　大学生情绪特点及常见情绪问题 ………… 089
第三节　理性情绪理论及应用 ……………………… 094
第四节　大学生良好情绪的培养 …………………… 099

目录

第七章　人际交往 103
- 第一节　人际交往及影响因素 103
- 第二节　人际交往的重要性 111
- 第三节　大学生人际交往类型及常见不良表现 113
- 第四节　良好人际关系的建立 118

第八章　挫折与压力 125
- 第一节　挫折概述 125
- 第二节　压力概述 130
- 第三节　压力管理与挫折应对 135

第九章　恋爱与性 140
- 第一节　关于爱情 141
- 第二节　大学生恋爱的特点及常见心理问题 144
- 第三节　培养爱的能力 152
- 第四节　大学生性心理健康 158

第十章　生命教育 164
- 第一节　敬畏生命——大学生生命观 164
- 第二节　尊重生命——大学生生命伦理与责任观 171
- 第三节　寻找生命的意义——大学生生命价值观 173

第十一章　就业心理及就业准备 179
- 第一节　职业生涯规划 179
- 第二节　求职准备 186
- 第三节　大学生职业心理健康问题及调适 191

参考文献 195

第一章 认识心理学

> **本章导航**
>
> 精神健康的人,总是努力地工作及爱人。只要能做到这两件事,其他的事就没有什么困难。
>
> ——弗洛伊德
>
> 人生有两大快乐:一个是没有得到你心爱的东西,于是可以寻求和创造;另一个是得到了你心爱的东西,于是可以去品味和体验。
>
> ——周国平
>
> 应付生活中各种问题的勇气,能说明一个人如何定义生活的意义。
>
> ——阿尔弗雷德·阿德勒
>
> 孤独并不是来自身边无人。感到孤独的真正原因是因为一个人无法与他人交流对其最要紧的感受。
>
> ——卡尔·荣格

恋爱、自卑、愤怒、情绪管理、人际关系以及失眠、焦虑、忧郁等种种心理难题和心理困惑,你可以有效化解吗?

18~25岁,在心理学中被称为"成年早期",这是一个非常不容易、困难程度被严重低估了的人生阶段,现在这个年龄段已延长到30岁,甚至是35岁。

这个阶段的人们要面对异常激烈的社会竞争、无法克服的焦虑、价值观的冲突、代际的创伤等问题,却并没有获得足够多的精神上的支持和帮助。

没有找到确定的人生方向,不知道自己想要什么样的生活,想成为一个什么样的人。

更多的人在渴望得到帮助和想要自我成长时学习心理学,通过心理学来认识自己,改变自己,连接世界。心理学给人们提供一个看问题的新角度和方式,让人们从根源去认识自己,找到心理困扰的真正原因,重塑自己的内心,并建立和世界沟通的良好方式。

在开始学习前请尝试回答这三个问题:

你真的认识你自己吗?

你找得到内心出现问题的真正原因吗?

你知道如何真正地解决你内心的问题吗？

心理学是每个人人生中不可或缺的一位老师。

希望你通过学习心理学，找到内心的平静和快乐。

解决问题，重塑自己。

获得平静，找到快乐。

净化内心，连接世界。

真正的改变，从触碰心理学的那一刻开始。

第一节　为什么要学心理学

刚入学，很不适应，失落，失望……

沉迷游戏无法自拔，但又很想改变……

宿舍关系紧张，让我很难受……

我喜欢的人不喜欢我，我很痛苦……

失恋了，我的世界突然就塌了……

提不起学习的兴趣，跟不上学习进度，让我很焦虑……

我以后要干什么？我感到很迷茫……

总忍不住对家人发火，事后又觉得很后悔……

联合国教育、科学及文化组织指出，21世纪人类健康的最大威胁来自于心理疾病和适应不良。

《2017中国城镇居民心理健康白皮书》（以下简称《白皮书》）发布会在陕西省西安市召开。《白皮书》分析了全国约112万城镇人口的心理健康数据，发现中国城镇居民的心理健康状况不容乐观。目前，占总数73.6%的人处于心理亚健康状态，存在不同程度心理问题的人占16.1%，心理健康的人仅占10.3%。同时，患慢性疾病人群的心理问题伴发率极高，心理健康的仅占5.1%。

高校学生存在心理健康问题的原因主要有以下几点：

一是心理承受力过于薄弱。从未经历打击的人，都是心理很脆弱的人，多见于在校的学生。这跟家庭教育有很大的关系，父母把自己的孩子保护得太好，不让他们受到一丁点委屈，致使他们没有经历过挫折，心智发育不健全。在这种脆弱的心理状态下，只要受到一点委屈或压力，就会让他们无法承受。

二是叛逆心理过于严重。长期处于家长或老师的高压下极易产生愈发强烈的逆反心理，一旦这种心理形成，将会使青少年逐渐走向极端。当面临强大的压力时，往往无法缓解，尤其在成绩突然下滑、被家长或老师训诫、失恋等情况之下，往往选择极端的手段，例如伤害别人和伤害自己。

三是家庭环境恶劣影响。家庭中经常出现暴力或父母离异等都会严重影响到孩子的成长,给他们造成长期的巨大的心理伤害,这种伤害随之而来将会催生出无数的问题少年,这些少年往往非常容易选择自残、自杀或者去伤害他人。

(资料来源:《中国国民心理健康发展报告(2017—2018)》)

据相关调查研究显示,当代大学生心理处于不健康或亚健康状态的学生约占50%。大学生面对着生活中各种纷繁复杂的问题,而其心理问题又没有得到足够关注和及时解决,在这种情况下,往往会出现自闭、抑郁、焦虑、偏执、强迫、精神分裂等方面的精神问题。

近年来大学生因为心理健康问题休学、退学甚至自杀的现象频频出现,因此,大学生的心理健康状况亟须关注。

第二节　心理学是什么

"听说,你是学心理学的,那你知道我在想什么吗?"

读心似乎是大众对心理学的误解。

大众眼中的心理学也许是下面这样子的:

她说:"心理学是帮我找到男朋友,然后抓住男朋友的心。"

她说:"心理学是心理医生,治疗人的心理疾病。"

她说:"心理学是读心术,知道别人的心里想些什么。"

他说:"你们这些女人,总是头发长见识短,你们说的都不对,心理学其实是笔迹分析、星座分析、性格分析。"

还有的人认为,心理学是算命,可以利用心理学来预测一个人的婚姻、工作等的前景。

一、心理学的误区解析

(一)误区解析1:心理学不是常识

常识来源于经验,有时候是正确的,有时候抓住的是事物的表面而非其本质,因此是片面的。例如,一群人在研究一个投资项目,与个人意见相比,你认为一群人的决定可能——更慎重?更冒险?还是没有任何差别?绝大多数人应该会选择更慎重吧,从常识的角度,一群人头脑风暴、集思广益,所做出的应该是更为稳妥和理智的选择。但实际的真相是,一群人做出的决定往往更冒险。心理学将这种现象定义为群体极化现象,即人越多,越容易走极端。这种现象背后的原因不难理解,试想,你们一群人共同商讨后,决定要冒风险进行投资,一旦成功,众人皆大欢喜,一旦失败,作为决策者之一,你要负多大的责任?还好,你可以双手一摊,用无辜的口气说,这又不是我一个人做的决定!

伴随着人数的增多,分摊的责任比例却在降低,成功也好失败也罢,都无须你独自承担后果。所以,在这种群体决策的氛围中,人们往往容易做出更冒进、更轻率的选择。

因此,下次遇到人生的十字路口,不知该作何抉择时,最好的方式也许不是召集七大姑八大姨好哥们好闺密一起商讨,而是自己冷静地权衡得失利弊,再做出一个更为妥善、慎重的决定。

(二)误区解析2:心理学不是星座、算命和卜卦

会把心理学和算命卜卦混为一谈的人,估计不在少数吧。

算命卜卦以及所谓的星象学,虽然顶着各种玄乎其玄的名头,但充其量不过是一种伪心理学,是经不起实证检验的学说。

在《怪诞心理学》一书中,记录了一个有趣的心理学实验。

弗瑞尔教授的课堂上,学生们完成了一项性格测试,一周后他们得到了一份测验结果,如果觉得测试结果比较准确的话,就请举手示意。陆陆续续地,班上的学生把手都举起来了,看到这个场面,弗瑞尔教授惊得下巴都快掉下来了。

让我们随机抽一个学生,看看测试结果:

你需要别人喜欢你和欣赏你,但你通常对自己要求苛刻。

你很自豪自己是一个能够独立思考的人,如果没有令人满意的证据,你不会接受别人的观点和说法。

有时候你很外向,比较容易亲近,但有时候你却很内向,比较沉默寡言。

你有很多梦想,其中有一些看起来相当不切实际。

……

再随机抽一个学生看结果,咦?再随机抽一个看结果,咦!怎么所有的性格描述都一样啊!

原来,弗瑞尔教授发给学生的文字都是一模一样的,并且不是源自性格测试,而是他闲来无事逛路边摊,买了一本星座书,从各大星座的性格描述中随机摘取、拼凑出的一段文字。至于为什么蒙在鼓中的学生纷纷中招,举起了自己赞同的小手,理由也很简单:试问,谁不是有时候外向,有时候内向?谁没有很多很多的梦想?谁会觉得自己不能独立思考?

这些模棱两可、含糊其词的描述,很容易让人对号入座,掉进"平均描述"的陷阱,忽略了这些特征可谓放之四海而皆准。而算命、卜卦和星象学能够大行其道,也无非是利用了这一心理现象。

(三)误区解析3:心理学不是心理咨询

很多人提到"心理学",脑子里蹦出的第一个画面都是心理咨询的场景。不可否认,借助于电影和电视剧的推广,很多人了解到心理学的这一功用和领域,但是,如果在"心理咨询"和"心理学"之间画等号,那就大错特错了。

假如有学生问:"老师,您觉得我考心理学的研究生怎么样?"

首先,老师会苦口婆心告诉他,孩子,心理学专业不好就业啊,如果只是为了学历而考研究生你就别考了……(我热爱心理学,但就业问题是心理学专业学生内心的隐痛。)

其次，如果这个孩子真是不撞南墙不回头，撞了南墙也不想回头，一门心思要扑进心理学的汪洋大海，老师也不好拦着了。只能向他仔细地介绍，心理学有三个专业：

第一，基础心理学，学了这个专业的同学基本是"一入实验室，无由得见春"，闷头做理论探讨和实验研究。

第二，发展心理学，这个专业主要研究人类从呱呱坠地到垂垂老矣的一生的心理发展变化，尤其以儿童和青少年期为主。

第三，应用心理学，主要研究如何把心理学知识运用到学校教育、企业管理和个人生活等方面。

学生听完了，开始疑惑怎么没有心理咨询？我想学心理咨询专业！

老师只能再次苦口婆心地普及知识，心理咨询算不上是一个专业，只是应用心理学名下的一个方向，除此之外，应用心理学还包括了社会心理学、管理心理学、运动心理学、经济心理学等……

因此，心理咨询只是浩瀚的心理学中一个普及度较广的小分支而已。

二、什么是心理学

（一）心理学的概念

灵魂在希腊文中也有气体或呼吸的意思，因为在古代人们认为生命依赖于呼吸，呼吸停止，生命就完结了。随着科学的发展，心理学的对象由灵魂改为心灵。最早，心理学、教育学都同属于哲学的范畴，直到19世纪初，德国哲学家、教育学家赫尔巴特才首次提出心理学是一门科学。科学的心理学不仅对心理现象进行描述，更重要的是对心理现象进行说明，以揭示其发生发展的规律。

科学心理学的诞生：

1879年秋冬之交的某一天，德国莱比锡大学的一间简陋且不招人待见的房间里，一位47岁的哲学教授在这里建立了他的心理学实验室。

这一天，世界上第一个心理学实验室诞生；

这一年，被心理学界公认为科学心理学诞生之年；

这个人，被称为"科学心理学之父"——威廉·冯特（Wilhelm Wundt）。

目前，谈及心理学的定义，流传较广的版本来自于美国著名心理学家菲利普·津巴多（Philip George Zimbardo），他认为心理学是研究个体行为和心理过程的科学。

这种定义虽然无可指摘，但也有学者打趣，这就像是把小汽车定义为"一种把人从一个地方送到另一个地方的交通工具"。虽然准确，但是我们无法得知，这个小汽车是什么样子的，如何运行，与公共汽车或火车又有什么差别。

心理学是一门研究人类心理现象、精神功能和行为的科学，既是一门理论学科，也是一门应用学科。心理学既研究动物心理，也研究人的心理，而以人的心理现象为主要的研究对象。它包括基础心理学与应用心理学两大领域。

（二）心理学的研究对象

心理学是研究人的心理现象及其规律的科学。为研究和理解的方便，心理学把人的心理现象划分为心理过程与个性心理两个方面,如图1-1所示。

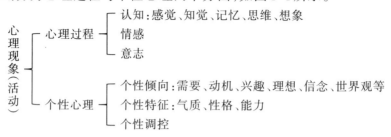

图1-1 心理现象

(1)心理过程(mental process)指一个人心理现象的动态过程。包括认识过程、情感过程和意志过程,反映正常个体心理现象的共同性一面。

认知过程即认识过程,是个体在实践中对认知信息的接受、编码、贮存、提取和适用的心理过程。它主要包括感知觉、思维、记忆等。

情感过程是个体在实践中对事物的态度的体验。

意志过程是个体自觉地确定目标,并根据目的调节支配自身的行动,克服困难,以实现预定目标的心理过程。

以上三种过程不是彼此孤立的,而是相互联系、相互作用,构成个体有机统一的心理过程的三个不同方面。

(2)个性心理(individual mind)是一个人在社会生活实践中形成的相对稳定的各种心理现象的总和。包括个性倾向、个性特征和个性调控等方面,反映人的心理现象的个别性一面。

个性倾向是推动人进行活动的动力系统,反映了人对周围世界的趋向和追求,主要包括需要、动机、兴趣、理想、信念、价值观和世界观等。

个性特征是个人身上经常表现出来的本质的、稳定的心理特征,主要包括气质、性格和能力。

个性调控是个人对自己心理和行为的控制和调解,是以自我意识为核心。自我意识是个人发展到一定阶段出现的、个人借以对自己的心理和行为(包括个性倾向和个性特征)进行认识、评价、控制、调解,从而形成一个统一的个性心理结构系统。

(三)心理学的研究领域

发展心理学:研究人从胎儿出生到年老死亡的成长和发展的全过程。

学习心理学:探索人是如何发展成为如今的状态,研究人类和动物的学习发生过程和原因。

人格心理学:关注人格特征、动机和个体差异。

感觉与知觉心理学:研究人类怎样感知周围世界,如人类是如何识别面孔的。

比较心理学:研究和比较不同种系的动物行为。

生理心理学:研究心理现象和行为产生的生理过程。

认知心理学:主要研究思维问题,试图了解推理、问题解决、记忆及其他心理过程与人类行为的关系。

性别心理学：研究男性与女性之间的差异，探索生理因素、儿童抚养过程、教育、社会刻板印象等各种因素对性别差异的影响。

社会心理学：研究涉及态度、说服、骚乱、顺从、领导行为、种族歧视、友谊、婚恋等问题。

文化心理学：研究文化对人类行为的作用。

进化心理学：研究人类在历史长河中各种进化方式对行为的影响。如男性与女性之间的配偶选择方式。

临床心理学：主要研究心理健康和心理疾病。

学前儿童心理学：研究从出生到入学前的儿童心理发生发展规律的科学。

行为心理学：研究有机体用以适应环境变化的各种身体反应的组合。

犯罪心理学：研究犯人的意志、思想、意图及反应的学科。

第三节　什么是心理健康

一、健康

（一）健康的含义

人们对健康的认识主要经历三个发展阶段，或者说三种模式。

第一阶段：在生产力水平低下、人们的物质生活和生命财产得不到充分保障的时候，人们的主要目标就是如何使自己不饿死、不冻死、不病死，也就是如何使生命尽可能地延续下去。对健康的认识局限于吃饱、穿暖、不染病。

第二阶段：随着社会的发展，生产力的提高，一部分人先从饥寒中脱离出来，出现了富人，产生了阶级，他们不再为吃穿而担忧，也可以很好地享受医疗服务，延续生命。人们有了闲暇时间，就开始思考人存在的意义、地球怎么来的、人是怎么来的，慢慢出现了迷茫、困惑、焦虑、恐惧、担心、失落等情绪。人们慢慢认识到并不是躯体健康了人就健康了，真正的健康还和一个人的心灵、灵魂和精神有关。随着科学的产生和发展，人们认识到除了身体健康还有心理健康。

第三阶段：随着科学发展、社会发展以及人类的发展，人们对健康的阐述和理解在不断扩展、延伸。世界卫生组织（WHO）在其1948年颁布的《世界卫生组织宪章》中明确指出："健康不仅仅是没有疾病，而且是身体上、精神上和社会适应上的完好状态。"1989年，世界卫生组织又认为，健康应该包括躯体健康、心理健康、社会适应良好和道德健康。

（二）健康的标准

世界卫生组织提出了健康的十条标准：

(1)有充沛的精力,能从容不迫地担负日常生活和繁重的工作,而且不感到过分紧张疲劳;

(2)处事乐观,态度积极,乐于承担责任,事无大小,不挑剔;

(3)善于休息,睡眠好;

(4)应变能力强,能适应外界环境各种变化;

(5)能够抵抗一般性感冒和传染病;

(6)体重适当,身体匀称,站立时,头、肩、臂位置协调;

(7)眼睛明亮,反应敏捷,眼睑不易发炎;

(8)牙齿清洁,无龋齿,不疼痛,牙龈颜色正常,无出血现象;

(9)头发有光泽,无头屑;

(10)肌肉丰满,皮肤有弹性。

这十条标准,具体地阐述健康的定义,体现了健康所包含的体格、心理和社会三个方面的内容。

拓展阅读

三个新指标与八条新标准

最近,世界卫生组织就人体健康问题提出了三个新指标和关于身心健康的八条新标准(五快三良好)。

1. 三个新指标

(1)新概念:从满足物质需要向满足精神需要发展;

(2)新原则:从经验养生到科学养生方向发展;

(3)新目标:从追求生存质量目标向追求生活质量目标转化。

2. 八条新标准(五快三良好)

吃得快、便得快、睡得快、说得快、走得快、良好的个性、良好的处世能力、良好的人际关系。

"五快"用来衡量生理健康:

(1)吃得快:指胃口好,什么都喜欢吃,吃得香甜,吃得平衡,吃得适量。不挑食,不贪食,不零食。吃得快,当然不是指吃得越快越好,而应做到细嚼慢咽,使唾液充分分泌,这样可以减轻胃的负担,提高营养吸收率,也能减少胃癌的发生。

(2)便得快:指大小便通畅,胃肠消化功能好。良好的排便习惯是定时、定量,最好每天1次,最多2次。起床后或睡眠前按时排便,每次不超过5分钟,每次排便量250~500g,说明肛门、肠道没有疾病。假如便秘,大便在结肠停留时间过长,形成"宿便",有毒物质就会吸收得多,引起肠胃自身中毒,出现各种疾病,甚至可能导致肠癌。

(3)睡得快:指上床后能很快入睡,睡得深;不容易被惊醒,又能按时清醒,不靠闹钟或呼叫;醒来后头脑清楚、精神饱满、精力充沛,没有疲劳感。睡得快的关键是提高睡眠质量,而不是延长睡眠时间。睡眠质量好,表明中枢神经系统兴奋、抑制功能协调,内脏无病理信息干扰。睡眠少或睡眠质量不高,疲劳得不到缓解或消除,会形成疲劳过度,甚至出现疲劳综合征,免疫力下降,产生各种疾病。

(4)说得快:指思维能力好。对任何复杂、重大问题,在有限时间内能讲得清清楚楚、明明白白,语言表达全面、准确、深刻、清晰、流畅。对别人讲的话能很快领会、理解,把握精神实质,思维清楚而敏捷,反应良好,大脑功能正常。

(5)走得快:指心脏功能好。俗话说"看人老不老,先看手和脚""将病腰先病,人老腿先老"。加强腿脚锻炼,做到运动自如、轻松有力,不要事事时时离不开车,不要忘记腿是精气之根,是健康的基石,是人的第二心脏。

"三良好"用来衡量心理健康:

(1)良好的个性:指情绪稳定,性情温和,意志坚强,感情丰富,胸怀坦荡,豁达乐观。

(2)良好的处世能力:指洞察问题客观现实,具有较好的自控能力,能适应复杂的社会环境。

(3)良好的人际关系:指助人为乐,与人为善,与他人的关系良好。

(三)亚健康

在21世纪的今天,随着生活和工作节奏的不断加快,人们对于健康的内涵又有了进一步的考量,提出了"亚健康"的新概念。

所谓"亚"就是还达不到很明显的疾病程度,但是又达不到完全健康的程度,是中间状态,所以叫亚健康,又有"次健康""第三状态""中间状态""游移状态""灰色状态"等的称谓,我国普遍称之为"亚健康状态"。处于亚健康状态的人,虽然没有明确的疾病,但却出现精神活力、适应能力和反应能力的下降,如果这种状态不能得到及时的纠正,非常容易引起身心疾病。

二、心理健康的含义和标准

关于心理健康的概念,目前国内外学术界尚无一致的看法。

1946年第三届国际心理卫生会议曾对心理健康下过定义:所谓心理健康是指在身体、智能、情感上与他人的心理健康不相矛盾的范围内,将个人的心境发展成最佳的状态。

《简明不列颠百科全书》中将心理健康定义为:心理健康指个体心理在本身及条件许可范围内所能达到的最佳状态,但不是十全十美的绝对状态。

心理健康是一种持续的心理状态,当事者在这种情况下能良好适应,具有生命的活力,而且能充分发展其身心的潜能,这是一种积极的、丰富的情况,而不仅是免于心理疾病。

心理健康是各类心理活动正常、关系协调、内容与现实一致和人格处在相对稳定的状态。

心理健康是个体的一种积极的内部适应状态,个体能够表现出良好的环境适应性,并充分发挥其潜能,在应对各种问题时能表现出积极倾向。

美国心理学家马斯洛(Abraham Maslow)和米特尔曼(Bela Mittelman)提出的心理健康的十条标准被公认为是"最经典的标准":

(1)充分的安全感;

(2)充分了解自己,并对自己的能力作适当的评估;

(3)生活的目标切合实际;

(4)与现实的环境保持接触;

(5)能保持人格的完整与和谐;

(6)具有从经验中学习的能力;

(7)能保持良好的人际关系;

(8)适度的情绪表达与控制;

(9)在不违背社会规范的条件下,能适当地满足个人的基本要求;

(10)在符合集体要求的前提下,较好地发挥自己的个性。

中国学者王登峰、张伯源也提出了心理健康的标准:

(1)了解自我,悦纳自我;

(2)接受他人,善与人处;

(3)正视现实,接受现实;

(4)热爱生活,乐于工作;

(5)能协调与控制情绪,心境良好;

(6)人格完整和谐;

(7)智力正常;

(8)心理行为符合年龄特征。

研究发现,具有最健康人格的人有以下特征:坦率、开放、热情、积极、低抑郁、低焦虑、低冲动性、低压力脆弱性、低愤怒的敌意。

三、大学生心理健康的标准

(一)能保持对学习有浓厚的兴趣和求知欲望

学习是大学生活的主要内容,心理健康的大学生都会珍惜学习机会,对学习有浓厚的兴趣,求知欲望强烈,能克服学习中的困难,学习成绩稳定,能保持一定的学习效率,从学习中体验到满足与快乐。尽管大学生在大学阶段的主要任务是学习求知,但也要学会做人、学会做事、学会与人相处。

(二)能协调和控制情绪,保持良好的心境

积极乐观的情绪和良好的心境是心理健康的重要标志。一个情绪乐观的人,会使自己整个身心处于积极向上的状态,对一切充满信心和希望。心理健康的大学生乐观开朗、热爱生活、积极向上,在一般的情况下,总能保持满意的良好心境。心理健康的大学生同样会产生消极的情绪,心理健康与否,不在于是否产生消极情绪,而在于消极情绪持续时间的长短以及它在整个情绪中所占的比重。心理健康的大学生,其积极的情绪状态占优势,当面对失败、疾病和死亡时,他们也会产生焦虑、悲伤、忧愁等消极情绪,但是不会长久。因为他们能控制、调节、转移消极情绪,善于避免消极情绪对自身的伤害。

(三)意志行为健全,能经受住各种挫折和磨炼

行动的自觉性、果断性和顽强性是意志健全的重要标志。心理健康的大学生,对学习、生活有明确的目标和追求,在意志行动中有主见、有恒心、专心致志。

反应适度是意志健全的主要组成部分,也是心理健康的外在表现之一。反应适度是指个体对外界环境和事物的反应既不过敏,也不迟钝。主要表现为:言行一致;为人处世,合情合理,灵活变通;在相同或相似情景下,行为反应符合情景。

(四)人际关系和谐,乐于交往

人际关系和谐是心理健康的重要标准,也是维持心理健康的重要条件之一。人际关系状况最能体现和反映人的心理健康状况。心理健康的大学生热爱生活、乐于交友、善于与人相处;既能容人之短,也能容人之长,能正确处理互助和竞争的关系;能与他人合作共事,乐于助人。

(五)正确的自我意识

正确的自我意识是心理健康的核心标准。正确的自我意识,包括了解自我、接纳自我和完善自我。一个人能了解自我、接纳自我,就能修正自我、完善自我。相反一个人没有自知力,其行为就会发生偏差。心理健康的大学生能以客观的态度认识自己和周围世界,既不自恃清高、妄自尊大,也不自轻自贱、妄自菲薄,而是在行动上自律、评价上自省、形态上自控、情感上自悦。他们能够认识到理想自我与现实自我的差距,并保持基本满意的态度。他们善于从客观环境中吸取有价值的信息以充实自己、完善自己,并进行恰当的自我评价和自我调节,有效地控制自己的行为。

(六)人格健全完整

人格是指一个人的整体精神面貌。人格完整是指人格构成要素中的气质、能力、性格、需要、动机、兴趣、理想、信念、世界观等各方面的完整统一,平衡发展。心理健康的大学生有积极的人生观、价值观和世界观;有高尚的理想、远大的抱负和坚定的信念;有坚强的意志、独立的创造能力和实践精神;勤奋学习、努力工作;能把需要、动机、态度、理想、目标和行为统一起来,做到态度与行为一致。

(七)社会适应良好

心理健康的大学生,能和社会保持良好的接触,能主动认识社会、了解社会,使自己的理想、信念和行为能跟上时代发展的步伐,与社会的进步发展协调一致,与社会要求相符合,为社会所接纳。一旦发现自己的认识、需要、行动与社会发生矛盾和冲突时,

能够及时调整、修正或者放弃自己的想法和行动,谋求与社会协调一致,顺应历史潮流,而不是逃避现实、悲观失望、愤世嫉俗、报复社会,或者一意孤行、背道而驰。

(八)心理行为符合年龄特征

人的一生会经历不同的年龄阶段,每一年龄阶段的心理发展会表现出相应的特征,被称为"心理年龄特征"。心理健康的大学生一般心理行为特点应该与其所属年龄阶段的人的共同心理特征相一致。既不过于老成,也不过于幼稚。如果严重偏离相应的年龄特征,心理发展严重滞后或超前,则是行为异常、心理不健康的表现。大学生应该充满青春活力,朝气蓬勃、积极向上、敢想敢干、勤学好问、探索创新。

四、心理健康的误区

(一)身体健康=心理健康

健康不仅指身体的健康,还包括心理健康和良好的社会适应能力。身体健康不等于心理健康,身体健康与心理健康是相互独立又相互依赖的。

(二)有不健康的心理和行为表现=心理不健康

心理不健康是指一种持续的不良状态。偶尔出现一些不健康的心理和行为并不等于心理不健康,更不等于已患心理疾病。不能只看一时一事就简单地对自己或他人做出心理不健康的结论。

(三)心理不健康=心理变态

心理不健康有多种形式,心理变态只是其极端形式而已。人的心理可用三个区表示:白色区、灰色区和黑色区。如果把健康的心理比作白色,不健康的心理比作黑色,那么介于白色和黑色之间的灰色心理,即亚心理健康状态,这是绝大多数人都处于的中间状态。人的心理健康状态是动态平衡的,三种状态之间可以相互转换,灰色心理调节得当可以恢复为白色心理,不当则会发展为黑色心理。

(四)心理问题=精神病

许多大学生对"心理问题"十分敏感又不屑一顾,认为有心理问题的人是十分可笑和可耻的,认为有心理问题就是有精神病,这是一种很伤害人的误解。每个人都会遇到心理困惑,调解不当则可能会引发心理问题,长久得不到解决就会发展为心理疾病。几乎每个人都会有一般的心理问题,但不会都发展为精神病。

(五)一次心理咨询就可以解决问题

对心理咨询的不了解导致人们有过高的期望值,认为通过一次心理咨询就可以解决所有心理问题。其实,心理问题和身体疾病一样,"冰冻三尺,非一日之寒",不可期望很快就能痊愈。而且,不同于身体疾病,心理问题的治疗需要求助者和咨询师双方互动交流,这也不是一次就可以完成的。当然,也不是所有心理问题都需要多次咨询和治疗。

五、理解心理健康要注意的问题

(1) 心理健康与心理不健康不是泾渭分明的对立面,而是一种连续状态。从良好的心理健康状态到严重的心理疾病之间有一个广阔的过渡带。在许多情况下,异常心理与正常心理、变态心理与常态心理之间没有绝对的界限,只有程度上的差异。

(2) 心理健康状态不是固定不变的,而是动态变化的过程。随着人的成长、经验的积累、环境的改变,心理健康状态也会有所改变。

(3) 心理健康标准是一种理想尺度,是一种心理健康水平的努力方向。

第四节 高职高专学生心理健康

一、高职高专学生心理特点

(一) 成人感和独立性明显增强

随着生理特征的成熟,大学生不仅从体态上感到自己已像个成人了,而且从内心体验上加强了这种成熟感,因而他们强烈要求成人和社会把他们当作成人看待,极力摆脱成人对他们的约束和干涉,强烈要求独立自主。

(二) 青春少年,充满活力

高职学生年龄一般在18~23岁之间。生理上是人生蓬勃发展和成熟时期,是人生的黄金时段;思想上对世界充满了好奇和憧憬,并勇于探索、实践、学习。他们接受新事物快,适应新生活能力强;他们喜欢唱歌、跳舞,崇拜明星、偶像;追求时尚,讲求个性,出新求异。

(三) 本科情未了,心理落差大,自信不足,自卑严重

高职学生中高中毕业生占80%,中专、职校、技校学生占20%。高中毕业生从精英教育迈进职业教育,心理产生了很大落差,有的学生甚至复读多年,都没有考取本科院校,不得已才上高职。他们要经历认知、意志和情绪、情感的剧痛。他们中的一些人曾立志,如果在高职拿不到本科文凭,那么高职毕业以后一定要拿个本科文凭。非大城市的学生,来到高职后,了解到其他大城市同学的分数较低,产生了心理不平衡,甚至要求退学。他们中相当多的学生心理滑入高职院校"门低府浅,学而无为"的认识误区,随后情绪上产生对职业技术教育的失望,致使心绪失落,学志低沉,进而误入吸烟、酗酒、旷课、通宵上网、过度恋爱的歧途,最后不少学生转学、退学、废学、息学。其心理原因主要是如下几方面:首先,价值否定。理想与现实反差太大,以致心理失衡,产生对高职教育价值的否定。其次,学法错位。高职教育注重理论与实践并重,实际技能训练高于理论学习,这不同于普通大学的专业性学习与理论性研究。最后,需求倒错。高职院校"外求功用"的办学实际和"内练职技"的办学宗旨,与精英教育相比,更注重实用。而高职院校门槛较低,入校者层次参差不齐,让人又添几分低微感。高职学生层次多,

结构复杂,学习的多元化,技术实践的开放性、社会性的增强,在人际交往能力、技巧方面使他们感到力不从心、无所适从,又易产生孤独感。这是因高考失利而带入高职的问题。

（四）学习周期短,就业在眼前

高职教育现学制为三年,在当今以就业为导向的高职教育中,学生从入学起就关心就业问题,二年级下学期就面临着实习、就业的问题。他们边学习边考取各种资格证书,通过向学长、学姐打听及其他渠道获取各种就业信息,个人的升学、就业及在哪里实习、在哪里工作都提上了日程。这也造成了他们在理论学习上不能深入,心境容易浮躁的状况。学生时代即将结束,他们感触颇多,较易产生各种心理困惑,甚至沮丧,茫然不知所措,"走一步看一步,到时候再说"成了他们的主要行动思想。

（五）教育有缺失

我国正处在社会转型期,东西方文化的交融,各种思想、生活方式的涌入使得青年学生目不暇接,由于他们辨别是非的能力有限,好奇心重,因此有些人不假思索地模仿、效仿,认为凡是西方的都是先进的。中国的家庭教育既有现代民主型的,也有传统守旧型的,还有非理智型的教育,而后两种占多数。此外很多学校的应试教育,只一味地强调分数,学校的任务就是把学生的分数提高上去,其他的教育工作无暇顾及。如此,在高职学生身上表现出了已有的教育的缺失。表现在学生自理无能,对自己衣、食、住、行,自我生活的支配和料理能力太差;交流阻隔,面对人际交往的复杂性产生怯懦感与孤独感;自控能力差,易受情绪左右;保守闭塞,心理年龄小于实际年龄。

（六）智力发育到高峰期,精力旺盛

大学生正处于人生充满活力的青春期,精力充沛、血气方刚、思维敏捷、充满热情、富有创新精神,对未来充满憧憬,易接受新生事物,需求多元化,尤其是精神方面的需要十分丰富(要求丰富多彩的文化生活、希望自己取得成就、关心社会和自己未来的发展等),强烈渴望参加各种社团组织以锻炼和展示自己的能力,获取更多的人生经验。

（七）自我意识增强

自我认识和自我评价能力有明显提高,自主性和自尊心明显增强,自我需要增加。但有些急功近利,在某些需要得不到满足时又怀疑自己的能力而走向自卑。

（八）情感丰富但情绪不稳定

由于各种需求的增加使得情感体验丰富多彩但由于心理不够成熟,自我控制能力较弱,情绪的波动性较大。

（九）注重友谊,交往需求迫切

大学生渴望友谊和被理解、被接纳,人际交往范围扩大,交往能力提高。但由于交往心理不够成熟,对人际关系期望过高,有时可能因陷入交往误区而烦恼。

（十）性意识发展迅速,异性交往愿望强烈

大学生虽然在生理上性发育已成熟,但在性心理发展、性角色观念和性角色行为等方面亟待完善。大学校园是青春洋溢的世界,每一个大学生都有充分的机会与同龄异性接触,因此性意识的迅速发展以及与之相伴随的恋爱问题便成为大学生心理发展过程中的一个重要内容。但正确的性角色观念和性角色行为尚未完全建立,他们往往不善于处理异性交往及恋爱中的一些问题,导致心理冲突,影响其身心健康。

(十一)渴望建立亲密关系,恋爱仍需正确指导

高职学生正处于弗洛伊德所说的人生成长的"生殖期",其显著特点是具备爱和生产的能力。他们从生理上和心理上渴望建立亲密关系,但不知道怎样与异性相处。现实中,他们在恋爱中出现了各种各样的问题,闹矛盾、失恋、三角恋、同居的现象逐年增多,出现问题后不知该如何处理,这给高职学生带来了许多心理困惑,严重地影响了他们的自我认知、学习、人际交往、生活规律,早期的性经历更是给大学生造成严重的心理阴影。

二、高职高专学生常见心理困扰

(一)入学适应方面的问题

大一新生中常见的问题是无法正常完成从中学到大学角色的转变,面对陌生的校园、生疏的面孔和全新的生活、学习方式,感到学习、生活、人际交往等适应困难。

(1)生活自理能力弱。"我一定要为我女儿铺好被子才走!"这是新生开学时一位家长的话语。尽管高校都在倡导学生"自我教育、自我管理、自我服务",但是现在有的学生连简单的劳动都不愿从事,衣服、被子请人洗,有学生宿舍集体请"钟点工",帮助收拾内务,清洗衣物。

(2)面对挫折的心理承受力弱。面临学业、生活、感情方面的挫折,部分学生可能会显得无所适从,感到失去了生活的意义,甚至怀疑人生。

(二)学习方面的问题

很多高职大学生在入学前文化成绩相对较差,在高中或者中职时期就存在学习动力不足、未养成良好学习习惯,甚至厌学等问题。再加上大学教学目标、教学内容、教学方式与之前有明显的差异,而有的学生又不能够明确学习目的、端正学习态度、调动学习积极性和自觉性,就容易产生考试焦虑、学习焦虑。或者对专业缺乏兴趣,还会出现厌学、弃学等问题。

(三)情绪情感方面的问题

高职学生中的大多数都是因为学习成绩不理想,才选择就读高职院校,在就业形势、求学环境、教育层次、知识水平等方面和其他本科大学生存在一定差距,这些让他们容易在一定程度上存在自卑心理。

同时,大学生的情绪情感具有两极性、矛盾性的特点,情绪易波动起伏,好冲动,自制力不强,容易产生抑郁、焦虑、自卑、妒忌等不良情绪。

(四)人际关系方面的问题

"没有一个可以谈得来的朋友,心里真的感到好孤独。"进入大学,远离原来熟悉的

生活与学习环境,面对新的人际群体,部分学生对师生关系、同学关系、舍友关系、异性之间的关系显得很不适应。有的学生难以和别人愉快的相处、没有知心朋友、缺乏必要的交往技巧、过分委屈求全等,就会出现由此引起的孤单、苦闷、缺少支持和关爱等感受。

（五）自我意识方面的问题

自我意识是大学生认识自我、发展自我、完善自我的重要条件。但是有的大学生不能够正确认识自己,没有自知之明。有的对自己期望过高,有的感到自卑;有的不能正确看待自己的优缺点,不能正确评价自己。出现理想自我与现实自我的矛盾,满足感与空虚感的矛盾,独立性与依赖性的矛盾,理智与情感的矛盾等。

（六）恋爱与性方面的问题

随着性意识的觉醒与性心理的发展,无论是生理还是心理的需要,大学生都渴望了解异性,向往爱情。因此大学生恋爱也越来越普遍,而由恋爱所产生的单相思、恋爱受挫、失恋痛苦甚至情感破裂的报复等心理问题也越来越多。有的为了填补精神上的孤独、空虚、寂寞,通过与异性交往寻求精神慰藉;有的深陷恋爱不能自拔,迷失方向;有的因为失恋而沮丧,萎靡不振;有的看到同伴恋爱而自惭形秽;有的陷入单相思或多角恋而不能自制等。面对爱情,大学生更多的想到的是"不在乎天长地久,只在乎曾经拥有",甚至"预约失恋",交往与分离成为一种较为普遍的现象。很多大学生缺乏爱的能力,如选择爱、拒绝爱、表达爱、修复爱的能力,因此恋爱（练爱）也成为大学生的一门必修课。

随着青春期性生理的成熟,必然带来相应的心理变化,如渴望获得异性的好感与承认,产生性幻想、性冲动等。有些大学生对性知识、性行为的不恰当理解与认识,造成性生理适应不良,从而产生诸多问题,如因性压抑、性自慰而产生的羞耻感、极度自责和恐惧感等。有些由于性教育和性知识的缺乏,大学期间怀孕、堕胎以及感染性病,甚至感染艾滋病等问题也时有发生。性好奇、性无知、性贞洁感的淡化,甚至性与爱的困惑、分离以及由性行为引起的后果及产生的心理压力,都是值得引起重视的问题。

（七）求职和择业方面的问题

随着本科院校以及高职院校的不断扩招,大学生面临的就业压力增大,竞争日趋激烈。虽然高职院校毕业生就业率总体高于本科院校,但高职院校毕业生就业岗位质量、就业层次、薪酬待遇等与本科毕业生依然存在较大差距。有的高职毕业生不能够适应社会发展的需求,没有及时转变观念,不能够准确看待自己,没有做好求职准备、缺乏职业生涯规划,甚至缺乏职业或者岗位所需要的基本技能和基本素质,从而产生很多心理问题。当毕业生面临就业,而心理上没有做好准备时,会感到无力把握自己的命运,不知怎样面对就业竞争或挫折,表现出心里不踏实,感到不安全,精神紧张,为之忧虑、惊慌,甚至对就业产生恐惧。在就业焦虑上,存在显著的城乡差异、性别差异、院校类型差异。调查表明,农村学生的焦虑程度高于城市学生,女生的焦虑程度高于男生,职业院校学生的焦虑程度高于其他高等学校学生。

三、高职高专学生心理健康如何培养

(一)学校方面

(1)建设和营造有利于高职生心理健康成长的环境。创建良好的校园文化环境可以为大学生健康成长提供积极的外部条件。《普通高等学校大学生心理健康教育工作实施纲要(试行)》指出:"要加强校园文化建设,营造积极、健康高雅的氛围,陶冶大学生高尚的情操,增强学生相互关怀与支持的意识。"学校要建设良好的校园文化环境及优美的校园自然环境,开展丰富多彩的校园文化活动,努力营造"教书育人、服务育人、管理育人"的环境和气氛,使高职生在各种活动中都能受到良好的教育,同时获得心理的健康成长。

(2)开展心理健康教育,普及心理健康知识,提高高职生心理健康意识。宣传普及心理科学基础知识,使学生认识自身的心理活动和个性特点,认识到心理健康的重要作用,特别是心理健康对成才的重要意义,树立心理健康意识。通过心理健康教育使学生学会自我心理调适,有效消除心理困惑,及时调节消极情绪;养成良好的学习习惯,掌握科学、有效的学习方法,提高学习能力,自觉地开发智力潜能,培养创新精神和实践能力;树立积极的交往态度,掌握人际沟通的方法,学会协调人际关系,增强适应社会的能力;自觉培养坚忍不拔的意志品质和艰苦奋斗的精神,提高承受和应对挫折的能力等。

(3)提供面向全体学生的心理辅导,教给学生心理自我调节的方法。心理辅导是指根据学生心理发展的特征与规律,由教育者设计和组织的教育性活动。心理辅导往往以会谈为基本方式,引导学生的主观体验和感受,在这样的基础上对学生的心理状态进行积极的影响和调节,达到帮助学生获得心理健康的目的。

(4)开展面向学生个体的心理咨询。心理咨询是"咨询师协助求助者解决各类心理问题的过程"。在这个过程中,咨询师通过无条件地接纳和关注、尊重、倾听、解释等对来访学生进行帮助,促使学生认识的转化和行为的改变,从而重建自我。学校的心理咨询主要对象是正常学生和有心理问题的学生以及有轻度心理障碍的学生,其种类主要是发展性咨询和健康咨询,重度的心理障碍和心理疾病则需要通过心理医生的心理治疗和药物治疗来解决。

(二)学生个人方面

(1)学习必要的心理健康常识。通过心理健康教育或者心理辅导以及自学,学习了解必要的心理健康常识,正确认识心理健康,认识到心理健康对个人发展的重要意义。从而正确认识自己,学会自我调节,不断健全完善自我,促进自我的不断成长。丰富心理知识,增强心理知识理论的自我指导、自我帮助、自我调节、自我完善。

(2)培养良好的人格品质。首先,应该正确认识自我,培养悦纳自我的态度,扬长避短,不断完善自己。其次,树立正确的人生观和世界观。最后,应该提高挫折的承受能力,对挫折有正确的认识,在挫折面前不惊慌失措,采取理智的应对方法,化消极因素为积极因素。

(3)养成良好的生活方式。生活方式对心理健康的影响已为科学研究所证明。健康的生活方式指生活有规律、劳逸结合、科学用脑、坚持体育锻炼、少饮酒、不吸烟、讲究卫生等。大学生的学习负担较重,心理压力较大,为了长期保持学习的效率,必须科学地安排好每天的学习、锻炼、休息时间,使生活有规律。学会科学用脑就是要勤用脑、合理用脑、适时用脑,避免用脑过度引起神经衰弱,使思维、记忆能力减退。

(4)积极参与校园活动。积极参加班级活动,参加丰富多彩的校园文化活动,参加各类社会实践活动,丰富人生经验,培养和提高自身的综合素质,在各种活动和实践中提高心理健康水平。

(5)加强自我心理调节。大学生应保持积极乐观的情绪、愉快开朗的心境,对未来充满信心和希望,当遇到悲伤和忧愁的事情要学会自我调节,适度地表达和控制情绪,做到胜不骄、败不馁、喜不狂、忧不绝。同时,保持和谐的人际关系,乐于与他人交往,在交往中能用理解、宽容、信任和尊重的态度与人和睦相处。通过人际交往,增强自身的社会责任感,培养遵守纪律和社会道德规范的习惯。增强心理适应能力,能与他人同心协力、合作共事,与集体保持协调的关系,以保证心理的健康发展。

(6)及时寻求心理咨询等专业帮助。除了重视自我的调节,重视朋友的帮助、家长的支持、老师的指导外,还应该有寻求专业人员帮助的意识。当心理压力较大,内心冲突激烈,自我调节难以解决时,要主动、及时寻求专业人员的支持和帮助,接受心理咨询。

第二章　大学生入学适应

本章导航

> 皮亚杰说过:"智慧的本质就是适应。"我们进入大学,适应是我们的首要任务,良好的大学入学适应能帮助我们更好地经营好大学时光。通过本章学习,让同学们知道大学是什么?我们在大学里的角色是什么?在大学我们要学什么?我们怎么经营大学的人际关系?

第一节　环境的适应——大学是什么

祝贺大家来到了大学,无论是抱着高考失利的遗憾,还是怀揣超常发挥的喜悦,从拿到大学录取通知书的那一刻起,你就是一名大学生了,之前的经历都已经成为过去式,你将迎来全新的生活,开启人生新的篇章!玫瑰与尖刺同在,机遇与挑战并存,随着军训的结束,在正式开启大学学习及生活之前,请思考这样一个问题:大学是什么?

一、大学的起源

在我国"大学"二字最早由春秋时期的曾子在《礼记·大学》中提出:"大学之道,在明明德,在亲民,在止于至善。"意为:"大学的宗旨,在于弘扬正大光明的品德,在于使人弃旧图新,在于使人达到最完善的境界。"但是春秋时期所谓的大学,是一种学问的总称,并不是一个学校。

近现代大学起源于12、13世纪的欧洲中世纪大学,古代埃及、印度、中国等都是高等教育的发源地,古希腊、罗马、拜占廷及阿拉伯国家都建立了较完善和发达的高等教育体制。虽然许多教育史家把上述地方的高等学府也称之为大学,但严格地说,它们不是真正意义上的大学。

11世纪,意大利建立了第一所正规大学——博罗尼亚大学,为什么说博罗尼亚大学是第一所正规大学呢?1988年9月18日,博洛尼亚大学建校900年之际,欧洲430个大学校长在博洛尼亚的大广场共同签署了欧洲大学宪章,正式宣布博洛尼亚大学为"大学之母"(拉丁文:Alma Mater Studiorum),即欧洲所有大学的母校。

继博罗尼亚大学之后，欧洲各地相继出现了大学，如巴黎大学，它是由巴黎圣母院的附属学校演变而来。

现代大学开始于19世纪初，是指启蒙运动以后、经过理性主义改造、特别是指以德国洪堡创办的柏林大学为代表的新型大学，一般认为，1809年德国柏林大学的创立标志着现代意义上的大学的诞生。

我国大学的起源是北洋大学堂，当年中国在和日本的甲午海战中惨败，有识之士在中国兴起变法，天津中西学堂改办为北洋大学堂，标志着中国近代第一所大学诞生。也有不少学者认为位于上海的由圣约翰书院变而来的圣约翰大学（诞生于1879年）是中国近代第一所大学。也有学者认为中国近代最早的教会大学是位于山东的由登州高等学堂演变而来的齐鲁大学（诞生于1864年）。

1898年戊戌变法，京师大学堂成立，这是中国近代第一所国立大学和综合大学。

二、大学的含义

我们现在所说的大学是什么呢？大学是指普通高等学校，是一种功能独特的组织，是与社会的经济和政治机构既相互关联又鼎足而立的传承、研究、融合和创新高深学术的高等学府。

高职高专（高等职业学院和高等专科学校）是专科（大专）层次的普通高等学校。所谓高职，可以用三句话来概括：它是高等教育，它是职业技术教育，它是职业技术教育的高等阶段。

高职高专和本科教育强调学科性不同，它是按照职业分类，根据一定职业岗位（群）实际业务范围的要求，培养生产建设管理与社会服务第一线实用型（技术应用性或职业性）人才。高职高专的教育更强调对职业的针对性和职业技能的培训，是以社会人才市场需求为导向的就业教育。高职高专以培养适应生产、建设、管理、服务一线的高等技术应用性专门人才为根本任务，以社会需求为目标，以岗位技术要求为主线设计教学体系的培养方案，以就业为导向确定办学目标，努力培养面向生产、建设、管理、服务第一线需要的下得去、留得住、用得上，实践能力强、具有良好职业道德的高技能人才。

三、读大学的意义

（一）大学是人生追梦的起点

大学是人生追梦的起点。对于这句话，可能有些同学会有不同的意见，认为很多没有读过大学的人也同样成功追梦。不能否认，社会上有少部分人以自己独特的方式开始了人生追梦，但是他/她成功之前付出了多少我们不得而知，而且他/她的成功可能不能复制。但可以说大学是大多数人人生追梦的起点。在大学里，我们全面汲取知识，正如清华大学原校长梅贻琦所说："大学者，有所谓大师也，非所谓大楼之谓也，也有大师之谓也。"蔡元培说："大学者，'囊括大典，网罗众家'之学府也。"由此可见，大学里有大师，有大学问，能给我们提供一个环境来学习，通过在这样的环境里学习和生活，我们的知识发生改变，我们的大脑开始融入更多的技巧与内容，我们的思想变得开阔而活跃，能认识到自己的人生追求是什么，能够为我们人生的追梦提供一个起点。

（二）大学的经历与未来

著名教育学家斯金纳（B.F.skinner）说："好的教育，是学生毕业多年后，把所学的功课差不多都忘记掉以后，还能剩下来的那些。"正如美国一位成功的企业经理告诉他的欧洲朋友，他当年就读的是美国一所有名的大学，所学的专业和他的事业一点直接关系都没有，但是他的大学经历却奠定了他一生生活质量的基础。

这句话怎么理解呢？

如果把大学所学的内容定义为"有用"的话，有些学习内容对于以后直接帮助我们找到工作是"无用"的。如学校培养我们了解文化历史、人际相处等，这些对于帮助我们直接找到理想的工作可能是"无用"的，但是能让我们的生活更充实。大学里很多学习"无用"知识的人，日后可能成为特别"有用"的人。如从美国企业总裁的学历可知，取得工商管理硕士学位的人很多，但是本科时就读工商管理的人却不多，很多人读的是文学、历史、艺术等"无用"的专业，但是所学却扩展了他们的思维，提高了他们以后的生活质量。

因此，大学的经历奠定我们未来生活的基础。

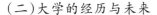

拓展阅读

适应环境

澳柯玛戈三角洲是非洲荒漠上一块与世隔绝的平原，这里一年四季大部分的时间都在遭受洪水的侵袭。平原上唯一的一块高地岛屿，被一群狮子占领着。成年雌狮萨多，是澳柯玛戈岛屿狮子部落的"王后"。

可是，在萨多生下卡勃和汤波这对儿女后，虚弱的身体让她在新的群狮"争霸赛"上失去了王后之位。她和她的一对儿女，被无情的新狮王逐出了"团队"。

狮子，是唯一一种群居的大型猫科动物。它们依靠团体的力量捕猎、生存、繁衍后代。一旦离开狮群的保护，随时会遭遇多如牛毛的鬣狗的围剿、伏击，面临死亡的威胁。

在陆地上，它们勇猛无敌、凶悍无比、称王称霸。但它们却是一群"旱鸭子"，天性畏水，如火一样和水不相容。狮子在水中体能的消耗，是陆地上的25倍。

失去家园和权势的萨多，领着一对小狮子，凄凉落寞地跋涉在齐腰深的洪水里，浑身冰凉、精疲力竭、饥肠辘辘……然而，面对所处的绝境，作为母亲的萨多明白，如果想在这里生存下来，就必须适应这里的环境——改变原有的生活习性，学会在水中觅食。萨多和一双儿女忍着饥饿和死亡的威胁，开始训练体能，学习游泳、潜水，并尝试着捕猎。

一次次尝试失败后，萨多用狮脑"总结"出：澳柯玛戈平原，除了低矮枯瘦的水草，四周没有任何遮蔽物。各种动物，都相互清晰地暴露在彼此的视野里。这给捕猎增加了难度。它们得练就一身"轻功"，保证在水里行进时，不发出任何声响。

经过几天的忍饥挨饿、刻苦自学后，萨多准备"出手"了。她把目标锁定在前方不远处的一头肥硕的马羚身上。萨多示意孩子们待在原地，自己施展"轻功"，匍水向马羚靠近，马羚毫无察觉……

突然，萨多一个跳跃，蹿出水面，扑向马羚，用前爪将个头高出自己2倍的马羚扑倒。马羚强而有力的四蹄，不断蹬踢。萨多稍有不慎，就有肚破肠穿的危险。萨多小心地避其锋芒，身体在马羚头的一侧，用尖利的长牙，咬住马羚的咽喉，将其沉入水中……它的儿子卡勃及时赶来，学着母亲的样子，用前爪死死摁住马羚的头。不一会，马羚不动了，它们成功了。

马羚120公斤的肥美躯肉，足可以供它们享用2天。更让人欣慰的是，就在萨多母子合力制服大马羚的同时，小狮子汤波，用同样的手法，成功捕获了一只小马羚。为了不让水里的食腐动物抢夺来之不易的美食，萨多和孩子将猎物转移到岸上安全地带。湿漉漉的猎物是它们自身体重的两倍。它们一点点艰难地拖移着，时不时气喘吁吁地放下食物休息片刻，然后继续……

夕阳下，它们一家三口，围着马羚这顿饕餮美餐，神情是那么从容自得。

就这样，狮子萨多不但顽强地生存了下来，打破了狮子与水不能相容的神话，也将自己的儿女训练成为澳柯玛戈平原上"水陆两栖"的"蛟龙"。

面对所处的绝境，要明白，如果想在这里生存下来，就必须适应这里的环境。应对绝境时，坚强和行动是治愈恐惧的良药；犹豫和消沉则是滋养恐惧的温床。每个人都有潜在的能力，只是很容易被习惯掩盖、被时间迷离、被惰性消磨。困境中，不论何时何地，都要勇敢坚强地积极去努力适应环境。因为，世上没有绝望的处境，只有对处境绝望的人。

实战练习

3年后，我在做什么？

把同学们分组，然后以"3年后我在做什么"为话题开展讨论。

第二节　角色的适应——大学里我是谁

人生是个舞台，每个人都在扮演自己的角色。角色是什么？角色指处于一定社会地位的个体，依据社会对他提出的要求，借助于自己的主观能力适应社会环境所表现出的行为模式，角色是社会期望与个体角色扮演能力的统一。

在大学里，我们扮演的角色很多，有一个很形象的比喻："如果每个人都是一个企业，那么大学以前，学子最多只是业务员——在家长和老师的呵护下'两耳不闻窗外事，一心只读圣贤书'。进入大学，既要做服务员，保障好后勤；又要做会计，莫出现财政赤字；还要肩挑工会一职，娱乐好生活好。"由此可见我们生活上要自理，管理上要自治，思想上要自我教育，学习上要高度自觉。对于老师而言，我们是学生；对于班上的人而言，我们是同学；对于高年级学长学姐而言，我们是学弟学妹；对于宿舍同学而言，我们是舍友……这么多的角色，我们如何适应，减少角色冲突呢？做好以下三点工作。

一、做好角色定位

大学生的角色定位就是在个人的需求、愿望、目标与社会规范和文化的制约、情境的定义之间权衡利弊，找到一个既适合个人在社会中生存与发展，又能满足个人需求的位置。

英语中，大学新生为"freshman"，蕴含新鲜的意思，意味着进入大学就会有新的体验、新的追求，同时也扮演新的角色，因此大学新生只有积极地进入角色，才能更好地适应大学生活，在大学的新环境里让自己有新的发展。进入角色有三个阶段：一是认知阶段，主要是对角色的权利和义务等各方面有一个认识和了解；二是移情阶段，主要是在情绪水平上进入角色，做到不仅对角色的行为规范和表现方式有所了解，而且从情感上对角色有所体验；三是行为的实际操作。

二、应对角色冲突

由于大学生在大学中要扮演多种角色，因此很容易发生角色冲突，有的大学生兼职过多，力不从心；有的大学生加入几个社团，顾此失彼；有的大学生担任学生干部，左右为难……这些都是角色冲突，使角色扮演者左右为难，力不从心。长期的角色冲突对身心健康有害，因此我们要尽量消除角色冲突，把自己从多种角色中挣脱出来，把时间和精力投入到更有价值的角色上。怎么判断角色是否有意义呢？首先就是这个角色对自己的重要程度，比如大学生最重要的角色是"学生"；其次是考虑如果不扮演某些角色可能产生的积极或者消极的影响，比如在校期间如果不能好好地学习，考试没有及格，会影响大学是否能正常毕业。

三、做好角色转换

伴随成长，我们一生中都要面临很多的角色转换，从婴幼儿时期的小朋友，到小学时期的小学生，中学时期的中学生，再到大学，成为大学生。虽然进入了大学阶段，但是有些同学还没有做好角色的转换，仍然保持着中学生的学习方法、人际关系处理方法等。主要表现在有些同学没有了奋斗的目标，高中时期目标很明确——上大学，上了大学以后我们下一步要做什么？很多同学就迷茫了；其次是没有调整学习方法，高中时期和大学时期学习方法不同，大学对于自学能力的要求让一些同学感到适应困难；最后是对于人际关系的不适应，上了大学很多同学离开了父母，自己独自在学校生活和学习，人际交往的方式、对象、范围都发生了改变，因此也会影响到角色的转换。

那么我们如何做好角色转换呢？

（1）要调适自己的心情和状态，正确评价自己，确立奋斗目标。有些同学由于高考发挥失误，本可以进入本科院校，却来到高职高专，因此会感到失落、气愤、消沉……这样的同学应该及时调整心态，只要好好学习，毕业仍然能找到优秀的工作或专升本；有些同学高中成绩不佳，能进入大学感觉很欣喜，因此重心放在玩乐而不是学习上，这样的同学要做好自己的角色转换，高中时成绩不佳不代表大学时期成绩就不好，可以给自己确立一个奋斗目标，从而努力。

（2）要及时地完成自我认同。进入了大学，我们要认同自己的角色是大学生，认同自己是××学院的一员，认同自己是××班级的一员，认同自己是××宿舍的一员……当我们做好了这些认同，就会有归属感，身在群体，心也在群体，把自己当作群体的一部分，就会多一份群体责任感与荣辱观，就能更好地经营好大学时光。虽然高职高专院校的校园环境、教学设施设备、生活环境等有一些不如意，但是如果我们能有认同感，多一分理解，多一分容忍，就能多一分适应。

（3）学会生活。大学生活丰富多彩，有些同学家庭经济情况不佳，面对生活中的诸多诱惑会感觉囊中羞涩，从而产生自卑等消极心理，我们要及时认识到这个客观现实，家庭经济条件不佳，但是可以通过自身的努力改变家庭经济情况，如大学学费不够，可以申请助学贷款；大学生活费不够，可以申请学校勤工助学；还可以通过自己的表现及优异的学习成绩申请助学金、奖学金，有了这些费用，大学时期的经济问题是可以解决的，并且通过大学时期良好的生活方面的经历，毕业后进入社会生活也能适应得很好。

（4）学会处理人际关系。大学是一个小社会，初来大学会面临较多的人际关系需处理。宿舍中同学们来自不同的地区，可能生活习惯有差异；班级中涉及同学关系需要处理；社团中，需要向师兄师姐学习工作经验；学习中，需要学习如何与各科任老师沟通……只要我们怀有一颗真诚、宽容与理解的心，就能很好地处理大学的人际关系。

（5）积极参加学校与社团活动。大学中社团活动丰富多彩，社团的工作能使我们的综合实践能力得到很大的提升，当然也会面临很多的挑战，我们只有积极地去参加活动，不断地学习才能更好地适应并经营好大学生活。

（6）正确处理学习与工作的关系。大学中我们的首要角色是"学生"，因此首要任务就是要好好学习，在高职高专院校中，学习一技之长，考取各种资格证书，为以后进入社会找到好工作积累资本。另外，也要锻炼好自己的工作能力，学习好，工作好，不断提高自己的综合能力。

拓展阅读

经营好大学时光的十三条小贴士

（1）培养独立的人格、独立的思想。

（2）仕途、商界、学术，大致说来，我们可能要走上这三条道路中的一条。在进行职业生涯规划的时候，不妨以此作为思考的出发点。根据不同的职业生涯规划来塑造各自的核心竞争力。只有自己知道以后要做什么事情，才知道自己以后学什么。

（3）专业无冷热，学校无高低，没有哪个用人单位会认为你代表你的学校或者你的专业。千万不要认为你是名牌大学或者热门专业而沾沾自喜，也大可不必为你的大学或者专业冷门而自卑。

（4）千招会，不如一招熟，十个百分之十并不等于百分之百，而是零。如果你有十项工作，每项会做百分之十，那么，在用人单位眼里，你什么都不会。所以你必须要让自己具备核心竞争力。

（5）一定要掌握学习的主动性，学会自主学习。

（6）不要把电脑当作影碟机和游戏机，大学生要掌握必要的计算机的操作能力，好好学基本办公软件。

（7）请好好珍惜大学期间建立起来的人脉关系，这可能是你毕业以后可贵的财富。

（8）互联网固然威力无穷，如果你沉迷于网络聊天，或者网络游戏，浪费金钱倒是可以弥补，荒废了青春可就无处追寻了。

（9）爱情是不期而至的，可以期待，但不可以制造。

（10）求职时通过多种途径求职固然没有错，但是千万不要饥不择食。

（11）求职简历必须突出自己的核心竞争力。

（12）垃圾是放错位置的人才。所以在找工作的时候一定要把自己放在一个让你成才的位置上，当然，前提是你要知道自己究竟想做什么，究竟适合做什么。

（13）大学期间一定要多去图书馆，多去自习室。很多书你现在不读，一辈子可能就再也没有机会去读了。虽然不是每本书看了都有用，但是，因为你不知道究竟哪本书以后会有用，所以只好多看书，并且抛弃那些过于功利的想法。尽管每次网到鱼的不过是个网眼，但要想捕到鱼，就必须编织一张网。

实战练习

大学里，我是谁？

同学们每人在A4纸上写上自己认为自己是一个怎样的人，至少写5条，然后把这张A4纸反贴在身后，上面写上自己的名字，再请同学们写觉得自己是一个怎样的人。写好后大家把A4纸拿下来，看看同学们眼中的自己和自己认为的自己有什么差距，并展开讨论。

第三节 学习的适应——大学学什么

进入大学，并不意味着可以停下学习的脚步，学习仍是大学生活的主旋律，刚入学的大学新生习惯于中学时的被动学习，面对大学的自主学习方式可能会不适应，甚至茫然无措。在大学里，应该怎样学习？香港中文大学的前校长、著名华人社会学家金耀基教授提出来的"四个学习"提供了很好的答案：Learn to learn（学习如何学习），Learn to be（学习如何做人），Learn to do（学习如何做事），Learn to together（学习如何相处）。要做好这四个学习需要先完成好三个转变：一是由纯粹的接收型向接收型和创造性学习的转变；二是由教师指导灌输型向独立自主的学习转变；三是由"要我学"向"我要学"的转变。这就需要同学们在大学的学习里多一些创新、多一些独立、多一些自觉、多一些主动。

那么，在大学要学什么？

一、专业知识和专业技能的学习

"知识就是力量,技能就是财富"。大学期间的学习情况,在很大程度上,直接或间接地影响到大学生毕业后的工作方向。高职高专阶段的学习不像初中、高中时,只要记住做题方法或者背会答案,考试能考高分就行。高职高专的学习要"授人以渔",这个"渔"就是技能,它更强调专业性,更注重知识的实际运用,因此高职高专的同学应该好好学习专业知识,因为知识是探索未知的力量和武器,也应该好好学习专业技能,因为它是获取人生财富的工具,知识和技能都为以后的职业发展奠定基础。

二、学习方法与学习能力

常言道:活到老,学到老。学习是一辈子的事情,因此,在大学里我们不仅要学习专业知识,还要改善学习方法和提高学习能力。

(一)自学能力的培养

大学的学习中,自主性是大学学习的最大的特征,也是同学们从中等教育进入高等教育所体会的学习上最大的转变,自学能力的培养是适应大学学习自主性特点的一个重要方面。《学会生存》一书的作者埃德加·富尔(Edgar Fayre)在联合国教科文组织呈送的报告中说:"唯有全面的终身教育才能使你避免因知识落伍而失去晋升或淘汰的厄运,有利于新工作的变动,弥补你知识上的不足,使你获得事业上的成功。"当今社会,知识更新越来越快,三年左右的时间人类的知识量就会翻一翻,没有自学本领的人在毕业后是易被社会淘汰的。学会自学,靠自学去理解老师传授的知识,靠自学去获取新知识,培养自学能力是大学必须完成的一项重要任务,是当代大学生必须掌握的技能,也为将来适应社会、走进社会打下坚实的基础。

(二)实践能力的培养

大学的教育要培养具有实践能力的高级专门人才,高职高专教育对于专业实践能力的培养尤为重视。大学生的实践能力一般包括两方面:一是在校就读期间依照学校规定完成的教学实践环节所表现出来的能力,包括动手动脑进行试验、技能训练等;二是在校就读期间借助学校提供的条件或者自己与同学合作创造的条件,向社会生产、生活领域拓展所获得和表现出来的能力。

三、学会生活、做事与做人

很多新生进入大学后是第一次离开家乡与亲人,开始独立的生活,开始和同学们的集体生活。集体生活让同学们得到锻炼和成长,学会为人处世,学会做人。

以下是几点关于为人处世的小建议。

(一)诚实守信

诚信是中华民族的传统美德,也是社会主义核心价值观的主要组成部分。老子云:"人无诚信不立,家无诚信不和,业无诚信不兴,国无诚信不强。"从古至今,诚信都非常重要,古人以"君子一言,驷马难追",说出了诚信举足轻重的地位,诚信对于当今社会来说,尤显得弥足珍贵。倡导诚信,传承文明,无论对社会或个人,都具有十分重要的意义和作用。

诚信对于个人来说,就是一张自己的名片,它真实地反映出一个人的自我修养。在为人处世的过程中,诚信是一把打开对方心锁的金钥匙,是立身之本,是处世之道,体现的是高尚的人格魅力,因此我们当代大学生做人要学会诚实守信。

(二)多交朋友

宿舍里,要和舍友们打成一片,可以说舍友是大学朋友中最重要的,因为你和他们待在一起的时间最多。在班上,和同学们保持良好的关系,大学同学对你以后的事业很有帮助。还可以在学校里多交一些志同道合的朋友,有了这些朋友,你的大学生活会更有趣。

(三)学会理性使用生活费

学会理财,学会储蓄。大学生活中,我们要养成健康的消费观念和良好的消费习惯,要注意"合理和适度",不要有攀比心理。具体建议有以下几点:

(1)根据实际,计划开支。根据自己在学校的实际消费情况预算一下,如每月或每周做个计划,控制使用有限的生活费,尽可能减少开支的盲目性和随意性。

(2)坚持记账,节约开支。坚持记账,是对自身消费行为的管理和反省,可直观地了解自己零用钱的变化和使用情况,逐步避免消费行为中的盲目和混乱,检查自己哪些支出是合理的,哪些支出是可以节省的。这不仅有利于节约,更有利于实现有效的自我约束、自我管理。

(3)"好钢用在刀刃上"。尽可能把零用钱用在有意义的事情上,充分发挥每一分钱的使用价值。那种动辄购零食、相互攀比的做法是最不可取的。

(四)爱情

恋爱在大学是一门选修课,而不是必修课,遇到志同道合、情投意合的恋人很美好,如果没有遇到适合的恋人,好好经营自己也是很好的选择。在大学里不谈恋爱可能少了一种经历,一种体验,也有几分遗憾,但试想大学里开设的哪一门选修课没有价值和意义呢?但是不是每个人都一门不落地去选学呢?恋爱与不恋爱,都是自由的选择,只是我们要对自己负责。感情的事是无法预料的,"得之我幸,不得我命",没有必要去刻意尝试。重要的是,在这三年的大学时光里不断完善自己,健全自己。大学生的世界观、价值观和人生观尚未定型,感情丰富,理智脆弱,易冲动。还没有深刻理解恋爱的意义和爱情的真谛就匆忙恋爱,对爱情的追求往往过于理想化,难以缔结纯洁完美的爱情。有的同学将大学恋人当作短程的伴侣,毕业就分手,不当回事;有的同学失恋了,一笑而过,不沉溺其中;有的同学失恋后往往"失态""失志",无力自拔,痛不欲生……同学们,在大学里我们的首要身份是学生,而且你学的并不是爱情专业。

(五)尊重与理解他人

每个人都是一个独一无二的个体,我们应该多一分尊重与理解。正如马云所说:"我们必须学会尊重和理解别人。很多时候发现我们缺的不是钙,而是爱!"尊重别人,不仅是崇高道德的一种表现,更是获得自信和力量、赢得别人尊重的根本。就像力的作用是相互的一样,唯有尊重他人,才能赢得别人的尊重。俄国诗人普希金曾经这样说道:"尊重别人吧,它会使别人的快乐加倍,也能使别人的痛苦减半。"

尊重和理解别人是日常交际中重要的做人原则。没有尊重的交往是不可能持久的。只有相互尊重、相互认可,才能拥有良好的人际关系。有人认为,唯我独尊是伟人或领袖们所独有的,是充满自信的表现。这种观点是极其错误的,伟人之所以会赢得别人的尊敬,不是因为唯我独尊,恰恰是因为他们懂得尊重身边的每一个人。

每个人都有自尊心,也希望获得别人的尊重,只有懂得尊重和理解别人的人,才能得到更多人的尊重和理解。因此,当代大学生应该明白这样一个道理:要想获得别人的尊重,就要尊重别人。

(六)参加学生组织,锻炼自己

在大学里,我们要尽可能地参加一些学生组织,原因有以下几点:

(1)扩大自己的交际圈。加入一个学生组织,你可以遇到不同学院、不同专业、不同年级、不同班级的同学,可以接触到各种各样的人,你们因为同一个组织、同一个活动、同一项任务等机会有了交流。也许并不是每一个人你都可以跟他成为朋友,但是在接触的过程中你可以看到别人处理问题的方式、别人的思维方式,这将有助于提升自己的能力。

(2)获得归属感。加入学生组织,你所在部门的部长都会花心思在你们部门的氛围上,可能是群里的嘘寒问暖,可能是生日的惊喜,可能是小伙伴的互相理解,这些都会让你获得归属感。很多人在大学除了舍友之外,玩得最好的就是部门的小伙伴、学生组织这个大家庭。

(3)学到一些技能。进入某个学生组织的某个部门,都会有相应的技能需要你掌握,可能是写策划书、可能是PS、可能是摄影等,一般部长前辈们都会有培训课带你们上手这些技能,之后还会有很多小任务锻炼你们的实操能力,加入学生组织可以让你们更快掌握一些技能。

(4)锻炼自己的应变能力、表达能力等。加入学生组织后,你需要当某些活动的工作人员,活动中出现的各种临时状况可能需要你解决,或者需要你的上级们解决,在这个过程中你可以锻炼自己的应变能力或者你可以学习到师兄师姐们的处理方法。例会上你需要跟部门小伙伴、师兄师姐表达你自己的观点、工作经验,这些都是可以锻炼你的表达能力的。有些学生组织会要求你们每次活动结束都要进行总结反馈,虽然是被动总结和反馈的,但总结反馈的过程却是你自己主动发现挖掘的,帮助你提高自己的观察能力、反思能力。

(5)锻炼组织管理能力。担任社团学生干部可充分锻炼组织管理能力,如如何管理整个部门、如何安排任务、如何确定聚会时间等。

拓展阅读

尊重个体的差异性

有一天,动物们决定设立一所学校,教育下一代如何应对未来的挑战。校方设定的课程包括飞行、跑步、游泳、爬树等。为方便管理,要求所有动物一律要修完全部课程。

鸭子游泳技术一流,飞行课成绩也不错,可一到跑步就一筹莫展。为弥补这一缺陷,它只好在课余加强练习,甚至放弃游泳课来练习跑步。到最后磨坏了脚掌,游泳成绩也只是平平。校方说可以接受鸭子平庸的成绩,但鸭子自己却深感不值。

兔子在跑步课上名列前茅,可是对游泳无力应对,甚至导致精神崩溃。

松鼠擅长爬树,可是飞行课的老师一定要它从地面起飞,不准它从树顶上降落,弄得松鼠神经紧张,肌肉抽搐。最后,不仅爬树得了丙,跑步也只有丁。

老鹰是个问题困难户,必须严加管教才行。在爬树课上,它不理会老师的要求,坚持用自己最拿手的方式。虽然第一个到达树顶,可学期结束时,一条怪异的鳗鱼以高超的泳技和勉强能飞能跑能爬的成绩获得了最高平均分,并代表毕业班致辞。这是多么可笑的事情。

看了这个拓展阅读,你可能会觉得太具讽刺性,但我们每个人在生活中又何尝不是如此?我们希望淡化差异,最好能变得和别人一样,这不是跟拓展阅读中的教育方式一样吗?世界上不可能有两片完全相同的树叶,也不可能有两个完全相同的人。

尊重别人,就要学会尊重他们的差异性,只有这样,才能赢得对方的尊重。

实战练习

学习的自我评价与调节能力的简易自测问卷

在符合自己情况的框里打勾。

项 目	经常	有时	很少
1. 在学习新内容之前,我要设定明确、具体的学习目标			
2. 我设定的学习目标,既不高不可攀,也不轻而易举			
3. 在学习过程中,我考虑学习目标和自己学习现状之间的差距			
4. 我有意识地主动采取一些具体的学习方法,缩小学习目标与自己现有学习状况之间的差距			
5. 我对自己采取的学习方法充满自信			
6. 为了实现学习目标,我有意识地给自己创造一个有利于注意力聚焦的学习环境			

(续表)

项 目	经常	有时	很少
7. 当实践证明我采取的新方法不太奏效时,我会主动放弃转而选用另一种学习方法			
8. 我依据自己设定的学习目标,评价自己的学习效果			
9. 我把自己学业成功的原因归因于个人能力,因此成功会进一步增强我的自信			
10. 我把自己学业失败的原因归因于自己努力程度不够、运气不好、采用的学习方法不对或运用得不好,因此失败的体验对我没有很大的消极影响			

评分标准:选"经常"为2分;选"有时"为1分;选"很少"为0分。

分数在17分以上,学习的自我评价与调节能力较强;

分数在12~16分之间,学习的自我评价与调节能力一般;

分数在12分以下,学习的自我评价与调节能力较弱。

第四节 人际关系的适应——大学是个小社会吗

大学是个小社会,大学里的人际关系对未来进入社会的人际关系会有很大的影响,人际关系适应不良的同学可能很难良好地适应大学生活,我们该如何建立良好的人际关系呢?

一、建立良好的第一印象

(一)做好外在形象管理

心理学中,第一印象效应也叫"首因效应",它是由美国心理学家洛钦斯(A. S. Lochins)首先提出的,也叫首次效应、优先效应,指交往双方形成的第一次印象对今后交往关系的影响,也即是"先入为主"带来的效果。第一印象主要是根据对方的表情、姿态、身体、仪表和服装等形成的印象。第一印象在生活中是很普遍的,虽然第一印象并非总是正确的,但却是最鲜明、最牢固的,第一印象往往是今后交往的依据,并决定着以后双方交往的进程。第一印象效应是一个人人皆知的道理,每个人都力图给别人留下良好的"第一印象",而外在形象的管理则是形成良好第一印象的途径之一。

(二)人际交往SOLER技术

美国社会心理学家艾根(G. Egan)在1977年研究发现,在与人相遇之初,按照SOLER模式来表现自己,可以明显增加他人的接纳性,使得自己在他人心中建立良好的第一印象。"SOLER"是由五个英文单词的开头字母拼写起来的专用术语,其中:S(Sit)表示坐姿或站姿要面对别人;O(Open)表示姿势要自然开放,L(Lean)表示身体微微前倾;E(Eyes)表示目光接触;R(Relax)表示放松。用SOLER模式表现出来的含义就是"我很尊重你,对你很有兴趣,我内心是接纳你的,请随意"。

(三)待人真诚热情

实事求是、态度热情,往往给人一种依赖感、亲近感、温暖感,这有利于交往的继续深入;反之,说话油腔滑调、态度冷漠,则很难进入深层次的交往。真诚是成功交际的基础,只有真诚待人,才能够赢得别人的尊敬与好感。中国有句老话叫"投桃报李",人们的心理都是需要得到平衡的,如果一个人不懂得如何对别人付出,那么这个人肯定会很难得到回报。如果一个人用虚情假意去和别人交朋友,那么也会得不到别人的真心付出。

(四)微笑

法国作家雨果说:"笑,就是阳光,它能消除人脸上的冬色。"微笑能使陌生人感到亲切,使朋友感到安慰,使亲人感到愉悦。一个微笑,可以缩短人与人之间的心理距离,为深入沟通与交往创造温馨和谐的氛围。

在人际交往中保持微笑,至少有以下三个方面的作用:

(1)表现心境良好。面露平和欢愉的微笑,说明心情愉快,充实满足,乐观向上,善待人生,这样的人才会产生吸引别人的魅力。

(2)表现充满自信。面带微笑,表明对自己的能力有充分的信心,以不卑不亢的态度与人交往,使人产生信任感,容易被别人真正地接受。

(3)表现真诚友善。微笑反映自己心底坦荡,善良友好,待人真心实意,而非虚情假意,使人在与其交往中自然放松,不知不觉地缩短了心理距离。

因此,建立良好的第一印象,微笑是一剂良方。

(五)记住别人的名字

在社交中记住他人的名字很重要。人们都渴望被他人尊重,而记住别人的名字,则会给人受尊重的感觉。因此,在交往中,记住别人的名字很容易让人对你产生好感。记住对方的名字,而且很轻易就叫出来,等于给别人一个巧妙而有效的赞美。若是把别人的名字忘掉,或弄错了,则会对社交的深入产生不利的影响。

以下是五个记住别人名字的小技巧:

(1)重复一遍名字。你可以重复一遍他的名字来确认自己是否记忆和发音正确。如果他的名字比较难记的时候,你可以多重复几遍。

(2)多多使用名字。当你与对方交谈时,尽量多使用对方的名字,不一会儿你就会记下来了。

(3)将名字与人对应。将你记忆的名字与对方的相貌相互对应,心里重复这个联系并且记忆多次。

(4)使用相联系的词语。如果对方名字和你所知道的某些词语或者与你的朋友的名字有着相似之处,则可以记住相似点。

(5)写下来。把朋友的名字写下来,多翻几次笔记本,久而久之就印入你的脑海了。名字作为每个人特有的标识,是非常重要的。尝试记住别人的名字,不仅是对他们的尊重和表示你对他们的重视,同时也让别人对你产生更好的印象。

(六)善于倾听

古希腊先哲苏格拉底说:"上天赐人以两耳两目,但只有一口,欲使其多闻多见而少言。"寥寥数语,形象而深刻地说明了"听"的重要性。人与人之间需要沟通、交流、协作、共事,善不善于倾听,不仅体现着一个人的道德修养水准,还关系到能否与他人建立起一种正常和谐的人际关系。

二、主动交往

刚进入大学的新生,互相之间都不认识,一部分同学是被动交往的,等待着别人来认识接纳自己,这就需要有人采取主动行动,如果大家都不采取主动行动,这个交往就无法进行下去,因此同学们可主动大胆地参与社交。人际交往是交往双方积极主动的过程,主动大胆地与人交往有利于消除胆小、害羞所带来的交往障碍,主动大胆地与人进行交往,能够锻炼自己的胆量。只有大胆地尝试,主动地参与社交,慢慢地才不会害怕见陌生人,那种害羞的心理也会随之而慢慢被消除。因此,建立良好的人际关系,应该少担心、多尝试,主动与陌生的同学打招呼、聊天,这样有利于大学期间的人际交往。

三、尊重关心帮助别人,切忌自我中心

人际交往都讲求互惠的原则,希望别人对自己好,那么自己也应该有相应的付出。学会尊重、关心、帮助他人,这样才可获得别人的回报,从而发展良好的人际关系。切忌自我中心,"己所不欲,勿施于人",学会换位思考,常想如果自己处在他人的位置上会怎样,完成由"小我"到"大我"的转变。所谓"小我",就是自我的小圈子,封闭的自我;所谓"大我",就是将自我融入自己所处的群体、环境乃至社会中,与他人和谐相处。

四、学会宽容与接纳,懂得欣赏别人

"人非圣贤,孰能无过"。与人交往时,不要总看到别人的短处,也要看到他人的长处。这个世界上不存在一无是处的人,也不存在完美无缺的人。对于别人的错误甚至无理取闹,不要揪着不放,得理不让人,斤斤计较,针尖对麦芒。如果不宽容,以牙还牙或者坚决对立,那么隔阂就会越来越深,人际关系只会越来越紧张,对人对己没有任何益处,只会增加更多的麻烦。可见,苛求他人就是苛求自己,宽容他人就是宽容自己。

古语曰:水至清则无鱼,人至察则无徒。说的也是这个道理。容人者,人容之。善于接纳,需要正视彼此的不足,需要包容,需要豁达;善于接纳,不但能收获尊重,也能释放自己。只有善于接纳,才会懂得欣赏,才能收获长久的友谊。

美国心理学家卡耐基(Dale Carnegie)在早期名著《如何赢得朋友及影响他人》中也总结了六条给人留下良好印象的途径,即:真诚地对别人感兴趣;微笑;多提别人的名字;做一个耐心的倾听者,鼓励别人谈他们自己;谈符合别人兴趣的话题;以真诚的方式让别人感到他自己很重要。

拓展阅读

真诚与热情

犹太工程师史德柏希望他的房东能够降低房租,但是他的房东很难缠,许多人都做过这方面的努力,但最后都失败了。大家都一致得出了一个结论:房东不近人情,不好接触。

史德柏决定试一试,他给房东写了一封信,说合同快要到期了,他将搬出去(实际上他不想搬走),如果能够降低房租的话,他想继续租下去。没过几天,房东就带着他的秘书来找史德柏。史德柏以友善的方式在门口欢迎他,非常热情。

史德柏并没有马上谈论房租的问题,而是先特别强调自己很喜欢他的房子,称赞他管理有方,希望能再住一年,但是房租却有点儿高。

房东从来没有碰到过一个这么热情而真诚的房客,他简直不知怎么办才好。他开始向史德柏诉苦,其中有一位房客给他写过14封信,有些信言辞十分粗鲁,太伤他的自尊心;还有一位房客威胁他,如果他不制止楼上那位打呼噜的房客,就要退租。

房东高兴地说:"有你这样满意的房客,我真是太轻松了。"

房东在史德柏没有提出要求之前,就主动提出减收一点租金。史德柏希望能够再少一点,说出他能承担的数目,房东没有丝毫犹豫,他同意了史德柏的要求。

他刚要离开时,转过身来问了史德柏一句:"有没有需要装饰的地方?"

史德柏后来谈到这件事时说道:"如果我用其他房客的方式要求减少房租的话,我相信我一定也会遇到相同的阻碍,我之所以能够获得成功,是因为我的友善、同情和赞扬。"

案例分享

我不想那么孤独

小李是一名大一新生,性格内向,生活在城市,从小家境比较优越,进入大学后是第一次住校,与三位同学同住,其他三位同学都来自农村,小李看不惯他们的生活习惯,看不惯他们的作息时间……总之看他们三个怎么都不顺眼,因此想调换宿舍,但是未能如愿,其他三位同学也看出了小李对他们的不满,都不搭理小李,小李感觉很孤单。如果你是小李,你会怎么办呢?

实战练习

表情传递

找出六个志愿者,教师给第一个同学看"怒火中烧""笑容满面"等词语,然后第一个同学只能做动作不能说话,把表情传递给第二个同学,依次传递,最后一个同学猜出成语。

第三章　合理认知及积极思维

> **本章导航**
>
> 横看成岭侧成峰，远近高低各不同。
> 不识庐山真面目，只缘身在此山中。
>
> ——苏轼

实战练习一

你能看出什么？

想一想：为什么同样一幅图片，可以看出不同的结果？看了以上图片，你有何感想？启发？

实战练习二

讨论

"盲人摸象"说明了什么?

"塞翁失马"告诉我们什么道理?

"情人眼里出西施"反映了一种什么现象?

实战练习三

不一样的想法

"露露不会游泳、不会飞,她的鸭子也是。露露带着小鸭,天天到池塘边看别人怎么游泳、怎么飞,……"

这是几米的漫画《露露的功课》配的一段话,这段话的最后一句被省略掉了。

想一想:

(1)如果让你来补充,你的结论是什么?

(2)为什么同一件事不同的人会得出不同的结论?

拓展阅读

把生活变成诗歌

小时候,一个夏天的夜里,有一只飞虫飞进了我的耳朵里。我慌张地使劲拨弄耳朵,可是那个顽皮的小飞虫死活不肯出来。我急得哭了起来。奶奶取出一滴清油来,她说,往耳洞里滴几滴清油,就可以把飞虫的翅膀粘住,然后憋死它。母亲却叫我站起来,把耳朵对着明亮的灯泡,并在我的耳根上喃喃低语:虫儿虫儿快出来,给你光亮让你玩。果然,不一会儿,虫儿就慢慢爬了出来,围着灯泡快乐地旋转起来。母亲说,虫儿最喜欢的是亮光,哪里有亮光,它们就会朝哪里飞奔。

对于两种不同的方法,诗人孙晓杰解释道:前者是生活,而后者就是诗歌。

奶奶去世的时候,我既伤心又害怕。一个疼爱我的人永远地走掉了,再不回来。蓦然间令我感觉到生命的黑暗。父亲摸着我的头说,奶奶出远门了,那个方向是通往天堂的方向,上帝正在花园里召唤她呢,因为上帝喜欢她。我知道奶奶是个很虔诚的基督教徒,这样的解释让我的心锁顿时打开。

父亲把我的悲伤改编成了童话。

把生活变成诗歌,这是一种非凡而又常见的能力。

一个小学三年级的学生,在作文中说他将来的志愿是当小丑。一个老师批之为:胸无大志,孺子不可教也!另一个老师祝愿道:愿你把欢笑带给全世界!

有一次到日本伊豆半岛旅游,路况很差,到处都是坑洞。其中一位导游连声抱歉,说路面简直像麻子一样。另一个导游却诗意盎然地对游客说:诸位先生女士,我们现在走的这条道路,正是赫赫有名的伊豆迷人酒窝大道。

尽管生活只是一本陈年旧账,但我们可以进行改编。那些风花雪月可以改编成诗歌,那些柴米油盐可以改编成散文,那些坎坷和灾难可以改编成小说,让你的人生时而像水一样流淌,悠闲而又充满诗意;时而又像山路一样跌宕起伏,峰回路转,柳暗花明。

无论是谁,都可以努力成为一个优秀的编剧,自己编写自己的生活。

(资料来源:《中国青年》)

第一节　什么是认知

认知是指个体对内外刺激(信息)的接受和评价,包括感知、记忆、思维、想象等过程。认知不仅影响着人们对信息的直接加工和编码,而且影响着人们看待事物的态度、情感。

个体总以自己的方式来理解和解释世界,正是由于个体赋予事物不同的意义与解释,从而使得人们对同样的事件出现了完全不同的描述和不同的情感体验与行为反应。

认知结构指导着人们的信息加工过程,决定着人们对事物的评价、推理和解决问题的过程。改变或纠正错误的观念、不合理的信念和认知过程才能改变不良的情绪和行为。

第二节　常见认知不合理的思维方式及信念

美国著名心理学家埃利斯(Albert Ellis)等人认为,人们在日常生活中常见的不合理思维方式主要表现为以下一些情况:

(1)每个人都应该得到周围的人,特别是每一位生活中重要人物的爱和赞许;

(2)一个人是否有价值,在于他是否无所不能,即在人生的每个环节和方面都有所成就;

(3)当事情不如意时,实在很可怕,也很悲惨;

(4)要面对人生中的艰难困苦和责任实在不容易,还不如逃避来得省力;

(5)人的不愉快是由外在因素造成的,人们对自己的痛苦和困扰无法控制和改变;

(6)一个人过去的经历往往决定了现在的行为,而且是永远也不可改变的事;

(7)人生中的每个问题,都应该有一个精确的答案,若得不到答案,是一件痛苦的事;

(8)人必须依赖别人,特别是那些比自己强而有力的人,只有这样才能生活得好些。

心理学家认为以上不合理的思维方式集中反映了人们的几种错误信念:

(1)绝对化要求:看待问题非此即彼、非白即黑。不能容忍缺点,什么事都应该是完美的。例如,"我考试必须得第一名,否则就是失败者""别人应该尊重我,否则就是看不起我"。

(2)过分概括化:以偏概全的思维方式,盲目扩大负面效应。

(3)糟糕至极:非常可怕、灾难的、都糟透了的极端不良的情绪体验,陷入耻辱、自责、焦虑、悲观、抑郁的恶性循环之中,难以自拔。

第三节　合理认知、积极认知的方式和策略

一个人的心态是他成长的产物,人一生都在培养自己的心态。

积极思维带来优良品质:自信、乐观、正直、无私、慷慨、宽容、忠诚、勇敢、坚定、坚强、果断、进取、博爱、信任、尊重、百折不挠等。

消极思维形成负性品质:自卑、悲观、吝啬、狭隘、虚伪、懦弱、欺瞒、自大、责怪、贪婪、犹豫、恐惧、抑郁、怨恨、恼怒、急躁、回避责任等。

两种心态:"不可能!"与"不,可能!"

一、合理认知的主要方式

个体的认知主要有多维性(选择性)、相对性、联想性和发展性等特点。根据这些特点,可以有意识地培养自己对事物进行合理的认知。合理认知包括以下几个方面。

(一)多角度地看问题

人们在认知事物时的关注点是不同的,关注点不同所看到的东西就不同,得出的结论也就不同。多关注事物积极的方面,学会从正面看问题。同一事物,从不同角度看,结果也不一样。这反映了个体认知的局限性和片面性。所以,要多角度地、全面地看问题。

(二)辩证地看问题

事物都是由两个相对的部分组成的一个整体。有好就有坏,有强就有弱,有喜就有忧……

所以,应将事物置于具体的情境中,辩证地看问题。

(三)客观地看问题

个体的认知不一定真实地反映客观事实,它总是与既往经验有关,并渗入了情感因素。由于个体的经验以及对经验的信念不同,因此对外部世界的理解也各异,反映了个体认知的主观性、情境性和偏差性。

所以,应学会排除认知的偏差,客观地看问题。

(四)发展地看问题

认知活动与个人的知识结构、文化程度和所处的社会文化环境等因素有关。个体对事物的认知会随着年龄、知识经验等的增长而发生变化。认知的发展性为转变个体的不良认知提供了可能。

所以,应学会打破僵化,用发展的眼光看问题。

二、积极认知的策略

心理学家认为,以下的一些策略有助于人们客观地认识事物,正确分析判断问题,消除心理困扰。

(1)做最坏的准备;
(2)努力去看积极的一面;
(3)考虑处理问题的几种选择;
(4)努力置身这种情境之外,客观地看待它;
(5)仔细考虑这种情景并争取理解它;
(6)自言自语说些能让自我感觉好一些的事;
(7)认为做什么也没用,接受这个事实。

第四节　认知影响情绪和行为

通常人们认为自己的情绪和行为是由诱发事件引起的,即诱发事件导致情绪与结果。

根据埃利斯的情绪ABC理论,诱发事件A只是引起情绪及行为反应的间接原因,而B——我们对诱发事件所持的信念、看法、解释才是引起我们情绪及行为反应的更直接的因素(图3-1)。

图3-1　埃利斯的情绪ABC理论

合理的信念引起我们对事物适当、适度的情绪和行为反应,而不合理的信念则导致不适当的情绪和行为反应。长期不合理的信念,就会使人长期处于不良情绪中,甚至产生精神障碍。认识到自身信念的不合理之处,才能做个理性的人。

每个人都会或多或少地具有不合理的思维与信念。理性情绪疗法可以帮助人们改变这种极端的思维方式,认识其绝对化要求的不合理、不现实之处,以合理的信念代替不合理的信念,帮助人们学会以合理的态度去看待自己和周围的人与事物,最大限度地减少不合理的信念带来的不良影响,消除心理障碍(图3-2)。

具体步骤有以下三点:

(1)找到不合理信念;

(2)与不合理信念辩论;

(3)用合理信念替代不合理信念。

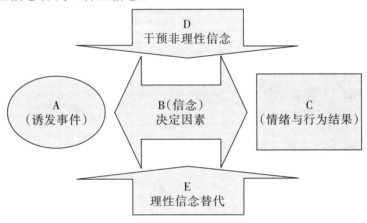

图3-2 理性情绪疗法

拓展阅读

一生的功课

有一次在网上随意浏览,看到几米的一幅漫画,名字叫《露露的功课》。画面很简洁,一个女孩带着一只小鸭子在走。画的下面是几米配的稚拙文字:"露露不会游泳、不会飞,她的鸭子也是。露露带着小鸭,天天到池塘边看别人怎么游泳、怎么飞,"网页上的文字到这里就没了,再往下翻,变成了另外的内容。

当时我只是想,怎么会以一个逗号结束呢?是点错了标点还是丢掉了文字?管它哩。

可是后来,我发现自己居然忘不掉那幅漫画和那些稚拙的文字。我想,如果后面还有文字,它应该是什么呢?我试着去补充:"后来,露露和她的小鸭学会了游泳,她和它还想学飞。"不好!倒不如这样续写:"后来,露露学会了游泳,小鸭学会了飞,她和它开心极了。"还是不好!根本有违几米的风格嘛。看来,后面可能真的没有文字了。需要更正的,仅仅是那个逗号而已。

一日，我去书店为一个朋友选书，一眼就看中了精装本的《听几米唱歌》。毅然买下，想用这本"成人童话"去博取一个优秀成人的微笑。翻开书页，映入眼帘的居然是《露露的功课》！我急切地去看那最下面的一行文字！在"……天天到池塘边看别人怎么游泳、怎么飞"的后面，果然还有一句话，一句关键的话，一句让我读了茅塞顿开的话，一句让我今生今世都不敢忘怀的话——"日子一样很快乐"。

自己不曾拥有，就快乐地欣赏别人的拥有，不让日子沦于黯淡，不让心绪陷于灰颓，这是我们一生都需要努力去做的功课。

第四章　认识自我

本章导航

"我是谁?""我是否有价值?""我努力奋斗为的是什么?""生命的意义是什么?"……随着自我意识的觉醒与发展,人对自身的思考越来越深入,在大学阶段尤其突出。认识自我、探索自我、发展自我是人的终身课题,也是人生最重要的课题。苏格拉底曾说过:人最难认识的就是自己。认识自己方能认识人生。那么这一章,我们就将从自我意识的内涵,大学生自我意识发展中的常见偏差以及如何认识自我、悦纳自我、完善自我入手,帮助大家全面地探索关于"我"的话题。

第一节　自我意识的概述

拓展阅读

和尚和衙役

很久以前,有一个有点傻的衙役,他负责押解一个犯了事的和尚去流放地,和尚一直都在找机会逃走,可惜衙役一路小心谨慎,和尚没有机会逃,眼看快到流放地了,和尚想抓住最后的机会逃走,于是他跟衙役说:"长途跋涉你也辛苦了,我也走不动了,我们不如就在客栈歇息一晚,明天一早再出发吧。"衙役心想和尚带着枷锁也跑不了,自己确实也很疲惫了,于是应了和尚。他们到了客栈,和尚叫了一桌的好菜好酒,说是要犒劳犒劳衙役,并不停地劝衙役喝酒。不一会儿的工夫,衙役就醉得一塌糊涂,趴倒在了桌上呼呼大睡起来。和尚见此情景,悄悄地找到了钥匙,解开枷锁。接着,和尚找来了剃刀,给熟睡的傻衙役剃了光头,还给他的脖子套上了枷锁,换上了僧袍。自己一溜烟儿跑了。

第二天早上衙役醒来,看见东西都在,自己套着枷锁,穿着僧袍,他拍了拍光溜溜的脑袋自言自语道:"东西都在,和尚也在,那我呢?"

一、自我意识的涵义

自我意识是人对自己以及自己与周围世界关系的认识,是人的意识发展的高级阶段。

自我意识在个体发展中有十分重要的作用。首先,自我意识是认识外界客观事物的条件。一个人如果还不知道自己,也无法把自己与周围相区别时,他就不可能认识外界客观事物。其次,自我意识是人的自觉性、自控力的前提,对自我教育有推动作用。人只有意识到自己是谁,应该做什么的时候,才会自觉自律地去行动。一个人意识到自己的长处和不足,有助于他发扬优点,克服缺点,取得自我教育积极的效果。最后,自我意识是改造自身主观因素的途径,它使人能不断地自我监督、自我修养、自我完善。可见,自我意识影响着人的道德判断和个性的形成,尤其对个性倾向性的形成更为重要。

二、自我意识的内容

从内容上看,自我意识可以划分为生理自我、心理自我和社会自我,如图4-1所示。

生理自我就是人对自己生理属性的认知,如身高、体重、体态等;心理自我是指人对自己心理属性的认知,如兴趣、能力、气质、性格、情绪等;社会自我是指人对自己社会属性的认知,如自己在社会中的角色、地位,在群体中的价值等。

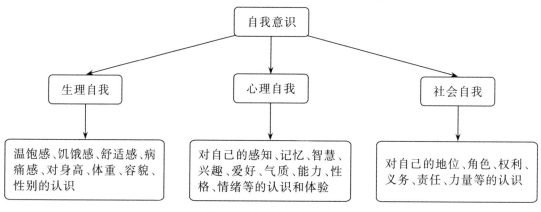

图 4-1 自我意识的内容

三、自我意识的结构

自我意识的结构是指自我意识所包含的成分。由于自我意识既是心理活动的主体,也是心理活动的客体,它涉及认知、情感、意志过程的多层次、多维度的心理现象,因此可以把自我意识的结构划分为:自我认知、自我体验和自我调节。

(一)自我认知

自我认知是主观自我对客观自我的评价,包括自我感觉、自我观念、自我分析、自我观察、自我评价等,可以表现为自己认为"我是一个什么样的人?"

自我认知是对自己身心特征的认识，自我评价是在这个基础上对自己做出的某种判断。正确的自我评价，对个人的心理生活及其行为表现有较大影响。如果个体对自身的估计与社会上其他人对自己客观评价的距离过于悬殊，就会使个体与周围人们之间的关系失去平衡，产生矛盾，长此以往，将会形成稳定的心理特征——自满或自卑，将不利于个人心理上的健康成长。自我认知在自我意识系统中具有基础地位，属于自我意识中"知"的范畴。

(二)自我体验

自我体验是由主体对自身的认识而引发的内心情感体验，是主观的我对客观的我所持有的一种态度，如自信、自卑、自尊、自满、内疚、羞耻等都是自我体验。自我体验往往与自我认知、自我评价有关，也和自己对社会的规范、价值标准的认识有关，良好的自我体验有助于自我监控的发展。

(三)自我调节

自我调节是自己对自身行为与思想言语的控制，以达到自我期待的目标。包括自我激励、自我暗示、自强自律等。

自我意识的内容与结构相互联系构成了一个有机统一的整体，成了一个人个性的核心内容，见表4-1。

表4-1 自我意识的内容与结构

	生理自我	心理自我	社会自我
自我认知	对自己身材、外貌、衣着、风度、家属、所有物等的认识	对自己智力、性格、气质、兴趣、能力、记忆、思维等特点的认识	对自己的名望、地位、角色、性别、义务、责任、力量的认识
自我体验	英俊、漂亮、有吸引力、迷人	有能力、聪明、优雅、敏感、迟钝、感情丰富、细腻	自尊、自信、自爱、自豪、自卑、自怜、自恋
自我调节	追求身体的外表、物质欲望的满足，维持家庭的利益等	追求信仰，注意行为符合社会规范，要求智慧与能力的发展	追求名誉地位，与他人竞争、争取得到他人的好感等

实战练习

我是谁——以"我……"开头写下20个自我描述的句子

(1)实战练习目的：
强化同学的自我认知，促进自我觉察。
(2)实战练习准备：
白纸、笔。
(3)实战练习操作：
请每一个同学凭借自己的脑海中自然浮现的描述在纸上写下20个关于"我……"

的句子,如我是某学校的大一学生,我是一个热爱打篮球的人,我是一个信念坚定的人等。不要有任何顾虑,快速写下遵从内心的真实答案,每一句话时间不要超过30s。

(4)结果分析:

①答案的数量与质量。如果能在10分钟内写出10个以上有质量的答案,即可视为自我认知没有大的问题,如果10分钟内写出的答案少于10个,或是多半都是内容相似的描述,则可以认为是过分压抑自己或是自我认知不明。

②答案的主客观性。答案中如果兼具客观描述和主观描述,且数量比较相近则视为自我认知较为平衡,反之则较为失衡。

③答案的态度倾向。看答案的陈述中是积极、肯定的居多还是消极否定的居多,若积极的较多,则说明自我接纳状态良好,反之则说明自我接纳程度较低。

④答案的远见性。答案是否涉及当下情况以及未来构想,如果都有则说明现实生活充满了生机,如果没有涉及未来,则可以说明对未来的构想不多。

第二节　自我意识发展过程中存在的偏差

一、自我意识的发展

我国心理学家提出了自我意识发展的三阶段模式,即经历生理自我、社会自我和心理自我发展时期。

(一)生理自我,对自我的确认阶段(8个月～3岁)

这是自我意识最原始的形态,是个体对自己身躯的认识,包括占有感、支配感和爱护感。但这个时候表现出来的行为是以自我为中心的,以自己的想法来解释外界的现象,认为外部世界是为自己而存在,以自己为中心,所以这一时期又称为"自我中心期"。

(二)社会自我,对自我的评价阶段(4岁～青春期)

这一时期是自我意识受社会影响最大的时期,也有人称之为客观化时期。这一阶段儿童的自我意识一改婴幼儿以自我为中心的倾向,表现出强烈的社会认同意识。具有较强的"他律性"的特点。产生自己动手的愿望,并会对自身的行为做出评价,如"我会唱歌""我会……",这个时期的儿童或青少年非常关注他人的评价,是社会化的关键时期。

(三)心理自我,对自我的了解阶段(青春期以后)

青春期后进入自我意识的成熟阶段。由于青少年生理方面迅速成熟、人际关系不断扩大以及认识能力的日益发展,使得青少年将大部分注意力转投到自己的内部世界中去,转投到发现自我、关心自我的存在上来。他们开始关注自我、研究自我,努力探索自我的内心世界,并对自己的心理状况有了较为清晰的认识,包括对自己的性格、智力、态度、信念、理想、行为等的意识。处于这一时期的青少年常会思考"我是什么样的人""我能做什么"等关于内心世界的问题。

二、大学生自我意识的发展

大学生自我意识的发展整体处于"自我评价"向"自我了解"过渡的阶段,在具体的发展过程中会经历"分化—矛盾—整合"三个阶段。

(一)自我意识的分化

大学校园里相对开放的环境为大学生提供了更广阔的社交空间,让大学生有了更多在与他人接触和比较中重新审视自己,对自身角色、定位产生新认识的机会。过去笼统的,不够清晰的"我"被一步步打破,逐渐出现了"主观我"和"客观我","理想我"和"现实我"的分化。其中"主观我"是观察者的角度,而"客观我"则是被观察的角度;"理想我"是关于自己未来的构想,"现实我"是对当下实际情况的评价。大学生大多对未来充满了信心,所以"理想我"发展较快,但自我观察、自我评价、自我完善的能力还相对落后,因此"现实我"往往落后于"理想我"。大学阶段通常是人生中的"理想我"与"现实我"差距最大的时候,这种差距会使我们陷入强烈的不安、焦虑与痛苦中,此时更容易进入一个内心动荡不安的、情绪体验错综复杂的时期。可以说青春期很大一部分情绪波动都来自于意识的分化。

(二)自我意识的矛盾

大学生自我意识的矛盾冲突由自我意识的分化引起,它激发了大学生奋发进取的积极性,加快了现实自我的发展,是大学生心理发展迅速走向成熟的必由之路。但矛盾难免会引起各种不适,这就需要大学生在此过程中尽快完成自我统一。

(1)独立性与依附性的冲突。进入大学校园以后大学生开始了相对独立的生活,摆脱了父母的管束,拥有了更多的自主空间。一方面,大学生逐渐步入成年,十分渴望独立,以此证明自己已经长大成熟;另一方面,大学生大部分还得依靠父母的经济支持完成学业,在心理上也对父母还存有深深的依赖性,特别是在遇到挫折、困难的时候,依赖性更为明显。

(2)"理想我"与"现实我"之间的冲突。"理想我"就是理想中的自己,包括自己想要达到的目标、渴望得到的评价等。"现实我"是在现实中自己和别人对自己的看法和评价。现实生活中,"理想我"和"现实我"总是存在差距的,如果差距合理,那么它就会成为个人发展的主要内在动力。但当二者冲突难以调和时,就容易带来很多痛苦与烦恼,引发心理失调,导致一系列心理问题。

(3)渴望交往与自我封闭之间的冲突。青少年时期是对人际交往,对社会认同渴望最强烈的时期。但大学生一方面渴望与人交往,渴望友谊与理解,并希望得到别人的认可,希望有人分享自己的欢乐和痛苦;另一方面,出于自我保护的需要,在人际交往中又常会有意无意地与人保持一定距离,无法完全敞开心扉。

(4)盲目自负与过度自卑的冲突。自我评价的高低,会影响大学生自我接受或自我拒绝的程度。过度的自我接受表现为自负,即常表现为片面地夸大自己的优点和长处,把别人看得一无是处,缺乏自知之明,往往无法与人和睦相处。过度的自我拒绝表现为自卑,认为自己一无是处,对自己没有信心,甚至抑郁绝望,遇事倾向于逃避、退缩,缺乏主见,这都容易造成人际紧张。

（三）自我意识的整合

青年期自我的发展经过自我分化,再通过自我接纳和自我排斥等过程之后,自我的发展便得到进一步深化和提高,大多数青少年都能在新的水平上达到整合统一,形成自我同一感。

但如果"客体我"和"主体我"之间的矛盾难以协调,青少年便难以确立自我形象,也无法形成自我概念。于是,他们在这个过程中会表现出明显的内心冲突,甚至引起自我情感的激烈变化,引发"现实我"与"理想我"之间的矛盾冲突,从而导致自我同一性扩散或社会角色混乱,并造成自我同一感危机。

拓展阅读

延缓偿付期

青年期的发展是自我发现、自我意识形成和人格再构成的时期,是从不承担社会责任到以社会角色出现并承担社会责任的时期。在这个时期,他们要经历复杂而艰难的同一性确立和对社会生活的选择。这种确立和选择需要一个过程,因此他们有一种避免同一性过程提前完结的内在需要,而社会也给予青年暂缓履行成人的责任和义务的机会,如大学学习阶段。这个时期可以称为青年对社会的"延缓偿付期"。这是一种社会的延缓,也是一种心理上的延缓,所以也称为"心理的延缓偿付期"。

有了这种社会和心理的延缓偿付期,青年便可以利用这一机会通过实践、检验、树立、再检验的往复循环过程,塑造自己的人生观、价值观及选择未来的职业,并最终确立自我同一性。

三、常见的自我意识偏差

（一）自我意识在大学生发展中的重要性

古希腊人认为:认识自己才能富有智慧,得福免祸！自我意识会直接影响到个人生活、学习方式的选择和个人未来的发展。

拓展阅读

最优秀的人是谁

古希腊的大哲学家苏格拉底在风烛残年之际,知道自己时日不多了,就想考验和点化一下他那位平时看来很不错的学生莫利。他把莫利叫到床前,说:"我的蜡所剩不多了,得找另一根蜡接着点下去,你明白我的意思吗?"

"明白,"莫利赶忙说:"您的思想光辉是得很好地传承下去……"

"可是,"苏格拉底慢悠悠地说:"我需要一位最优秀的传承者,他不但要有相当的智慧,还必须有充分的信心和非凡的勇气……你帮我寻找一位好吗?"

"我一定竭尽全力。"

苏格拉底笑了笑。

忠诚而勤奋的莫利,不辞辛劳地通过各种渠道开始四处寻找了。可他领来一位又一位,都被苏格拉底一一婉言谢绝。一次,当莫利再次无功而返时,病入膏肓的苏格拉底硬撑着坐起来:"真是辛苦你了,不过,你找来的那些人,其实都不如……"

"我一定加倍努力,"莫利恳切地说,"找遍五湖四海,也要把最优秀的人选挖掘出来。"苏格拉底笑笑,不再说话。

半年之后,苏格拉底眼看就要告别人世,最优秀的人选还是没有眉目。莫利非常惭愧:"我真对不起您,令您失望了!"

"失望的是我,对不起的却是你自己,"苏格拉底很失意地闭上眼睛,停顿了许久,才又不无哀怨地说:"本来,最优秀的就是你自己,只是你不敢相信自己,才把自己给忽略、给丢失了……其实,每个人都是最优秀的,差别就在于如何认识自己、如何发掘和重用自己……"一代哲人就这样永远地离开了他曾经深切关注着的世界。

莫利非常后悔,甚至自责了整个后半生。

为了不重蹈莫利的覆辙,每个向往成功、不甘沉沦者,都应该牢记先哲的这句至理名言:"最优秀的就是你自己!"

(二)常见的自我意识偏差

(1)消极的自我——自卑。自卑是对自我评价过低的现象,常表现为习惯积累失败、挫折经历,没有价值感,缺乏自信,自我否定、自我排斥等。遇事常胆怯、心虚、退缩、无主见、随波逐流、缺少激情、没有生活目标。自卑往往会形成一个恶性循环,即对自己持有消极的态度,预期自己会失败,失败后归因于自己能力不足,然后泛化情绪,最终无法通过自我肯定得到补偿,陷入自我否定的怪圈无法自拔。

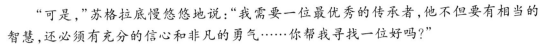

减肥减出抑郁症

林某,女,大二学生,因过度减肥而出现厌食、严重失眠、情绪消极等症状,经心理咨询诊断为抑郁症。原来,林某暗恋班上某位男生,从朋友口中得知该男生喜欢骨感型的女生,自己身高169cm,体重55kg,原本在大众眼中属于正常甚至偏瘦的体型,在她认为就是"过于肥胖",因而导致她在她心仪的男生面前觉得自卑、羞愧,于是下定决心减肥。林某通过节食、服用减肥药的方式进行了疯狂的减肥,半年不到的时间体重从55kg减到了45kg,但却出现了严重的不良后果。后来因身体出现严重的不良反应,不得不休学前往医院进行治疗。

> 案例分享

因为身高而自杀的男生

李某,大学一年级时,与一女生恋爱,但该女生父母因其身高只有160cm而强烈反对,导致失恋。从此以后,便痛恨自己的身体矮小,埋怨自己的遗传基因为什么这么差,不应该带着这二等残废身体来到这世界上,认为自己这一辈子无法找到理想的对象。于是,经常情绪低落,自怨自艾。最终,他偷偷服下过量的安眠药自杀。

> 拓展阅读

习得性无助

让跳蚤在一个盖着玻璃盖的杯子里跳,跳蚤怎么都跳不出去,于是认为自己就是无法跳出去。最后把玻璃盖撤掉,发现跳蚤再也跳不出去了。习得性无助就是那些沮丧压抑的人因为相信努力是无效的而变得被动与无助。它会让人陷入自卑,给自己的人生设限,认为自己能力有限,不够优秀,注定失败。

自卑者与自信者的区别在于:自卑者的认同感依赖于外部,潜意识的焦点集中在自身的劣势;自信者的认同感依赖于内部,潜意识的焦点集中在自身的优势。一个人从自卑到自信,真正战胜的是自己的内心。

(2)消极的自信——自负。自负的人对自己的评价非常高,往往脱离客观实际,理想自我代替现实自我,盲目自尊,虚荣心强,心理防御意识强,缺乏自知之明,常认为别人有错,把自己的意志强加给别人,往往不能和人很好地相处,缺乏理智、情绪冲动、忘记现实,沉浸在虚无缥缈的自我设计之中,自吹自擂,自我陶醉,却不为现实付出努力。

> 案例分享

没有朋友的"聪明人"

某男子,大二学生。认为自己聪明过人,才能超群,爱在同学面前夸耀自己,别人越关注,就越兴奋。认为自己关注的问题都是哥德巴赫猜想式的,很少有人问津的问题。对同学有比较强烈的支配欲,爱支配他人而不愿意受他人支配。对同学提出的还谈不上批评的意见,心里总是不能接受,内心十分反感,还经常发怒。他看不到自己的缺点和不足,盲目地为十全十美的自我而陶醉,既没有异性朋友,也没有同性朋友。

> 拓展阅读

空杯心态

一个佛学造诣很深的人去一个寺庙求教一个声名远播的得道高僧。到寺庙门前大师的徒弟出门迎接他,他态度非常傲慢,觉得自己佛学造诣如此之深怎么派个小徒弟来迎接。后来大师亲自来迎接他,并为他倒茶,只见茶杯水已经倒满,但大师还在不停地倒!他好奇地问:"大师,杯子都满了,怎么还往里倒呢?"大师说:"是啊,既然都满了,为何还要往里倒呢?"大师的言外之意就是你既然已经造诣深厚了,还需要到我这里求教什么呢?

"清空你的杯子,方能再行注满,空无以求全。"

(3)扭曲的自尊——虚荣。虚荣是过分自尊的表现,它是一种追求虚表的性格缺陷,是人们为了取得荣誉和引起普遍的注意而表现出来的一种不正常的社会情感和心理状态。虚荣表现在行为上,主要是盲目攀比、好大喜功、过分看重别人的评价、自我表现欲太强、有强烈的嫉妒心等。

案例分享

"虚荣"犯下的罪

某女孩,来自东北某小城,大一学生,来到长春上某大专后发现,自己是没有见过世面的丑小鸭,在嫉妒、虚荣的驱使下,骗钱高消费,她以给三姨家女儿找空姐工作为名,一年间骗去三姨12.88万元人民币,肆意挥霍,购买高档时装,用名牌生活用品,在男友生日时送男友貂皮大衣,同时也顺便给自己买了一件,过后,又买了一辆二手小轿车给男友,一直以富翁之女自居。骗过三姨的钱后,又以给四姨买房为名,先后两次从四姨手中骗得8万元人民币。因其从小勤奋好学,颇得家人喜欢,两件事一直没有败露,家人觉得肯定是她被别人骗了,报案后才发现,原来骗子就是自己家所谓的乖女儿。

(4)退缩的自立——从众。从众是在群体影响下放弃个人意见而与大家保持一致的社会心理行为。群体成员的行为通常有跟从群体的倾向。当成员发现自己的意见和行为与群体不一致时,会产生紧张感,促使他与群体趋向一致。有些人过于看重自己在别人心目中的形象,对他人的看法和评价过于敏感,易受"人言"左右。

案例分享

被迫的"网瘾"者

某个大一男生,不喜欢玩游戏,性格比较内向,而室友却非常热衷于玩游戏,常常为此熬夜。起初,他总是不愿参与他们的游戏活动,可时间一长,发现他们都在疏远自己,他为此感到非常不安。为了融入宿舍的群体,现在如果舍友叫他玩游戏,他都会参与。尽管他不感兴趣,但又不愿拒绝,有时他感到虽然很努力地参与其中,但内心很痛苦,感觉自己很堕落、空虚。

第三节　认识自我、悦纳自我、完善自我

一、正确认识自己

古希腊哲学家普罗塔哥拉说:"头脑不是一个要被填满的容器,而是一束需要被点燃的火把。"德国著名作家约翰·保罗说过:"一个人真正伟大之处,就在于他能够认识自己。"正确、全面、客观地认识自己是我们终身都需要完成的重要任务,是实现自我意识统一协调的基础,有利于我们更好地调适现在的我和构建未来的我。正确认识自己的方法主要有以下几种。

（一）自我反省与检查

（1）在与自己的关系中反省自己。在与自己的关系中反省自己即通过比较"现实我"与"理想我"的差距来认识自己。《论语》中曾子说:"吾日三省吾身:为人谋而不忠乎?与朋友交而不信乎?传不习乎?"原指每日从三个方面检查自己,后指多次自觉地检查自己,通过每日反省而获得成长与自我完善。我们可以学习这个有效经验,经常反省自己,检查自己的言行功过,以便及时地调整自己,争取下次做得更好。

实战练习

列出自己身上自己喜欢和不喜欢的各三个地方。

（2）在与事的关系中反省自己。在与事的关系中反省自己就是从自己的成败经验中看自己,智慧坚毅者能从失败中总结经验走向成功,悲观脆弱者会在失败中迷失自己,陷入失败的恶性循环,骄傲自负者容易在成功后自满而最终走向失败。

拓展阅读

约拿情结

约拿情结（Jonah complex）是美国著名心理学家马斯洛提出的一个心理学名词。简单地说,"约拿情结"就是对成长的恐惧。它来源于心理动力学理论上的一个假设:"人不仅害怕失败,也害怕成功。"其代表的是一种机遇面前自我逃避、退后畏缩的心理,是一种情绪状态,并导致我们不敢去做自己能做得很好的事,甚至逃避发掘自己的潜力。在日常生活中,约拿情结可能表现为缺少上进心,或称"伪愚"。它的存在也许有一定的合理性,不过,从自我实现的角度来看,这是一种阻碍自我实现的心理障碍因素。

(二)通过比较认识自己

比较包括与自己的比较和与他人的比较。与自己比主要是在时间轴上与过去的自己比,或与未来的"理想我"比较。每个人的成长起点可能存在比较大的差异,但与自己比较可以打破这些"不平等",更客观地发现自身的发展变化。

与他人比较也是我们常用的比较方式。与他人比可以开阔自己的视野,但选择比较的对象很重要,过高的比较对象容易让自己失去信心和前进的动力,过低的比较对象容易对自己产生过高的自我评价。从普遍层面来说,找适中的、身边的比较对象更有利于激发自我发展的动力,也更利于我们发现榜样,发现取得成功的方法和路径,获得更具体的学习内容。从个体差异来看,如果你希望获得更多的激励或改善自己孤傲的个性,那么可以多"向上"比较,和比自己优秀的人比较,给自己树立好的榜样和目标,可以以此激励自己迅速成长;如果你想要增强自信,获得更多幸福感,那么可以选择多"向下"比较,这样可以让你更加珍惜当下拥有的一切,并激发对生活的感恩意识。

(三)通过他人对你的看法认识自己

"以人为鉴,可以知得失",他人犹如一面镜子,可以帮助我们纠正自己的认知偏差;"不识庐山真面目,只缘身在此山中",他人的评价可以帮助我们更加全面、清楚地认识自己。要想从他人的看法中更好地认识自己,获得成长,需要注意以下几点:

(1)要坦然承认自己的不足;
(2)善于听取他人的意见,特别是熟悉的人或重要的人的意见;
(3)要重视一致程度较高的评价;
(4)要善于理性分析别人的评价,有则改之无则加勉。

拓展阅读

闻过则喜

春秋时期,有个人叫高缭,他为人谨慎,在齐国丞相晏子手下做了3年的官,从来没有犯过错,但晏子却无缘无故把他辞退了。这是为什么呢?晏子说:"我是一个不中用的人,正如一块弯弯曲曲的木头,必须用墨斗来弹,用斧头来削,用刨子来刨,才能做成一件有用的器具。每个人都会有自己的毛病和缺点,但是如果别人不给予提示的话,自己是看不到的。但是高缭呢,他在我身边足足3年,看见我的过错,却从来不说,这对我有什么好处?所以,我把他辞退了。"可见,晏子喜欢人指出他的过失,他认为,指出上司的过失是手下的责任,否则是没有尽到自己的责任,是毫无用处的。

(四)用工具自查

(1)橱窗分析法(图4-2)。橱窗分析法是一种借助直角坐标不同象限来表示人的不同部分的分析方法。它以别人知道或不知道为横坐标,以自己知道或不知道为纵坐标,橱窗分析法也是进行自我认知的一种常用方法。每个人的自我都有四部分:公开我,也就是透明真实的自我,这部分自己很了解,别人也很了解;隐私我,是自己了解但别人不了解的部分;背脊我是别人看得很清楚,自己却不了解的未知的自我;潜在我是别人和自己都不了解的充满潜力的部分,通过一些契机可以激发出来。

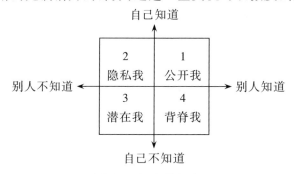

图4-2　橱窗分析法

随着成长的经历,自我的四个部分比例会发生变化。一个人公开我越大,自我认知就越正确、自我评价越全面,心理健康程度越高;如果隐私我越大,则说明潜意识中自我封闭意愿越强烈,害怕别人看清自己,总倾向于按照别人的评价和期望表现自己,隐藏了真实自我;如果背脊我越大,则说明自我认知偏差越大,可能盲目夸大了自己的优点或缺点,导致盲目自负或自卑;而潜在我的存在使我们无法完全认识自己,也让人充满了无限可能。

通过与他人分享减少隐私我,通过他人的反馈减少背脊我,这样一来,人对自己的了解就会更多更客观了。

(2)自我测验法。心理学中有很多测试量表可以帮助人们认识自我。下面给大家推荐几个自我认知的常用测试。

实战练习

心理测试1——气质类型测试

气质类型测试(陈会昌)

了解自己的气质,对选择专业、性格培养、提高学习与工作效率、处理人际关系等都有重要意义。下面60道题可以帮助我们大致确定自己的气质类型。在回答这些问题时,你认为很符合自己情况的,计2分;较符合自己情况的,计1分;介乎符合与不符合之间的,计0分;认为较不符合自己情况的,计-1分;完全不符合自己情况的,计-2分。

1. 做事力求稳妥,不做无把握的事。
2. 遇到可气的事就怒不可遏,想把心里话全说出来才痛快。
3. 宁肯一个人干事,不愿很多人在一起。
4. 到一个新环境很快就能适应。
5. 厌恶那些强烈的刺激,如尖叫、噪声、危险镜头等。
6. 和人争吵时,总是先发制人,喜欢挑衅。
7. 喜欢安静的环境。
8. 善于和人交往。

9. 羡慕那种善于克制自己感情的人。
10. 生活有规律,很少违反作息制度。
11. 在多数情况下情绪是乐观的。
12. 碰到陌生人觉得很拘束。
13. 遇到令人气愤的事,能很好地自我克制。
14. 做事总是有旺盛的精力。
15. 遇到问题常常举棋不定,优柔寡断。
16. 在人群中从不觉得过分拘束。
17. 情绪高昂时,觉得干什么都有趣;情绪低落时,又觉得干什么都没有意思。
18. 当注意力集中于一事物时,别的事很难使我分心。
19. 理解问题总比别人快。
20. 碰到危险情境,常有一种极度恐怖感。
21. 对学习、工作、事业怀有很高的热情。
22. 能够长时间做枯燥、单调的工作。
23. 符合兴趣的事情,干起来劲头十足,否则就不想干。
24. 一点小事就能引起情绪波动。
25. 讨厌做那种需要耐心、细致的工作。
26. 与人交往不卑不亢。
27. 喜欢参加热烈的活动。
28. 爱看感情细腻的描写人物内心活动的文学作品。
29. 工作、学习时间长了,常感到厌倦。
30. 不喜欢长时间谈论一个问题,愿意实际动手干。
31. 宁愿侃侃而谈,不愿窃窃私语。
32. 别人说我总是闷闷不乐。
33. 理解问题总是比别人慢些。
34. 疲倦时只要短暂的休息就能精神抖擞,重新投入工作。
35. 心里有话宁愿自己想,不愿说出来。
36. 认准一个目标就希望尽快实现,不达目的,誓不罢休。
37. 学习、工作同样长时间,常比别人更疲倦。
38. 做事有些莽撞,常常不考虑后果。
39. 老师讲授新知识、新技术时,总希望他讲慢些,多重复几遍。
40. 能够很快地忘记那些不愉快的事情。
41. 做作业或完成一件工作总比别人花的时间多。
42. 喜欢运动量大的剧烈体育活动,或参加各种文艺活动。
43. 不能很快地把注意力从一件事转移到另一件事上去。
44. 接受一个任务后,就希望把它迅速解决。
45. 认为墨守成规比冒风险强些。
46. 能够同时注意几件事物。

47. 当我烦闷的时候,别人很难使我高兴起来。
48. 爱看情节起伏跌宕、激动人心的小说。
49. 对工作抱认真严肃、始终一贯的态度。
50. 和周围人们的关系总是相处不好。
51. 喜欢复习学过的知识,重复做已经掌握的工作。
52. 希望做变化大、花样多的工作。
53. 小时候会背的诗歌,我似乎比别人记得清楚。
54. 别人说我"出语伤人",可我并不觉得是这样。
55. 在体育活动中,常因反应慢而落后。
56. 反应敏捷,头脑机智。
57. 喜欢有条理而不甚麻烦的工作。
58. 兴奋的事常使我失眠。
59. 老师讲新概念,常常听不懂,但弄懂以后就很难忘记。
60. 假如工作枯燥无味,马上就会情绪低落。

确定气质类型的标准:

请将相应题号的得分相加,得出该类型的分数。

胆汁质	题号	2	6	9	14	17	21	27	31	36	38	42	48	50	54	58
多血质	题号	4	8	11	16	19	23	25	29	34	40	44	46	52	56	60
黏液质	题号	1	7	10	13	18	22	26	30	33	39	43	45	49	55	57
抑郁质	题号	3	5	12	15	20	24	28	32	35	37	41	47	51	53	59

分数解释:

如果某类气质得分明显高出其他三种,且均高出4分,则可定为该类气质。如果该类气质得分超过20分,则为典型;如果该类得分在10~20分,则为一般型。

如果两种气质类型得分接近,其差异低于3分,而且又明显高于其他两种,且高出4分,则可定为这两种气质的混合型。

如果三种气质得分均高于第四种,而且接近,则为三种气质的混合型,如多血—胆汁—黏液质混合型或黏液—多血—抑郁质混合型。

(资料来源:顾海根. 心理测量学[M]. 北京:北京大学出版社,2010.)

实战练习

心理测试2——MBTI性格类型测试

MBTI性格理论始于著名心理学家荣格的心理类型的学说,后经美国的Katharine Cook Briggs与Isabel Briggs Myers深入研究而发展成型,它已被翻译成10多种文字。近年来,全世界每年有200多万人次接受MBTI测试。据统计,世界前100强公司中有89%的公司引入使用MBTI作为员工和管理层自我发展、改善沟通、提升组织绩效的重要方法。

MBTI理论认为一个人的个性可以从四个角度进行分析,用字母代表如下:

驱动力的来源:外向E—内向I。

接受信息的方式:感觉S—直觉N。

决策的方式:思维T—情感F。

对待不确定性的态度:判断J—知觉P。

其中两两组合,可以组合成16种人格类型。实际上这16种类型又归于四个大类之中,在此我们将四个大类型筛选,并总结如下:

SJ型——忠诚的监护人

SJ型的人,他们的共性是有很强的责任心与事业心,他们忠诚、按时完成任务,推崇安全、礼仪、规则和服从,他们被一种服务于社会需要的强烈动机驱使。他们坚定、尊重权威、等级制度,持保守的价值观。他们充当着保护者、管理员、稳压器、监护人的角色。大约有50%左右SJ型的人为政府部门及军事部门的职务所吸引,并且显现出卓越成就。其中在美国执政过的41位总统中有20位是SJ型的人。

SP型——天才的艺术家

SP型的人有冒险精神,反应灵敏,在任何要求技巧性强的领域中游刃有余,他们常常被认为是喜欢活在危险边缘寻找刺激的人。他们为行动、冲动和享受现在而活着,约有60%左右SP型的人喜欢艺术、娱乐、体育和文学,他们被称赞为天才的艺术家。

NT型——科学家、思想家的摇篮

NT型的人有着天生的好奇心,喜欢梦想,有独创性、创造力、洞察力,有兴趣获得新知识,有极强的分析问题、解决问题的能力。他们是独立的、理性的、有能力的人。

人们称NT型的人是思想家、科学家的摇篮,大多数NT型的人喜欢物理、研究、管理、电脑、法律、金融、工程等理论性和技术性强的工作。

NF型——理想主义者

精神领袖NF型的人在精神上有极强的哲理性,他们善于言辩、充满活力、有感染力、能影响他人的价值观并鼓舞其激情。他们帮助别人成长和进步,具有煽动性,被称为传播者和催化剂。

约有一半NF型的人在教育界、文学界、宗教界、咨询界以及心理学、文学、美术和音乐等行业显示着他们的非凡成就。

职业咨询专家说,大部分人在20岁以后会形成稳定的MBTI类型,此后基本固定。当然,MBTI的类型会随着年龄的增加、经验的丰富而发展完善。

根据MBTI理论,每种个性类型均有相应的优点和缺点、适合的工作环境、适合自己的岗位特质。使用MBTI进行职业生涯开发的关键在于如何将个人的人格特点与职业特点进行结合。

快去测试一下你的MBTI职业性格类型吧!

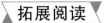

气质与性格

气质是指人典型的、稳定的心理特点,包括心理活动的速度,比如语言、思维的速度等;强度,比如情绪体验和意志能力的强弱;稳定性,比如专注力的强弱;指向性,比如内倾性、外倾性。这些特征的不同组合,便构成了个人的气质形态,它使人的全部心理活动都染上了个性化的色彩,属于人的性格特征之一。气质类型通常分为胆汁质、多血质、黏液质、抑郁质四种。

人的气质差异是先天形成的,受神经系统活动过程的特性所制约,无分好坏。孩子刚一落生时,最先表现出来的差异就是气质差异,有的孩子爱哭好动,有的孩子平稳安静。气质只给人们的言行涂上某种色彩,但不能决定人的社会价值,也不直接具有社会道德评价含义。一个人的活泼与稳重不能决定他为人处世的方向,任何一种气质类型的人既可以成为品德高尚、有益于社会的人,也可以成为道德败坏、有害于社会的人;可以经过自己的努力在不同实践领域中取得成就,也可能成为平庸无为的人。

性格是指表现在人对现实的态度和相应的行为方式中的比较稳定的、具有核心意义的个性心理特征,它是一种与社会最密切相关的人格特征,在性格中包含有许多社会道德含义。性格表现了人们对现实和周围世界的态度,并表现在他的行为举止中。性格主要体现在对自己、对别人、对事物的态度和所采取的言行上。

气质与性格的差别:气质受个体高级神经活动类型的制约,是先天形成的;而性格更多地受社会生活环境影响,是后天形成的。气质是人的情绪和行为活动中的动力特征,即强度、速度、稳定性和指向性,无好坏之分;而性格是指行为的内容,表现为个体与社会环境的关系,在社会评价上有好坏之分。气质可塑性极小,变化极慢;性格可塑性较大,环境对性格的塑造作用较为明显。

性格与气质的联系是相当密切而又相当复杂的。相同气质类型的人可能性格特征不同,性格特征相似的人可能气质类型不同。具体地说,二者的联系有以下三种情况。第一,气质可按自己的动力方式渲染性格,使性格具有独特的色彩。例如,同是勤劳的性格特征,多血质的人表现出精力充沛、干劲十足,黏液质的人会表现出踏实勤恳、细致认真;同是友善的性格特征,胆汁质的人表现为热情豪爽、乐于助人,抑郁质的人则倾向表现出温柔耐心、默默付出。第二,气质会影响性格形成与发展的速度。当某种气质与性格有较大的一致性时,就有助于性格的形成与发展,相反会有碍于性格的形成与发展。如勇敢、果断、积极主动的性格特征,对于胆汁质的人来说更容易形成,而对抑郁质的人来说就非常困难了。第三,性格对气质有重要的调节作用,在一定程度上可掩盖和改造气质,使气质服从于生活实践的要求。如飞行员必须具有冷静沉着、机智勇敢等性格特征,在严格的军事训练中,这些性格的形成就会掩盖或改造胆汁质者易冲动、急躁的气质特征。

二、积极悦纳自己

积极悦纳自我就是接受自己,喜欢自己,认可自己的独一无二,找到自己的价值感、自豪感、愉快感和满足感。能够积极悦纳自己的人通常性情开朗,对生活乐观、对未来充满憧憬,能够平静而又理智地看待自己的长处和短处,冷静对待自己的得失,能够为自己树立远大理想,并以此激励自己不断克服消极情绪。既不以虚幻的自己补偿内心的空虚,也不以消极的自己回避、漠视现实,更不以怨恨、自责以至厌恶的情绪来否定自己。

拓展阅读

动物们的学校

森林一群动物相互羡慕别人的优点,抱怨自己的缺点,于是大家一拍即合决定办一个全能培训班,把大家都训练成理想中的自己。它们设计了一套课程,包括奔跑、游泳、飞翔、攀登,所有动物都报名了。

结果,小白兔跑步成绩优异,但看见水却瑟瑟发抖;小鸭子游泳不在话下,飞翔却很差劲,跑步和攀登惨不忍睹;小麻雀飞翔轻松自如,但小短腿跑不快,碰到水差点没淹死;小松鼠攀爬胜人一等,奔跑也不错,却在第一次飞翔课上差点没被摔死而学会了逃课。

最后大家越来越迷惑,越来越痛苦,终于决定停止盲目地学习别人!他们发现好好发挥自己的长处,不再抱怨、羡慕别人,才能更快乐!

拓展阅读

两个男生

有一个男生身高168cm,长得阳光帅气,有一头乌黑浓密的头发,有一次他认识了一个身高186cm的高大男生,他对这男生说:"我真希望有你这么高。"这男生听完以后脱下帽子露出光头说:"我也很想有你的头发!"

拓展阅读

珍珠和渔夫

有一个渔夫捞到一颗大珍珠!对它爱不释手,但珍珠上有一个小黑点!渔夫想,要是没有那个小黑点,珍珠将变成无价之宝,于是他就用小刀把黑点刮掉。可是刮掉一层黑点还在,继续刮,黑点还在,最后黑点没了,珍珠也不复存在了。

正确认识自己,接纳自己的优点,允许自己有不足,坦然面对真实的自己便好。

成熟是一个过程,有目标、坚持,你终究会找到自己心中的一角,悦纳自己,每个人都是独一无二的自己。

实战练习

认识自我

在纸上分别列出自己最喜欢和最不喜欢的三个特质,外表、性格、现实环境、行为习惯等都可以。

分析自己所列出来的特质哪些是可以改变的,通过什么样的努力可以改变,哪些是不容易改变的?

结论:变可变之处,接纳不可变之处。

拓展阅读

罗森塔尔效应

1968年,罗森塔尔带助手们来到一所乡村小学,在一到六年级各选了3个班,对这18个班学生进行了一个"未来发展趋势测验"。测验结束后,他把一份"最有发展前途者"的名单给了校方,并叮嘱他们保密,免得影响实验的正确性。这个名单占了学生总数的20%,但其实,校长和学生都不知道的是,名单上的学生都是随机选出的,罗森塔尔根本没有去看这个测验的成绩。奇妙的是,8个月后,情况果然有些变化。在针对这18个班学生的测验中发现,上了名单的那部分学生,成绩普遍有了显著提高,而且性格更外向,自信心、求知欲都变得更强。更有意思的是,这些学生并没有得到明确的语言信息,来告诉他们"你是最有发展前途"的人,是老师通过情绪、态度影响了他们。

赞美、信任和期待,它能改变自己,也能改变别人的行为,这就是罗森塔尔效应,也叫作期望效应。

三、完善超越自我

美国的政治家、科学家富兰克林说:有些人25岁就死了,一直到75岁才埋葬。

苏格拉底说:一种未经审视的人生是不值得过的。

有的人虽然活着,但他过早地把自己安排进了一个重复单调、相对静止的生活模式。这种生活每天在重复,即便活得很忙碌,然而心是"盲的""茫的",一点都不通透、敞亮,就像臧克家所说的:有的人活着,他已经死了。这样的活,意义在哪里。

人生应该怎样度过?在认识自我、接纳自我以后,不断地超越自我,朝着自己的理想不断努力,或许才是终极挑战。

(一)人的潜能无限

要不断完善自我、超越自我就要先意识到人的潜能是无限的。

马斯洛说:实际上绝大多数人,一定有可能比现实中的自己更伟大些,只是缺乏一种不懈努力的自信。

人的感觉能力很强,天生就懂得察言观色。人的创造力无限,人的大脑是一个最复杂最伟大的奇迹。科学家研究发现,每个人都有巨大的潜能,人类平常只发挥了极小的部分的大脑功能。如果一个人能发挥一半的大脑功能,那他就能轻易地学会40种语言、背整套百科全书、拿12个博士学位。著名心理学家赫伯特·奥托(Herbert A.Otto)指出,一个人一生所发挥出来的能力,只占他全部能力的4%,也就是说一个人96%的能力还未开发。

人的潜能的另一种表现是精神力量。人可以拥有超乎想象的勇气和意志,支撑我们完成"不可能"完成的任务。

拓展阅读

截肢勇士

2018年5月14日10时41分,69岁的"截肢勇士"夏伯渝登顶珠穆朗玛峰,成为中国残疾人登顶珠穆朗玛峰第一人。他就是胡歌所主演的电影《攀登者》的原型。69岁高龄、身患疾病、5次冲顶……经过43年的不懈努力终于实现梦想!

为什么攀登,因为山就在那里;为什么像永动机一样不断奋斗,因为梦想就在那里。

实战练习

我能行!

(1)预估一下自己可以在30秒内做几个俯卧撑,完成预估后尽力地去做。

(2)结合自己实际完成的数量,再制定一个目标,给自己一周的训练时间,看是否能完成。

结果我们会发现在完成(1)时,绝大部分的人倾向于低估自己的能力,他们实际能完成的数量大多高于最初的设定。在(2)中,大部分人会对自己的新目标更有信心,通过一周的训练,大部分人可以完成新的目标。

(二)设定合理的目标

设定合理的目标,树立理想自我可以激发我们前进的动力,引导我们不断完善、超越自己。目标的制定要具体、合理,并且可以将远景目标分解为阶段目标,降低实现目标的难度,这样可以增强自信心,激发持续前进的动力。

目标的合理性不仅在于难度适中,通过努力可以完成,也在于要和自己的个性特征相匹配。西德尼·史密斯说:不管你天性擅长什么,都要顺其自然,永远不要丢开自己的优势和才能。莫里哀和伏尔泰都是失败的律师,但前者成了杰出的文学家,而后者成了伟大的启蒙思想家!

(三)人生的意义在于行动

有了目标,有了动力之后需要把想法付诸行动。行动是一切成功的基石。我们可以在实践中不断修正目标,分步完成阶段任务,通过量的积累引发质的改变。

第五章　学习心理与行为

> **本章导航**
>
> 作为从小学到大的"资深"学习者,你觉得到底什么是学习?学习有什么基本的原理和规律吗?如果我们掌握了学习背后的原理和规律,是不是就可以大大提升我们的学习能力呢?这一章,我们就将走进学习,去探究它背后的奥秘。

第一节　什么是学习

一、学习的内涵

讨论:提到学习,你会想到什么?

从出生开始到死亡,我们就从未间断过学习,那么到底什么是学习呢?

(一)狭义的学习

狭义的学习是指在一定的情境中,在教师有目的、有计划、有组织的系统指导下,受教育者读书求知并获得一定结果的实践活动。每个人都经历的学校教育就是狭义的学习过程,这也是我们通常理解的学习。

(二)广义的学习

在普通心理学的定义里,学习是个体在一定情景下由于反复的经验而产生的行为或行为潜能的比较持久的变化。这个过程必须具备三个特征:一是学习是以行为或行为潜能的改变为标志的;二是学习引起的行为变化是相对持久的;三是学习是由练习或经验引起的。

二、学习的分类

(一)知识的学习

知识学习包括对自然科学知识和人文科学知识等专业知识的学习,主要是对知识的感知和理解,也是狭义的学习层面所涉及的最主要的学习内容。

(二)能力的学习

能力学习包括智力技能、动作技能和社会行动技能,诸如学习能力、交往能力、生活能力、健体能力、审美能力、创新能力等各种实际操作能力都属于能力学习的范畴。

(三)情感态度的学习

情感态度的学习又称人格学习、人文精神的学习,比如学习做一个诚信的人、一个守时的人等。情感态度的学习是渗透在知识学习、能力学习和日常生活之中,以道德品质、思维心智为主要内容的学习。

三、学习的原理与规律

学习是如何发生的?它存在什么规律吗?是什么影响着我们的学习效果?虽然我们是从小学到大的"资深"学习者,但这些问题我们常常无法回答,这个部分我们就将用很多有趣的心理学实验和理论来揭开学习的神秘面纱。

"请给我一打强健而没有缺陷的婴儿,让我放在特定的环境中抚养,我能担保,其中随便挑出一个来,都可以被训练成任何专家——无论他的能力、嗜好、趋向、才能、职业及种族如何,我都将他训练成为一名医生,或律师,或艺术家,或商界首领,甚至是一名乞丐或窃贼。"

——美国行为主义心理学家华生

(一)学习的联结理论

学习的联结理论强调复杂行为是建立在条件联系上的复合行为。学习就是在刺激与反应之间建立联结的过程,因此联结理论又可称为"刺激-反应"理论。

学习的联结理论中最具代表性的有巴甫洛夫的经典条件反射和桑代克的试误学习以及斯金纳的操作性条件反射。

(1)巴甫洛夫的经典条件反射。经典条件反射是指一个刺激和另一个带有奖赏或惩罚的无条件刺激多次联结,可使个体学会在单独呈现该一刺激时,也能引发类似无条件反应的条件反应。其中无条件反射是指由外界环境刺激导致的不需要学习的自然的生理反应,比如说起杨梅,我们就会不自觉地分泌唾液。条件反射是由外界环境刺激(中性刺激或无关刺激)导致的反应,是一种习得性反应。条件反射形成的基础是条件刺激与无条件刺激在时间上多次重合或相继出现。条件刺激通过这一方式与无条件反应建立暂时联系,从而形成经典条件作用。

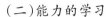

经典条件反射实验

经典条件反射最著名的例子是巴甫洛夫的狗的唾液条件反射。饥饿的狗在人们投递食物时会流出唾液,这是一种自然生理反应,即无条件反射。如果在投递食物前每次都给狗先听到同一个声音,那么原本听到这个声音不会产生生理反应的狗经过反复训练多次以后,它就会习得一件事——听到这个声音后我就会获得食物,于是当它再听到这个声音时,便也会分泌大量唾液。那么这个声音本来是无关刺激,通过一个无条件反射的奖励,让它形成了一种条件反射。

实战练习

在我们的生活中,你有见过应用经典条件反射的学习过程吗?

看了很多因酒驾引发的交通事故,你可能会很严肃地拒绝喝酒开车这件事。

看了令人恶心的香烟的广告,你可能会减少甚至戒除对香烟的依赖(图5-1)。

图5-1 经典条件反射的应用

那么我们如何应用经典条件反射促进我们的学习呢?不妨试试"爱屋及乌"法,如果将你要学习的任务和你所感兴趣的东西建立起联结,那么就可以激发你学习的热情与动力了。如小朋友喜欢玩游戏,如果把学习汉字这个较为枯燥的任务与玩游戏建立联结,那么小朋友就更容易去学习和记忆了。

(2)桑代克试误学习。桑代克认为学习是尝试错误的过程,学习者通过不断地尝试,发现并保留正确的尝试,摒弃错误的尝试,从而完成学习过程。学习的形成受到学习行为结果的影响,错误而无效的动作逐渐被淘汰,正确有效的动作则被保留。

拓展阅读

桑代克迷笼实验

把饿猫放进迷笼,笼前有食物,它会通过不同尝试,最终学会打开笼子。一开始会花很长时间,慢慢学会之后,打开迷笼所花时间减少(图5-2、图5-3)。

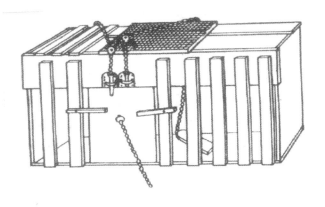

图 5-2　桑代克迷笼实验

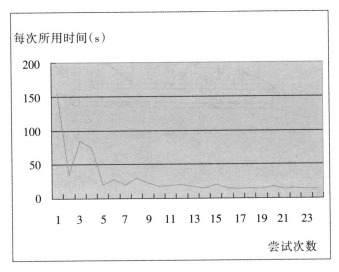

图 5-3　猫尝试错误学习的次数与所需时间的关系

实战练习

在我们的生活中,哪些学习是尝试错误的过程?

操作性的学习会比较符合尝试错误的原理。如学习一些设备的操作,一开始可能常按错键,但多次练习后就可以学会;又如学习游泳、骑车等操作性的技能。这类学习都有一个特征就是通过练习肯定能学会,而总结经验和规律可以促进学习。

(3)斯金纳操作性条件反射。斯金纳认为学习是有机体的自发行为,而并非刺激引发的。

人类的大多数学习是操作学习,人不是被动等待刺激,而是会积极主动地对环境进行探索,先有反应,得到一个结果或反馈,然后再根据这个结果或反馈去调节行为。

学习的过程就是形成操作性条件反射的过程,其中,强化是形成操作性条件反射的重要手段。

> **拓展阅读**

经典实验——斯金纳箱

把小白鼠放进箱内,白鼠会自主地发出多种行为,如按压杠杆(图5-4)。当白鼠无意间按到杠杆的时候,如果能够获得食物,就会增加按压杠杆的行为,如果没有得到食物,就会慢慢减少该行为,如果没有得到食物反而得到的是电击,则按压行为减少。另外一只老鼠不停地受到电击,如果它按压杠杆可以阻止电击,那么按压行为会被增强。

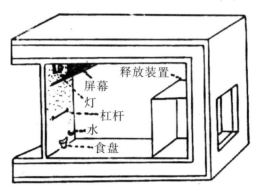

图5-4 斯金纳箱

> **实战练习**

在我们的生活中,你能想到操作性条件反射有哪些应用吗?

闯红灯,被罚款,以后都注意遵守交通规则了——通过惩罚减少行为发生概率。

小朋友耍赖哭,不理他就不容易养成一言不合就大哭耍赖的习惯——通过无强化减少行为发生概率。

上车不系安全带就会自动报警,迫使你记得上车就系安全带——通过负强化(噪音)增加行为发生概率。

学习认真,被老师当众表扬,并在期末获得奖学金,此后学习更加有动力——通过正强化增加行为发生概率。

操作性条件反射在日常学习中的应用也非常多,我们可以给自己设立一些强化手段,辅助我们提高学习积极性或改正学习中不好的习惯。如期末专业课考试成绩80分以上就奖励自己买一件心仪已久的礼物送给自己;如没有完成今天的学习任务就惩罚自己今天不可以玩游戏等。

(二)学习的认知理论

学习的认知理论认为在学习中人具有非常强的主观能动性,最著名的学习认知理论有柯勒的顿悟学习理论和班杜拉的社会学习理论。

（1）柯勒顿悟学习理论。顿悟学习理论认为对问题情境的突然理解，导致了迅速学习的结果，这个突然理解包括了理解目的物和取得目的物的途径或诸条件的关系等。要做到顿悟学习有两个必要条件：一是具备对问题思考的量的积累，量变是引发质变的前提；二是要有外界情境的触发。如牛顿被苹果砸了一下头，顿悟出了万有引力。这是基于牛顿对于相关物理学知识理解与思考的量的积累以及苹果自然掉落这个外界情境的触发，才引起了顿悟。

拓展阅读

阿基米德顿悟

国王给了金匠一些纯金并让他制作一顶皇冠，但是当国王拿到这顶皇冠时，他听到了一些谣言说金匠偷了一些纯金而加了一点银子作为替代品。金匠保证这顶皇冠的重量与国王给他的纯金重量是一样的，但这并没有消除国王的疑虑，于是，国王向阿基米德求助：如何在不毁坏皇冠的情况下，验证皇冠到底是不是纯金的。

阿基米德绞尽脑汁思考这个问题，但是却始终想不出解决的办法。有一天，当阿基米德坐在他的浴缸中时，他注意到他的身体越往水里沉，浴缸中的水位就越高，他突然找到了问题的答案！他跳出浴缸跑到了镇子上，边跑边喊："我知道答案了！我知道答案了！"他一路兴奋地奔走欢呼，竟然没发现自己还没来得及穿上衣服。

阿基米德想出的绝妙办法就是：同等重量的金子比银子体积要小，如果将重量相同的金银块分别放入水中，那么银制品就应该可以使水位比金制品升得更高。于是阿基米德用皇冠称量出等量纯金条，然后他将这些纯金条沉入水桶中并在水位升高到的地方做了一个标记。如果这顶皇冠是用纯金制成的，那么它就应该可以使水位达到相同的高度。但是，当把皇冠沉入水中后，水位却比纯金条使水上升的高度还要高。这就意味着在制作皇冠的过程中，肯定是在纯金中掺入了一些银。

阿基米德在洗澡时顿悟出了在不破坏皇冠的情况下印证皇冠纯度的方法，也诞生了著名的阿基米德定律。

（2）班杜拉社会学习理论。社会学习理论探讨个人的认知、行为与环境因素三者及其交互作用对人类行为的影响。

按照班杜拉的观点，以往的学习理论一般都忽视了社会变量对人类行为的制约作用。他们通常是用物理的方法对动物进行实验，并以此来建构他们的理论体系，这对于研究生活于社会之中的人的行为来说，似乎不具有科学的说服力。由于人总是生活在一定的社会条件下，所以班杜拉主张要在自然的社会情境中而不是在实验室环境研究人的行为。

社会学习理论认为人的学习过程是通过观察来进行的，它主要包括以下四个阶段：

①注意：在注意的过程中，示范者行动本身的特征、观察者本人的认知特征以及观察者和示范者之间的关系等诸多因素影响着学习的效果。

②保持:要使示范行为在记忆中保持,需要把示范行为以符号的形式表象化。通过符号这一媒介,短暂的榜样示范就能够被保持在长时记忆中。

③再现:把记忆中的符号和表象转换成适当的行为,即再现以前所观察到的示范行为。这一过程涉及运动再生的认知组织和根据信息反馈对行为的调整等一系列认知的和行为的操作。

④动机:学习行为是通过外部强化、自我强化和替代性强化来完成的,直接影响着学习的动力和效果。

根据社会学习理论的学习原理,我们可以通过给自己树立"理想榜样"的方式来提高我们的学习效果。什么才算得上理想的榜样呢？它需要具备以下几个特点:

①榜样的示范要特点突出、生动鲜明。

②榜样的示范要符合学习者的年龄特征。

③榜样的行为对于学习者来讲要具有可行性,即学习者能够做得到。

④榜样的行为要具有可信任性,即相信榜样做出某种行为是出自自身的要求,而不是具有另外的目的。

⑤榜样的行为要感人,使学习者产生心理上的共鸣。

具有以上特征的榜样更容易激发观察学习的欲望,获得一个积极有效的学习结果。

(三)与记忆相关的学习理论

(1)记忆与学习的关系。学习是个体后天与环境接触、获得经验而产生的行为变化的过程。记忆是学习的认知侧面,用于检测学习的结果,如图5-5所示。

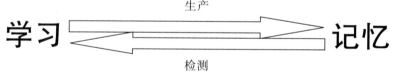

图5-5　学习与记忆的关系

(2)记忆的过程。记忆作为一种基本的心理过程,是和其他心理活动密切联系着的。记忆联结着人的心理活动,是人们学习、工作和生活的基本机能。把抽象无序转变成形象有序的过程就是记忆的关键。记忆的发生要经历三个重要的过程。

①编码:编码就是记忆对信息加工的过程。信息并非以它原本的形式进行储存,它首先必须转化为可以进行编码的形式,即通过编码可使外部世界的信息以化学或物理刺激的形式被感知。简言之,编码是一种信息的接收、加工与整合过程。例如,完全没学过英文的人记忆一个单词可能只能记住它的形状,类似去记忆一个符号的过程,这是他对这个单词记忆的编码方式,而学过英文的人去记忆一个新的单词他可以记忆字母排列顺序,也可以通过词根记忆或者是通过一个句子等方式来记忆,这就是不同的编码方式,不同的编码方式会影响记忆的效果。

②存储:存储是指对编码的信息进行记录保存,这样的保存可长可短,即所谓的短时记忆和长时记忆。

③提取：可视为是一种信息定位与返回知觉的过程。为了应对人们在现实生存中面临的各种境况，需要唤回一些相关的记忆以支撑合适的行为决策。其实，提取就相当于检索的过程。

只有被存储器储存了的信息才能被提取，并且被提取的方式依赖于该信息是如何储存的。

（3）记忆的分类。按记忆储存的时长分类可以分为短时记忆和长时记忆。

①短时记忆。短时记忆指不需要重复即可回想起来的记忆，可持续数秒至1分钟左右，不过通常是5~20秒。一般认为，短时记忆的容量非常有限，主要依赖于通过声音编码储存的信息，而较少通过视觉编码的信息。关于短时记忆的容量，通常是7±2个元素。

实战练习

短时记忆大挑战

一人口述一组随机的数字，从较少的位数开始，如六位520984，另外一个人听完后立刻复述出来，完成复述后再逐个增加随机数字的数量，试试你可以成功复述的极限数字是多少位数。

每个人的短时记忆的容量会有一定的区别，但记忆的时长都比较短。过几分钟后如果再让挑战者复述刚开始念过的哪怕比较少位数的随机数字，他也很难再完整复述了。

②长时记忆。长时记忆指信息经过一定深度的加工之后能在大脑中长期保留的记忆。长时记忆能储存更多的信息，容量是难以估量的，几乎是无期限的，有时可终身持有。

短时记忆和长时记忆似乎并非独立的和平行的，而是以串行的方式进行工作，短时记忆是瞬时的和易变的，一般通过注意力的集中与不断的重复可转变为长时记忆。

（4）艾宾浩斯遗忘曲线。1885年，德国心理学家艾宾浩斯（Herman Ebbinghaus）是历史上对人类记忆进行实验研究的第一人，发现了记忆遗忘呈现指数衰减的特征，如图5-6所示。

遗忘是有规律的，遗忘的进程很快，并且先快后慢。学得的知识在一天后，如不抓紧复习，就只剩下原来的25%。随着时间的推移，遗忘的速度减慢，遗忘的数量也减少。

遗忘的进程不仅受时间因素的制约，也受其他因素的制约。最先遗忘的是没有重要意义的、不感兴趣、不需要的材料，不熟悉的比熟悉的信息遗忘得要早。如同时让被试者记忆三种材料——无意义的音节、散文和韵律诗，结果会发现人们对无意义的音节的遗忘速度快于对散文的遗忘，而对散文的遗忘速度又快于韵律诗。

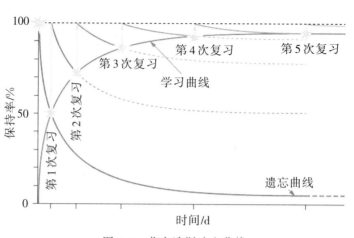

图 5-6 艾宾浩斯遗忘曲线

> 拓展阅读

记忆实验

两组学生学习一段课文，甲组在学习后不复习，一天后记忆率为36%，一周后只剩13%。乙组按艾宾浩斯遗忘规律复习，一天后保持记忆率为98%，一周后保持86%，乙组的记忆率明显高于甲组。

根据记忆发生的原理以及遗忘的特征，我们可以找到提高记忆效果的方法：

（1）专注。记忆时越专注，记忆效果会越好。

（2）多通道、趣味化编码。调动多感官器官开展记忆，如记忆英文单词时，不仅要看，还可以听、读、写，同时调动多感官记忆可以有效帮助我们提高记忆效果；不要单纯地记忆信息本身，而是把信息与自己熟悉的、感兴趣的已有记忆建立连接，用有趣的方式去记忆，效果会更好。

（3）复习。及时复习是对抗遗忘的最直接办法。

第二节 学习的动机

> 实战练习

你为什么而学习？

为了完成任务？为了取得好成绩？为了找到好工作？为了过上想要的生活？

一、学习动机的含义

动机是人类一切活动的驱策力。学习动机是社会和教育对学生学习的客观要求在学生头脑里的反应，它表现为学习的志向、愿望或兴趣等形式，对学习起推动作用。

二、学习动机的分类

按作用时间分,学习动机可以分为近景直接动机和远景间接动机。

(1)近景直接动机。近景的直接性动机是与学习活动直接相连的,来源于对学习内容或学习结果的兴趣。例如,学生的求知欲、成功的愿望、对某门学科的浓厚兴趣以及教师生动形象的讲解、教学内容的新颖等都直接影响到学生的学习动机。

这类动机作用的效果比较明显,来源于自身的直接动机可以很好地激发学习动力,如求知欲(好奇心)会激发你主动学习的欲望、兴趣能让你保持愉悦的情绪进行主动学习,如学习玩游戏大家一般就会比较积极主动。但有的依赖外部环境的直接动机稳定性就比较差了,容易受到环境或一些偶然因素的影响。如一个老师长得很好看、教得也不错,那么这个老师所教授的课可能更容易激发学生学习的热情,但如果换一个老师,这样的热情就没有了。

(2)远景间接动机。远景的间接性动机是与学习的社会意义和个人的前途相连的。例如,大学生意识到自己的历史使命、为不辜负父母的期望、为争取自己在班集体中的地位和荣誉等都属于间接性的动机。那些高尚的、正确的间接性动机的作用较为稳定和持久,能激励学生努力学习并取得好成绩;而那些为父母、教师的期望或是为了自己的名声、地位的动机作用的稳定性和持久性相对比较差,容易受到情境因素的冲击。例如,一个减肥的人,如果她的动机是为了获得自己暗恋对象的喜欢,一旦这个暗恋对象有了变化,那么她在减肥遇到瓶颈或困难之后就很容易放弃了。

不管是近景直接动机还是远景间接动机,凡事依赖于外界的人或事的动机都比较不稳定,这我们就要引出动机的另一种分类了——按产生诱因分,学习动机可以分为外部动机和内部动机。

(1)外部动机。外部动机是指个体由外部诱因所引起的动机。例如,某些学生为了得到教师或父母的奖励或避免受到教师或父母的惩罚而努力学习,他们从事学习的动机不在学习任务本身,而是在学习之外。一旦外在的刺激消失或改变,那么学习行为也很容易消退。

(2)内部动机。内部动机是指由个体内在的需要引起的动机。例如,学生的求知欲、学习兴趣、改善和提高自己能力的愿望等。内部动机会促使学生积极主动地学习。内部动机对于学习行为的推动更为持久和稳定。

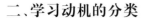

为中华之崛起而读书

少年周恩来耳闻目睹中国人在外国租界受洋人欺凌却无处说理的事,周围的人都敢怒不敢言,他从中深刻体会到伯父说的"中华不振"的含义,从而立志"为中华之崛起而读书"。

> **拓展阅读**

学习动机与学习效果的关系

学习动机与学习效果并不是成单纯的正相关或负相关关系,二者之间的关系还与学习任务的难易程度有关。在简单的学习任务中,高动机可以获得更好的学习效果,反之在困难的学习任务中,高学习动机反而会得到较差的学习效果,如图5-7所示。

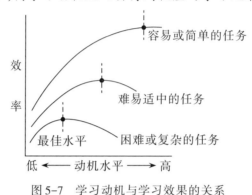

图5-7 学习动机与学习效果的关系

第三节 常见的学习困扰及增强学习行动力的方法

一、大学生常见的学习困扰

(一)没动力不想学——动机问题

高考发挥失常,没考上理想学校,心理落差很大,没有动力学习;对所学专业不满意,不想学;没有明确目标,不知道为什么而学习;对未来就业前景感到迷茫,觉得学习也没有用……这些都是大学生常见的因动力问题而产生的学习困扰。

有研究表明:43.3%的学生反映学习的最大困惑是目标模糊、动力不足。有的学生学习懒散,耽于玩乐;有的要求不高,浅尝辄止;有的甚至厌倦冷漠,畏缩逃避。根据调查结果显示,自我感觉动力充足者仅占34.4%,完全没有动力者占1.9%,63.7%的学生处于"动力缺乏"状态。在学习目标上,17.3%的学生甘居中游,7.9%的学生觉得及格就行,2.1%的学生得过且过。

(二)没毅力不爱学——自律问题

在大学里,没有了老师和家长的催促,自我监督和管理的能力差,一下子放松了,不努力学习;经过高考的煎熬之后,不愿意再辛苦学习,得过且过,及格万岁;在大学里,除了学习之外还有很多活动:如社团活动、网络、兼职赚钱等,大学生很容易被学习之外的事吸引,难以专心学习。

有研究表明：仅13.1%的学生学习"有计划,严格执行",21.4%的学生"坚持预习",39.1%的学生"坚持做课堂笔记"。这一情况表明,大学生学习的自觉性和坚持性普遍不足,52%的学生课余投入最多精力的是与学习无关事情。

(三)不得法不会学——方法问题

大学新生无法摆脱高中的学习方式,不习惯大学的学习特点,虽然很努力,但是效果却不好;大学课程时间分散,课程种类丰富,很多大学生不会分配时间,不会规划学习,最终导致哪门课都学不好;不讲究学习方法,长时间对着单调乏味的学习内容死记硬背,对学习逐渐失去兴趣;平时学习不抓紧,临考前通宵达旦,废寝忘食,造成生物周期混乱,学习效率下降。

有研究表明：36.9%的学生反映学习的最大困惑是不能适应教与学;有的学生学习安排不科学;有的不把握学习时机;有的缺少创新性。调查中,49.2%的学生学习"有计划,有时执行",20.3%的学生"有计划,难以执行",16.3%的学生"没有计划"。

(四)压力大学不好——心理问题

当成绩不太理想时,大学生容易产生挫败感,加重自卑心理和压力;容易产生考试焦虑,一到考试就发挥不好,形成更大压力,导致恶性循环。也有的学生过多的自我加压,长期超负荷学习,过度用脑,不注意劳逸结合,导致身心异常疲乏,注意力下降,记忆力变差,对学习感到厌烦郁闷。

有研究表明：37.5%的学生对学习消极体验强烈,18.6%的学生感觉"沉重",13.1%的学生觉得"枯燥乏味",5.8%的学生感到"痛苦"。

二、增强学习行动力的方法

(一)激发学习动机

动机是人类一切活动的驱策力！我们可以通过培养积极的学习动机来提升学习的效果。

学习主要是通过激发内部动机来发挥作用的,因此,积极学习动机的培养关键在于内部动机的形成。这主要包括树立远大的理想和抱负,使学习具有稳定和持久的动力;激发强烈的求知欲和学习兴趣,产生对学习的不断追求;对自己的未来进行具体规划与期待,产生更持久的学习动力。

最后,减少参与与学习无关的活动是间接地提高学习动机的方法。

(二)设立合理的目标

高尔基说：目标越远大,人的行动就越强。明确的目标能激发实现目标的行动,人一旦有了目标,就有了行动的方向。

拓展阅读

心理实验

有一个著名的心理学家组织了三组人,让他们分别向着10公里以外的三个村庄进发。

第一组的人既不知道村庄的名字,也不知道路程有多远,只是跟着他们的向导走。结果刚走出两三公里,就开始有人叫苦,越往后走,他们的情绪就越低落。

第二组的人知道村庄的名字和路程,但路边没有里程碑。走到一半的时候大多数的人想知道已经走了多远,比较有经验的人说:大概已经走了一半的路程。走到全程四分之三的时候大家已经觉得疲惫不堪,而剩余的路程似乎还很长。

第三组的人不仅知道村庄的名字和路程,而且公路旁每一公里都有一块里程碑。人们边走边看,每缩短一公里,便有一阵的快乐。所以,情绪一直很高涨,很快就到达了目的地。

通过实验,心理学家得出了这样的结论:当人们的行动有了明确的目标,并能把行动与目标不断加以对照,进而清楚地知道自己当前与目标之间的距离时,人们行动的动力就会得到维持和加强,就会自觉地克服困难,努力达到目标。

拓展阅读

合理目标的六要素

S——specific:具体明确。

M——measurable:可以量化。

A——achievable but challenging:可以达到但有挑战性。

R——rewarding:目标需要有一定的意义、有价值并有奖惩的措施。

T——time-bounded:有明确时间限制。

C——controllable:可以控制的。

(三)制定科学的学习计划

制定科学的学习计划的首要原则是与自己的实际情况相结合,只有适合自己的才是最好的计划。

制定科学的学习计划有些什么技巧呢?

(1)不断总结自身学习规律,了解自己的特点;

(2)多向有好的学习经验的人请教;

(3)规律作息,规律生活;

(4)及时科学地复习;

(5)及时根据实际情况调整计划;

(6)计划中应包含休息、突发事件、奖励机制等。

（四）有效的时间管理

世界上唯一相对公平的事就是我们每天所拥有的时间！

有效管理时间的技巧有以下几点：

（1）有计划地做事。每天晚上或是早起来时决定接下来一天要做什么事情，弄清楚轻重缓急的优先次序。轻重缓急对于我们完成的时间或是结果而言都很重要，所以要先弄清楚这一点，分好优先次序，可以高效利用时间。

（2）有重点地做事。我们的时间和精力有限，不可能将所有的事情都做完、做好，这个时候就需要对任务进行选择，越少越精，也就越高效。

（3）利用好碎片时间。充分利用碎片时间，将轻松简单的事情放在碎片时间来处理。比如自己制定的读书计划，可以在等车、排队、坐车、上厕所等零碎的时间内完成。

拓展阅读

李开复写给大学生的第四封信

开复老师：

就要毕业了。

回头看自己所谓的大学生活，

我想哭，不是因为离别，而是因为什么都没学到。

我不知，简历该怎么写，若是以往我会让它空白。

最大的收获也许是……对什么都没有的忍耐和适应……

这封来信道出了不少大三、大四学生的心声。大学期间，有许多学生放任自己、虚度光阴，还有许多学生始终找不到正确的学习方向。当他们被第一次补考通知唤醒时，当他们收到第一封来自应聘企业的婉拒信时，这些学生才惊讶地发现，自己的前途是那么渺茫，一切努力似乎都为时已晚……

这"第四封信"是写给那些希望早些从懵懂中清醒过来的大学生，那些从未贪睡并希望把握自己的前途和命运的大学生以及那些即将迈进大学门槛的未来大学生们的。在这封信中，我想对所有同学说：

大学是人一生中最为关键的阶段。从入学的第一天起，你就应当对大学四年有一个正确的认识和规划。为了在学习中享受到最大的快乐，为了在毕业时找到自己最喜爱的工作，每一个刚进入大学校园的人都应当掌握七项学习：学习自修之道、基础知识、实践贯通、兴趣培养、积极主动、掌控时间、为人处事。只要做好了这七点，大学生临到毕业时的最大收获就绝不会是"对什么都没有的忍耐和适应"，而应当是"对什么都可以有的自信和渴望"。只要做好了这七点，你就能成为一个有潜力、有思想、有价值、有前途的快乐的毕业生。

大学：人生的关键

大学是人生的关键阶段。这是因为，进入大学是你终于放下高考的重担，第一次开始追逐自己的理想、兴趣。这是你离开家庭生活，第一次独立参与团体和社会生活。这是你不再单纯地学习或背诵书本上的理论知识,第一次有机会在学习理论的同时亲身实践。这是你第一次不再由父母安排生活和学习中的一切,而是有足够的自由处理生活和学习中遇到的各类问题,支配所有属于自己的时间。

大学是人生的关键阶段。这是因为,这是你一生中最后一次有机会系统性地接受教育。这是你最后一次能够全心建立你的知识基础。这可能是你最后一次可以将大段时间用于学习的人生阶段,也可能是最后一次可以拥有较高的可塑性、集中精力充实自我的成长历程。这也许是你最后一次能在相对宽容的、可以置身其中学习为人处世之道的理想环境。

大学是人生的关键阶段。在这个阶段里,所有大学生都应当认真把握每一个"第一次",让它们成为未来人生道路的基石;在这个阶段里,所有大学生也要珍惜每一个"最后一次",不要让自己在不远的将来追悔莫及。在大学四年里,大家应该努力为自己编织生活梦想,明确奋斗方向,奠定事业基础。

自修之道:从举一反三到无师自通

记得我在哥伦比亚大学任助教时,曾有位中国学生的家长向我抱怨说:"你们大学里到底在教些什么?我孩子读完了大二计算机系,居然连 VisiCalc(可视计算软件)都不会用。"

我当时回答道:"电脑的发展日新月异。我们不能保证大学里所教的任何一项技术在5年以后仍然管用,我们也不能保证学生可以学会每一种技术和工具。我们能保证的是,你的孩子将学会思考,并掌握学习的方法,这样,无论5年以后出现什么样的新技术或新工具,你的孩子都能游刃有余。"

她接着问:"学最新的软件不是教育,那教育的本质究竟是什么呢?"

我回答说:"如果我们将学过的东西忘得一干二净时,最后剩下来的东西就是教育的本质了。"

我当时说的这句话来自教育家 B. F. Skinner 的名言。所谓"剩下来的东西",其实就是自学的能力,也就是举一反三或无师自通的能力。大学不是"职业培训班",而是一个让学生适应社会、适应不同工作岗位的平台。在大学期间,学习专业知识固然重要,但更重要的还是要学习独立思考的方法,培养举一反三的能力,只有这样,大学毕业生才能适应瞬息万变的未来世界。我认识的不少在中国读完大学来美国念研究生的朋友。他们认为来美国后,不论是学习、工作还是生活,他们最缺乏的是独立思考的能力,因为在国内时他们很少独立思考和独立决策。

上中学时,老师会一次又一次重复每一课里的关键内容。但进了大学以后,老师只会充当引路人的角色,学生必须自主地学习、探索和实践。走上工作岗位后,自学能力就显得更为重要了。微软公司曾做过一个统计:在每一名微软员工所掌握的知识内容里,只有大约10%是员工在过去的学习和工作中积累得到的,其他知识都是在加入微软后重新学习的。这一数据充分表明,一个缺乏自学能力的人是难以在微软这样的现代企业中立足的。

自学能力必须在大学期间开始培养。许多同学总是抱怨老师教得不好,懂得不多,学校的课程安排也不合理。我通常会劝这些学生说:"与其诅咒黑暗,不如点亮蜡烛。"大学生不应该只会跟在老师的身后亦步亦趋,而应当主动走在老师的前面。例如,大学老师在一个课时里通常要讲授课本中几十页的信息内容,仅仅通过课堂听讲是无法把所有知识学通、学透的。最好的学习方法是在老师讲课之前就把课本中的相关问题琢磨清楚,然后在课堂上对照老师的讲解弥补自己在理解和认识上的不足之处。

中学生在学习知识时更多的是追求"记住"知识,而大学生就应当要求自己"理解"知识并善于提出问题。对每一个知识点,都应当多问几个"为什么"。一旦真正理解了理论或方法的来龙去脉,大家就能举一反三地学习其他知识,解决其他问题,甚至达到无师自通的境界。

事实上,很多问题都有不同的思路或观察角度。在学习知识或解决问题时,不要总是死守一种思维模式,不要让自己成为课本或经验的奴隶。只有在学习中敢于创新,善于从全新的角度出发思考问题,学生潜在的思考能力、创造能力和学习能力才能被真正激发出来。

《礼记·学记》上讲:"独学而无友,则孤陋而寡闻。"也就是说,大学生应当充分利用学校里的人才资源,从各种渠道吸收知识和方法。如果遇到好的老师,你可以主动向他们请教,或者请他们推荐一些课外的参考读物。除了资深的教授以外,大学中的青年教师、博士生、硕士生乃至自己的同班同学都是最好的知识来源和学习伙伴。每个人对问题的理解和认识都不尽相同,只有互帮互学,大家才能共同进步。

有些同学曾告诉我说,他们很羡慕我在读书时能有一位获得过图灵奖的大师传道授业。其实,虽然我非常推崇我的老师,但他在大学期间并没有教给我多少专业知识。他只是给我指明了大方向,让我分享他的经验,给我提供研究的资源,并教我做人的方法。他没有时间也没有必要指导我学习具体的专业知识。我在大学期间积累的专业知识都是通过自学获得的。刚入门时,我曾多次红着脸向我的师兄请教最基本的知识内容,开会讨论时我曾问过不少肤浅的问题,课余时间我还主动与同学探讨、切磋。"三人行必有我师",大学生的周围到处是良师益友。只要珍惜这些难得的机会,大胆发问,经常切磋,我们就能学到最有用的知识和方法。

大学生应该充分利用图书馆和互联网,培养独立学习和研究的本领,为适应今后的工作或进一步的深造做准备。首先,除了学习老师规定的课程以外,大学生一定要学会查找书籍和文献,以便接触更广泛的知识和研究成果。例如,当我们在一门课上发现了自己感兴趣的课题,就应当积极去图书馆查阅相关文献,了解这个课题的来龙去脉和目前的研究动态。熟练和充分地使用图书馆资源,这是大学生特别是那些有志于科学研究的大学生的必备技能之一。读书时,应尽量多读一些英文原版教材。有些原版教材写得深入浅出,附有大量实例,比中文教材还适于自学。其次,在书本之外,互联网也是一个巨大的资源库,大学生们可以借助搜索引擎在网上查找各类信息。"开复学生网"开通半年以来,我发现很多同学其实并没有很好地掌握互联网的搜索技巧,有时他们提出的问题只要在搜索引擎中简单检索一下,就能轻易找到答案。还有些同学很容易相信网上的谣言,而不会利用搜索引擎自己考查、求证。除了搜索引擎以外,网上还有许多网站如大学生必备网和社区也是很好的学习园地。

自学时,不要因为达到了学校的要求就沾沾自喜,也不要认为自己在大学里功课好就足够了。在21世纪的今天,人才已经变成了一个国际化的概念。当你对自己的成绩感到满意时,我建议你开始自学一些国际一流大学的课程。例如,美国麻省理工学院(MIT)的开放式课程已经在网上无偿发布出来,大家不妨去看看MIT的网上课程,做做MIT的网上试题。当你可以自如地掌握MIT课程时,你就可以更加自信地面对国际化的挑战了。

总之,善于举一反三,学会无师自通,这是大学四年中你可以送给自己的最好的礼物。

基础知识:数学、英语、计算机、互联网

我曾经说过,中国学生的一大优势是扎实的基础知识,如数学、物理等。但是,最近几年,同学们在目睹了很多速成的例子(如丁磊、陈天桥等)之后,也迫切希望能驶上成功的快车道。这渐渐形成了一种追求速成的浮躁风气。有许多大学生梦想在毕业后就立即能做"经理""老板",还有许多大学生入学时直接选择了"管理"专业,因为他们认为从这样的专业毕业后马上就可以成为企业的管理者。可不少学生进入了管理专业后,才发现自己对本专业的学习毫无兴趣。其实,管理专业和其他专业一样,都是传授基础知识和基本方法的地方,没有哪个专业可以保证学生在毕业时就能走上领导岗位。无论同学们所学的是哪个专业,大学毕业才是个人事业的真正开始。想做企业领导或想做管理工作的同学也必须从基层做起,必须首先在人品方面学会做人,在学业方面打好基础。

如果说大学是一个学习和进步的平台,那么,这个平台的地基就是大学里的基础课程。在大学期间,同学们一定要学好基础知识,其中包括数学、英语、计算机和互联网的使用以及本专业要求的基础课程(如商学院的财务、经济等课程)。在科技发展日新月异的今天,应用领域里很多看似高深的技术在几年后就会被新的技术或工具取代。只有基础知识才可以受用终身。另一方面,如果没有打下好的基础,大学生们也很难真正理解高深的应用技术。最后,在许多的中国大学里,教授对基础课程也比对最新技术有更丰富的教学经验。

数学是理工科学生必备的基础。很多学生在高中时认为数学是最难学的,到了大学里,一旦发现本专业对数学的要求不高,就会彻底放松对数学知识的学习,而且他们看不出数学知识有什么现实的应用或就业前景。但大家不要忘记,绝大多数理工科专业的知识体系都建立在数学的基石之上。例如,要想学好计算机工程专业,那至少要把离散数学(包括集合论、图论、数理逻辑等)、线性代数、概率统计和数学分析学好;要想进一步攻读计算机科学专业的硕士或博士学位,可能还需要更高的数学素养。同时,数学也是人类几千年积累的智慧结晶,学习数学知识可以培养和训练人的思维能力。通过对几何的学习,我们可以学会用演绎、推理来求证和思考的方法;通过学习概率统计,我们可以知道该如何避免钻进思维的死胡同,该如何让自己面前的机会最大化。所以,大家一定要用心把数学学好,不能敷衍了事。学习数学也不能仅仅局限于选修多门数学课程,而是要知道自己为什么学习数学,要从学习数学的过程中掌握认知和思考的方法。

21世纪里最重要的沟通工具就是英语。有些同学在大学里只为了考过四级、六级而学习英语,有的同学仅仅把英语当作一种求职必备的技能来学习,甚至还有人认为学习和使用英语等于崇洋媚外。其实,学习英语的根本目的是为了掌握一种重要的学习和沟通工具。在未来的几十年里,世界上最全面的新闻内容,最先进的思想和最高深的技术以及大多数知识分子间的交流都将用英语进行。因此,除非你甘心做一个与国际脱节的人,英语学习是至关重要的。在软件行业里,不但编程语言是以英语为基础设计出来的,最重要的教材、论文、参考资料、用户手册等资源也大多是用英语写就的。学英语绝不等于崇洋媚外。中国正在走向世界,中国需要学习西方的先进思想和先进科学技术,学好英语才是真正的爱国。

很多中国留学生的英语考试成绩不错,也高分考过雅思、GRE、托福,但是留学美国后上课时却很难听懂课程内容,和外国同学交流时就更加困难。我们该如何学好英语呢?既然英语是最重要的沟通工具,那么,最重要的学习方法就是尽量与实践结合起来,不能只"学"不"用",更不能只靠背诵的方式学习英语。读书时,大家尽量阅读原版的专业教材(如果英语不够好,可以先从中英对照的教材看起),并适当地阅读一些自己感兴趣的专业论文,这可以同时提高英语和相关专业的知识水平。其次,提高英语听说能力的最好方法是直接与那些以英语为母语的外国人对话。现在有很多在中国学习和工作的外国人,他们中的不少人为了学中文,很愿意与中国学生对话、交流,这是很好的学习机会。此外,大家不要把学英语当作一件苦差事,完全可以用有趣的方法学习英语。例如,可以多看一些名人的对话或演讲,多看一些小说、戏剧甚至漫画。初学者可以找英文原版的教学节目和录像来学习,有一定基础的则应该看英文电视或电影。看一部英文电影时,最好先在有字幕的时候看一遍,同时查考生词、熟悉句式,然后在不加字幕的情况下再看一遍,仅靠耳朵去听。听英文广播也是很好的练习英文听力的方法,大家每天最好能抽出半小时到一小时的时间收听广播并尽量理解其中的内容,有必要的话还可以录下来反复收听。在互联网上也有许多互动式的英语学习网站,大家可以在网站上用游戏、自我测试、双语阅读等方式提升英语水平。总之,勇于实践、持之以恒是学习英语的必由之路。

信息时代已经到来,大学生在信息科学与信息技术方面的素养也已成为他们进入社会的必备基础之一。虽然不是每个大学生都需要懂得计算机原理和编程知识,但所有大学生都应能熟练地使用计算机、互联网、办公软件和搜索引擎,都应能熟练地在网上浏览信息和查找专业知识。在21世纪里,使用计算机和网络就像使用纸和笔一样是人人必备的基本功。不学好计算机,你就无法快捷全面地获得自己需要的知识或信息。

最后,每个特定的专业也有它自己的基础课程。以计算机专业为例,许多大学生只热衷于学习最新的语言、技术、平台、标准和工具,因为很多公司在招聘时都会要求这些方面的基础或经验。这些新技术虽然应该学习,但计算机基础课程的学习更为重要,因为语言和平台的发展日新月异,但只要学好基础课程(如数据结构、算法、编译原理、计算机原理、数据库原理等)就可以万变不离其宗。有位同学生动地把这些基础课程比拟为计算机专业的内功,而把新的语言、技术、平台、标准和工具比拟为外功。那些只懂得追求时髦的学生最终只知道些招式的皮毛,而没有内功的积累,他们是不可能成为真正的高手的。

虽然我一向鼓励大家追寻自己的兴趣，但在这里仍需强调，生活中有些事情即便不感兴趣也是必须要做的。例如，打好基础，学好数学、英语和计算机的使用就是这一类必须做的事情。如果你对数学、英语和计算机有兴趣，那你是幸运儿，可以享受学习的乐趣；但就算你没有兴趣，你也必须把这些基础打好。打基础是苦功夫，不愿吃苦是不能修得正果的。

实践贯通：“做过的才真正明白”

上高中时，许多学生会向老师提出"为什么？有什么用？"的问题，通常，老师给出的答案都是"不准问"。进入大学后，这些问题的答案应该是"不准不问"。在大学里，同学们应该懂得每一个学科的知识、理论、方法与具体的实践、应用如何结合起来，尤其是工科的学生更是如此。

有一句关于实践的谚语是这样说的："我听到的会忘掉，我看到的能记住，我做过的才真正明白。"

无论学习何种专业、何种课程，如果能在学习中努力实践，做到融会贯通，我们就可以更深入地理解知识体系，可以牢牢地记住学过的知识。因此，我建议同学们多选些与实践相关的专业课。实践时，最好是几个同学合作，这样，既可经过实践理解专业知识，也可以学会如何与人合作，培养团队精神。如果有机会在老师手下做些实际的项目，或者走出校门打工，只要不影响课业，这些做法都是值得鼓励的。外出打工或做项目时，不要只看重薪酬待遇（除非生活上确实有困难），有时候，即便待遇不满意，但有许多培训和实践的机会，我们也值得一试。

以计算机专业为例，实践经验对于软件开发来说更是必不可少的。微软公司希望应聘程序员的大学毕业生最好有十万行的编程经验。理由很简单：实践性的技术要在实践中提高。计算机归根结底是一门实践的学问，不动手是永远也学不会的。因此，最重要的不是在笔试中考高分，而是实践能力。但是，在与中国学生的交流过程中，我很惊讶地发现，中国某些学校计算机系的学生到了大三还不会编程。这些大学里的教学方法和课程的确需要更新。如果你不巧是在这样的学校中就读，那你就应该从打工、自学或上网的过程中寻求学习和实践的机会。

培养兴趣：开拓视野，立定志向

孔子说："知之者不如好之者，好之者不如乐之者。"我在"给中国学生的第三封信"中曾深入论述了快乐和兴趣是一个人成功的关键。如果你对某个领域充满激情，你就有可能在该领域中发挥自己所有的潜力，甚至为它而废寝忘食。这时候，你已经不是为了成功而学习，而是为了"享受"而学习了。在"第三封信"中，我也曾谈到我自己是如何在大学期间放弃了我不感兴趣的法律专业而进入我所热爱的计算机专业学习的。

有些同学问我，如何像我一样能找到自己的兴趣呢？我觉得，首先要客观地评估和寻找自己的兴趣所在：不要把社会、家人或朋友认可和看重的事当作自己的爱好；不要以为有趣的事就是自己的兴趣所在，而是要亲身体验它并用自己的头脑做出判断；不要以为有兴趣的事情就可以成为自己的职业，例如，喜欢玩网络游戏并不代表你会喜欢或有能力开发网络游戏；不要以为有兴趣就意味着自己有这方面的天赋，不过，你可以尽量寻找天赋和兴趣的最佳结合点，例如，如果你对数学有天赋但又喜欢计算机专业，那么你完全可以做计算机理论方面的研究工作。

最好的寻找兴趣点的方法是开拓自己的视野,接触众多的领域。唯有接触你才能尝试,唯有尝试你才能找到自己的最爱。而大学正是这样一个可以让你接触并尝试众多领域的独一无二的场所。因此,大学生应当更好地把握在校时间,充分利用学校的资源,通过使用图书馆资源、旁听课程、搜索网络、听讲座、打工、参加社团活动、与朋友交流、使用电子邮件和电子论坛等不同方式接触更多的领域、更多的工作类型和更多的专家学者。当年,如果我只是乖乖地到法律系上课,而不去尝试旁听计算机系的课程,我就不会去计算机中心打工,也不去找计算机系的助教切磋,就更不会发现自己对计算机的浓厚兴趣。

通过开拓视野和接触尝试,如果你发现了自己真正的兴趣爱好,这时就可以去尝试转系的可能性、尝试课外学习、选修或旁听相关课程;你也可以去找一些打工或假期实习的机会,进一步理解相关行业的工作性质;或者,努力去考自己感兴趣专业的研究生,重新进行一次专业选择。其实,本科读什么专业并不能完全决定毕业后的工作方向,正如我所强调的那样,大学期间的学习过程培养的是你的学习能力,只要具备了这种能力,即使从事的是全新的工作,你也能在边做边学的过程中获取足够的知识和经验。

除了"选你所爱",大家也不妨试试"爱你所选"。有些同学后悔自己在入学时选错了专业,以至于对所学的专业缺乏兴趣,没有学习动力;有些同学则因为追寻兴趣而"走火入魔",毕业后才发现荒废了本专业的课程;另一些同学因为在学习上遇到了困难或对本专业抱有偏见,就以兴趣为借口,不愿意面对自己的专业。这些做法都是不正确的。在大学中,转系可能并不容易,所以,大家首先应尽力试着把本专业读好,并在学习过程中逐渐培养自己对本专业的兴趣。此外,一个专业里可能有很多不同的领域,也许你对专业里的某一个领域会有兴趣。现在,有很多专业发展了交叉学科,两个专业的结合往往是新的增长点。因此,只要多接触、多尝试,你也许就会碰到自己真正感兴趣的方向。"数字笔"的发明人王坚博士在微软亚洲研究院负责用户界面的研究,可是谁又能想到他从本科到博士所学的都是心理学专业,而用户界面又正是计算机和心理学专业的最佳结合点。另一方面,就算你毕业后要从事其他的行业,你依然可以把自己的专业读好,这同样能成为你在新行业中的优势。例如,有一位同学不喜欢读工科,想毕业后进入服务业发展,我就建议他先把工科读好,将来可以在服务业中以精通技术作为自己的特长。

人生的路很长,每个人都可以有很多不同的兴趣爱好。在追寻兴趣之外,更重要的是要找寻自己终身不变的志向。有一本书的作者曾访问了几百个成功者,问他们有哪件事是他们今天已经懂得,但在年轻时却留下了遗憾的事情。在受访者的回答中,最多的一种是:"希望在年轻时就有前辈告诉我、鼓励我去追寻自己的理想和志向。"相比之下,兴趣固然关键,但志向更为重要。例如,我的志向是"使影响力最大化",多年以来,我有许多兴趣爱好,如语音识别、对弈软件、多媒体、研究到开发的转换、管理学、满足用户的需求、演讲和写作、帮助中国学生等,兴趣可以改变,但我的志向是始终不渝的。因此,大家不必把某种兴趣当作自己最后的目标,也不必把任何一种兴趣的发展道路完全切断,在志向的指引下,不同的兴趣完全可以平行发展,实在必要时再做出最佳的抉择。志向就像罗盘,兴趣就像风帆,两者相辅相成、缺一不可,它们可以让你驶向理想的港湾。

积极主动:果断负责,创造机遇

创立"开复学生网"时,我的初衷是"帮助学生帮助自己"。但让我很惊讶的是,更多的学生希望我直接帮他们做出决定,甚至仅在简短的几句自我介绍后就直接对我说:"只有你能告诉我,我该怎么做"。难道一个陌生人会比你更知道自己该怎么做吗?我慢慢认识到,这种被动的思维方式是从小在中国的教育环境中培养出来的。被动的人总是习惯性地认为他们现在的境况是他人和环境造成的,如果别人不指点,环境不改变,自己就只有消极地生活下去。持有这种态度的人,事业还没有开始,自己就已经被击败,我从来没见过这样消极的人可以取得持续的成功。

从大学的第一天开始,你就必须从被动转向主动,你必须成为自己未来的主人,你必须积极地管理自己的学业和将来的事业,理由很简单:因为没有人比你更在乎你自己的工作与生活。"让大学生活对自己有价值"是你的责任。许多同学到了大四才开始做人生和职业规划,而一个主动的学生应该从进入大学时就开始规划自己的未来。

积极主动的第一步是要有积极的态度。大家可以用我在"第三封信"里推荐的方法,积极规划自己的人生目标,追寻兴趣并尝试新的知识和领域。纳粹德国某集中营的一位幸存者维克托·弗兰克尔曾说过:"在任何特定的环境中,人们还有一种最后的自由,就是选择自己的态度。"

积极主动的第二步是对自己的一切负责,勇敢面对人生。不要把不确定的或困难的事情一味搁置起来。比如说,有些同学认为英语重要,但学校不考试就不学英语;或者,有些同学觉得自己需要参加社团磨炼人际关系,但是因为害羞就不积极报名。但是,我们必须认识到,不去解决也是一种解决,不做决定也是一个决定,这样的解决和决定将使你面前的机会丧失殆尽。对于这种消极、胆怯的作风,你终有一天会付出代价的。

积极主动的第三步是要做好充分的准备:事事用心,事事尽力,不要等机遇上门;要把握住机遇,创造机遇。中国科技大学校长朱清时院士在大三时被分配到青海做铸造工人。但他不像其他同学那样放弃学习,整天打扑克、喝酒。他依然终日钻研数理化和英语。6年后,中国科学院要在青海做一个重要的项目,这时朱校长就脱颖而出,开始了他辉煌的事业。很多人可能说他运气好,被分配到缺乏人才的青海,才有这机会。但是,如果他没有努力学习,也无法抓住这个机遇。所以,做好充分的准备,当机遇来临时,你才能抓住它。

积极主动的第四步是"以终为始",积极地规划大学四年。任何规划都将成为你某个阶段的终点,也将成为你下一个阶段的起点,而你的志向和兴趣将为你提供方向和动力。如果不知道自己的志向和兴趣,你应该马上做一个发掘志向和兴趣的计划;如果不知道毕业后要做什么,你应该马上制定一个尝试新领域的计划;如果不知道自己最欠缺什么,你应该马上写一份简历,找你的老师、朋友打分,或自己审阅,看看哪里需要改进;如果毕业后想出国读博士,你应该想想如何让自己在申请出国前有具体的研究经验和学术论文;如果毕业后想进入某个公司工作,你应该收集该公司的招聘广告,以便和

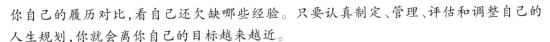

你自己的履历对比,看自己还欠缺哪些经验。只要认真制定、管理、评估和调整自己的人生规划,你就会离你自己的目标越来越近。

掌控时间:事分轻重缓急,人应自控自觉

除了积极主动的态度,大学生还要学会安排自己的时间,管理自己的事务。一位同学是这么描述大学生活的:

"大学和高中相比似乎没有什么太大的区别,每天依旧是学习,每次考试后依旧是担心考试成绩……不同的只是大学里上网的时间和睡觉的时间多了很多,压力也小了很多。"

这位同学并不明白,"时间多了很多"正是大学与高中之间巨大的差别。时间多了,就需要自己安排时间、计划时间、管理时间。

安排时间除了做一个时间表外,更重要的是"事分轻重缓急"。在《高效能人士的七个习惯》一书中,作者史蒂芬·柯维提出,"重要事"和"紧急事"的差别是人们浪费时间的最大理由之一。因为人的惯性是先做最紧急的事,但这么做会导致一些重要的事被荒废掉。例如,我认为这篇文章里谈到的各种学习都是"重要的",但它们不见得都是老师布置的必修课业,采纳我的建议的同学们依然会因为考试、交作业等紧急的事情而荒废了打好基础、学习做人等重要的事情。因此,每天管理时间的一种好方法是,早上确定今天要做的紧急事和重要事,睡前回顾一下,这一天有没有做到两者的平衡。

每个人都有许多"紧急事"和"重要事",想把每件事都做到最好是不切实际的。我建议大家把"必须做的事"和"尽量做的事"分开。必须做的事要做到最好,但尽量做的事尽力而为即可。建议大家用良好的态度和宽广的胸怀接受那些你暂时不能改变的事情,多关注那些你能够改变的事情。此外,还要注意生物钟的运行规律,按时作息,劳逸结合,这样才能在学习时有最好的状态。

大学四年是最容易迷失方向的时期。大学生必须有自控的能力,让自己交些好朋友,学些好习惯,不要沉迷于对自己无益的习惯(如网络游戏)里。一位积极、主动的中国学生在"开复学生网"上劝告其他同学:"不要玩游戏,至少不要玩网络游戏。我所认识的专业水平比较高的大学朋友中没有一个玩网络游戏的。沉迷于网络游戏是对于现实的逃避,是不愿面对自己不足的一面。我认为,要脱离网络游戏,就得珍惜自己宝贵的大学时间,找到自己感兴趣的方向,做一些有意义并能给自己带来满足感的事情。"

为人处事:培养友情,参与群体

很多大学生入校时都是第一次离开父母,离开自己生长的环境。进入校园开始集体生活后,如何与同学、朋友以及社团的同事相处就成了大学生学习内容的一部分。大学是大家最后一次可以在相对宽松的环境中学习、培养、训练如何与人相处的机会。在未来,人们在社会里、在工作中与人相处的能力会变得越来越重要,甚至超过了工作本身。所以,大学生要好好把握机会,培养自己的交流意识和团队精神。

"人际交往能力不够强,人际圈子不够广,但又没有什么特长可以引起大家的注意,在社团里也不知道怎么和其他人有效地建立联系。"这是一些大学生在人际交往方面经常遇到的困惑。对于如何在大学期间提高人际交往能力,我的建议是:

第一，以诚待人，以责人之心责己、以恕己之心恕人。对别人要抱着诚挚、宽容的胸襟，对自己要怀着自我批评、有过必改的态度。与人交往时，你怎样对待别人，别人也会怎样对待你。这就好比照镜子一样，你自己的表情和态度，可以从他人对你流露出的表情和态度中一览无遗。你若以诚待人，别人也会以诚待你。你若敌视别人，别人也会敌视你。最真挚的友情和最难解的仇恨都是由这种"反射"原理逐步造成的。因此，当你想修正别人时，你应该先修正自己。你想别人怎么对你，你就应该怎么对人。你想他人理解你，你就要首先理解他人。

第二，培养真正的友情。如果能做到第一点，很多大学时的朋友就会成为你一辈子的知己。在一起求学和寻求自身发展的道路上，这样的友谊弥足珍贵。交朋友时，不要只去找与你性情相近或只会附和你的人做朋友。好朋友有很多种：乐观的朋友、智慧的朋友、脚踏实地的朋友、幽默风趣的朋友、激励你上进的朋友、提升你能力的朋友、帮你了解自己的朋友、对你说实话的朋友等。此外，大学时谈恋爱也可以教你如何照顾别人，增进同理心和自控力，但恋爱这件事要随缘，不必为了谈恋爱而谈恋爱。

第三，学习团队精神和沟通能力。社团是微观的社会，参与社团是步入社会前最好的磨炼。在社团中，可以培养团队合作的能力和领导才能，也可以发挥你的专业特长。但更重要的是，你要做一个诚心诚意的服务者和志愿者，或在担任学生工作时主动扮演同学和老师之间沟通桥梁的角色，并以此锻炼自己的沟通能力，为同学和老师服务。这样的学习过程也不会很轻松，挫折是肯定有的，但是不要灰心，大学社团里的人际交往是一种不用"付学费"的学习，犯了错误也可以重头来过。

第四，从周围的人身上学习。在班级里、社团中，多观察周围的同学，特别是那些你觉得交往能力和沟通能力特别强的同学，看他们是如何与人相处的。比如，看他们如何处理交往中的冲突、如何说服他人和影响他人、如何发挥自己的合作和协调能力、如何表达对他人的尊重和真诚、如何表示赞许或反对、如何在不冒犯他人的情况下充分展示个性，等等。通过观察和模仿，你渐渐地会发现，自己的人际交往能力会有意想不到的改进。在学校里，每一个朋友都可以成为你的良师，他们的热心、幽默、机智、博学、正直、沟通、礼貌等品德都可以成为你的学习对象。同时那些你不喜欢的人和事也可以为你敲响警钟，警告你千万不要做那样的人和事。当然，你也应当慷慨地帮助每一个朋友，试着做他们的良师和模范。

第五，提高自身修养和人格魅力。如果觉得没有特长、没有爱好可能会成为自己人际交往能力提高的一个障碍，那么，你可以有意识地去选择和培养一些兴趣爱好。共同的兴趣和爱好也是你与朋友建立深厚感情的途径之一。很多在事业上有所建树的人都不是只会闭门苦读的书呆子，他们大多都有自己的兴趣和爱好。我在微软亚洲研究院的同事中就有绘画、桥牌和体育运动方面的高手。业余爱好不仅是人际交往的一种方式，还可以让大家发掘出自己在读书以外的潜能。例如，体育锻炼既可以发挥你的运动潜能，也可以培养你的团队合作精神。如果真的没有什么兴趣爱好，那么，多读些好书丰富自己的知识也可以改进自己的人际交往能力，因为没有什么比智慧和渊博更能体现一个人的人格魅力了。

所以，学会与人相处，这也是大学中的一门"必修课"。

对大学生们的期望:

踏入大学校门时,你还是一个忙碌的、青涩的、被动的、为分数读书的、被家庭保护着的中学毕业生。

就读大学时,你应当掌握七项学习,学好自修之道、基础知识、实践贯通、兴趣培养、积极主动、掌控时间、为人处事。

经过大学四年,你会从思考中确立自我,从学习中寻求真理,从独立中体验自主,从计划中把握时间,从交流中锻炼表达,从交友中品味成熟,从实践中赢得价值,从兴趣中攫取快乐,从追求中获得力量。

离开大学时,只要做到了这些,你最大的收获将是"对什么都可以拥有的自信和渴望"。你就能成为一个有潜力、有思想、有价值、有前途的中国未来的主人翁。

所以,我认为大学四年应是这样度过。

第六章　情绪的调节与控制

本章导航

我们每天都会有不同的情绪,也面对着别人不同的情绪,情绪对我们来说再熟悉不过了。但情绪是怎么产生的,它对我们有着什么样的影响,我们能否成为自己情绪的主人……一连串的问题又让我们觉得情绪似乎有些陌生。这一章,我们就将带大家好好地和情绪重新认识,观察它、分析它,最终学会控制它。

第一节　什么是情绪

一、情绪的含义

情绪是人对客观事物是否满足自身需要而产生的主观态度体验及所产生的身心激动状态,即人们对外界刺激所引起的生理和心理变化的一种主观体验。

《礼记·礼运》:"何谓人情?喜、怒、哀、惧、爱、恶、欲,七者弗学而能。"中医理论中,七情指"喜、怒、忧、思、悲、恐、惊"七种情志,这七种情志激动过度,就可能导致阴阳失调、气血不周而引发各种疾病。

拓展阅读

情绪来自何处?

近期心理学发现,情绪既发生于生理水平,也发生于意识水平,我们的脑中存在着两条用来处理情绪激活信息的通路。一个是情绪脑,又叫边缘系统,是负责比较原始的情绪反应的系统;另一个是理性脑,也就是大脑皮层,这是属于人类独有的新皮层,主要进行理性反应。

情绪脑的情绪通路是一条快速产生情绪的通道,视丘脑将刺激飞速发给杏仁核,来不及经过大脑皮层处理就做出了反应,此时大脑工作处于潜意识水平。假设我们在野外发现一条蛇,经由情绪通路我们会迅速地产生害怕情绪,做出躲避反应。情绪脑是幼稚的,原始的,情绪化的,非理性的,直觉的,关注快乐的,符合本我的。

理性脑的情绪通路——视丘脑把刺激发给大脑皮层,大脑处理刺激时处于意识状态,它会对刺激进行更加全面的评估整合,而且也会给杏仁核以及其他较低级的脑部结构发送情绪信息,所以它产生情绪的速度比较慢。如同样遇到一条蛇,理性脑会让我们冷静下来辨别它是否有毒、伤害性如何来调整我们的情绪程度。理性脑是成熟的,富有逻辑的,理性的,会思考的,关注现实的,符合自我的。

二、情绪的构成

情绪具有主观体验、外部表现形式和生理基础三个要素。

主观体验是个体的心灵感受,它具有个体差异性,即同一件事发生在不同的人身上可能产生不同的情绪体验;情绪所产生的外部表现形式主要有面部表情、声态表情、体态表情等;情绪还是建立在生理变化上的,情绪的变化是会引发身心变化的,如开心的时候会血管舒张、惊恐的时候会瞳孔放大等。

三、情绪的分类

现代心理学根据情绪发生的强度、持续性和紧张度,把情绪分为心境、激情和应激。

(一)心境

心境又叫心情,是一种微弱、平静、持久的情绪状态。这类情绪状态有两个主要的特点,即弥散性和渲染性。弥散性指当人具有了某种心境时,这种心境表现出的态度体验会朝向周围的一切事物,如我们比较熟悉的诗句"感时花溅泪,恨别鸟惊心"体现的就是这个特点。另外一个特点是渲染性,指的是心境产生后会在相当长的时间内主导人的情绪,"人逢喜事精神爽"就是这样的状态,开心的情绪不仅持续时间长,而且会渲染整个生活,比如在人心情好时去拜托他帮忙,成功的概率可能会更高。

心境是最常见的,同时也是对人的生活影响最深的情绪状态。

(二)激情

激情是一种强烈而短暂的、爆发式的情绪状态。欣喜若狂、悲痛欲绝、气急败坏、惊恐万分等均是激情的不同表现。激情多由重大事件的强烈刺激所致,并总伴有强烈的生理反应和表情行为,如《范进中举》中因急喜而癫狂的范进就是处于激情状态。处于激情状态时,人的认识活动范围缩小,控制力减弱,对自己行为的后果不能做出适当的评价。

激情的情绪状态有积极作用也有消极作用。积极的方面是在激情的作用下,可以提高活动的效率,更好地完成某种活动。如我们看世界杯比赛,看到自己支持的队伍进球时那种狂喜的状态即是激情状态。这样的状态不仅可以让自己达到巅峰体验,如果身在现场这样的情绪还可以感染球员的运动状态,激发他们的潜能,帮助他们发挥得更加出色。消极的方面是人们在激情的作用下,往往会做出鲁莽,甚至遗憾终身的事情。如激情犯罪,在激情的情绪状态下人往往会无法理智地思考和行动,冲动之下有可能做出过激的行为。

(三)应激

应激是在出乎意料的紧迫情况下所引起的高度紧张的情绪状态。它往往是由外在压力造成的,并会产生一系列生理反应。学生课上突然被点名起来回答问题时的情绪状态就是应激。激情和应激都是比较短暂的状态,但是应激更强调紧张的状态,而激情没有明显紧张的特征。

同样,应激后产生的反应也会有积极的和消极的。应激的消极反应会表现为在突然的压力状态下出现目瞪口呆、手足失措、思维陷于一片混乱之中的状态,常常无法做出正常状态下的理智反应,如尽管平时了解过火灾现场如何正确逃生,但面对突如其来的火灾时却有可能做出跳窗逃生、坐电梯逃生等不理智的逃生行为。当然应激也有积极的一面,如"急中生智"这个成语就是形容应激状态下的积极状态,它能让人冷静沉着,脑海中爆发出可贵的创意,动作准确有力地及时摆脱险境。著名的"空城计""司马光砸缸"等都是积极应激的体现。

四、情绪的表达

情绪的表达主要有语言表达和非语言表达,这里我们主要说非语言表达。非语言表达包括面部表情、姿势语言和语音语调。除了语言本身以外的所有情绪表达,都可以视为非语言表达,它具有更广泛的表达方式,有意识或无意识地表达着我们更多的情绪。

(一)面部表情

人的面部表情最为丰富,它是通过眼部肌肉、颜面肌肉和口部肌肉来表现人的各种情绪状态。高兴时"眉开眼笑""展眉欢颜",悲伤时"两眼无光""蹙眉愁苦",气愤时"怒目而视""横眉冷对""咬牙切齿",恐惧时"目瞪口呆""张口结舌"等,这些都是面部表情所传达的情绪。

(二)姿势语言

姿势语言是通过四肢与躯体的变化来表现人的各种情绪状态,可分为身体表情和手势表情。身体表情如高兴的时候"手舞足蹈",悔恨时"捶胸顿足"等,手势表情通常会单独使用,如摆摆手表示"拒绝"或"再见",如图6-1所示。

研究发现,手势表情是通过学习得来的,存在文化差异及个体差异。

1. 好奇 2. 疑惑 3. 不感兴趣 4. 拒绝 5. 观察 6. 自我满足 7. 欢迎 8. 果断 9. 隐秘 10. 探究

11. 专注 12. 怒 13. 激动 14. 舒展 15. 怀疑 16. 鬼鬼祟祟 17. 羞怯 18. 思索 19. 做作

图6-1 姿势语言

拓展阅读

手势造成的误会

一个美国作家到法国做新书宣传,一天早上他离开酒店经过大堂时,大堂经理礼貌地询问他是否满意酒店的服务,他立刻比出了"OK"的手势,以表示自己对酒店的满意,可谁知大堂经理看到手势后非常严肃地说:"如果您有任何意见可以向我们提出来!"

后来这位美国作家才知道,"OK"在大部分国家被理解为"好的""不错"的意思,但在法国它的含义是没有价值的。

(三)语音语调

语音、语调通过音调、音速、音响的变化来表现各种情绪状态。同一句话因为语音语调的不同会表达出不同的意思。高兴时语调激昂,节奏轻快;悲哀时语调低沉,节奏缓慢,声音断续且高低差别很少;愤怒时语言生硬,态度凶狠。

实战练习

戏精时间

用不同的语音语调说同一句话——"怎么了?"表达出不同的含义来。

"怎么了"三个字可以表达哪些意思呢?疑问、生气或者惊讶?你还能想到更多吗?用不同的语音语调表达出来,让别人猜一猜能不能听出你所表达的情绪。

五、情绪的重要价值

我们每天都会产生不同的情绪,情绪会紧密地伴随我们的一生,那情绪对我们有什么样的价值和意义呢?

(一)情绪具有生存价值

情绪对我们有生存价值,这是情绪最基本的价值,它主要集中在害怕与恐惧的情绪中。如人在野外看到悬崖、猛兽,或经历险境时会产生恐惧、害怕的情绪反应,这种情绪会让人出现逃避、躲避的行为,这是有利于人生存的。

(二)情绪具有健康价值

情绪具有健康价值,这也是情绪对我们来说最重要的价值。黄帝内经中写道:怒伤肝、喜伤心、悲伤肺、忧思伤脾、惊恐伤肾。在很早的时候人们便发现了情绪对健康的影响。

长时间的不良情绪会引发一些生理疾病。心理问题躯体化是中国人的突出特征,我们会用身体疾病来表达潜意识的内在冲突,也即用身体延续或诉说我们内在的很多难以呈现和表达的情绪痛苦。

> **拓展阅读**

心理实验

美国心理学家艾尔玛在研究情绪状态对健康的影响时设置了一个实验:把一根玻璃管插在一个盛着冰水的容器中,然后收集人们在不同情绪状态下的"气水"。结果发现,同一个人在不同情绪状态下呼出的气是不一样的,心平气和时所呼出的气变成水时是透明无色的,悲痛时有白色沉淀,悔恨时有淡绿色的沉淀,生气时是紫色沉淀。把生气时的气水注射进白鼠体内,几分钟后白鼠死了。

结论:生气会释放大量人体精力,即生物能量,生气10min相当于跑3000米消耗的精力;生气时生理反应剧烈,很难保持心理平衡,生物分泌物比任何时候都复杂,更具生物毒性,对健康十分不利。

> **拓展阅读**

一次微笑能带来多大的心理影响?

英国研究者的发现,一次微笑能带来相当于2000块巧克力所产生的脑部刺激,或者是相当于得到16000英镑(接近14万人民币)给你带来的快感。假设你每天笑100次,那么你一天之内就拥有了千万富翁的快乐感了。

(三)情绪具有社交价值

我们通过辨识对方的喜怒哀乐,通过辨识对方的情绪反应、表情、体态,可以有效地进行交往,在交往当中我们需要一定程度的敏感力,不能太木讷,否则可能会在别人表达出不欢迎或不高兴的情绪时你还毫无察觉,依然我行我素。但有些人在社交中又表现得太过敏感,别人的一个不经意的行为可能就会引发剧烈的情绪反应,这样的人需要给自己的情绪加一些钝感力,否则会生活得如惊弓之鸟一般总是在一种痛苦中无法自拔。

> **拓展阅读**

情商

情商通常是指情绪商数(Emotional Quotient),简称EQ,主要是指人在情绪、意志、耐受挫折等方面的品质。总的来讲,人与人之间的情商并无明显的先天差别,更多与后天的培养息息相关。提高情商就是把不能控制的情绪部分变为可以控制的情绪,从而增强理解他人及与他人相处的能力。

(四)情绪具有激励价值

情绪可以成为行为的动力源,激励我们学习和奋斗。如积极的情绪可以让人保持激情状态,克服困难,激发创新能力,更好地完成目标。有的情绪会兼具积极和消极两种作用,如悲痛可能让人意志消沉,但也有可能化悲痛为力量。

第二节　大学生情绪特点及常见情绪问题

一、大学生的情绪特点

大学生正处于青年期向成年期过渡的阶段,这个阶段充满了不确定性与可变性,这也注定了在这个阶段中情绪冲突显著存在。大学生了解自身在这个特殊阶段的情绪特点及存在的主要情绪问题,有利于自己更好地解决情绪问题,成为自己情绪的主人。

(一)丰富性与阶段性并存

大学校园和大部分中学有很大的差别,除了学习以外,有更多的社团、实践活动,有更广泛的社交圈子,有更多的自由时间和更广阔的活动空间,总体来看,大学生活十分丰富多彩,这样的环境下大学生也会产生更为丰富的情绪情感。

另外,大学生的情绪变化和年级有比较密切的关系。初入大学时大部分人对大学充满了好奇,情绪高涨,比较兴奋;大二时情绪相对平静与稳定;到了大三、大四面临毕业、升学、就业等压力,大学生的情绪又容易发生波动。

(二)稳定性与波动性并存

大学生生理发育已成熟,心理发育也相对成熟,因此从纵向年龄维度来看,大学生情绪是相对稳定的,但也因大学生尚未走入社会,没有太多的人生阅历,因此在遇到事时情绪还是难免比较激烈。有时会因为一些小事而情绪爆发,也会在短时间内就得以平复。

(三)外显性与内隐性并存

大学生喜怒哀乐常见于言表,表现得较为率真,如考试或比赛取得了好成绩马上会喜形于色。这种情绪的外显性也与相对单纯的大学校园环境有密切关系。但在成长过程中对于一些较为在意或隐晦的事情,情绪表达又会比较内敛,比如面对爱情时的一些情绪体验。

(四)冲动性与理智性并存

大学生处于合法延缓偿付阶段,生理发育与认知程度相对成熟,大学生对自己的情绪有了一定的控制能力,表现在有时做事理智稳重,有自己的深思熟虑。但很多时候因为从众、感情丰富等多方面原因,大学生的情绪又表现得冲动鲁莽。心理学家霍尔(G. S. Hall)认为青年期处于"蒙昧时代"向"文明时代"演化的过渡期,情绪难免激烈起伏,他又把这一时期称为"狂风暴雨"时期。

> **拓展阅读**

大学生的"延缓偿付期"

"延缓偿付期"原是指发生战争或天灾等非常事件时,为了防止金融危机引起银行倒闭,政府在一定期间停止债权、债务清账。美国精神分析家埃里克森将"延缓偿付期"这一概念引入发展心理学,意在强调年轻人虽然在生理上已表现出足够的成熟,但是可以在履行社会义务和责任方面适当予以延缓。大学学习阶段就是社会给予青年人暂缓履行成人的责任和义务的机会,这个缓冲的时期就是大学生的"延缓偿付期"。

二、大学生常见的情绪问题及调试方法

（一）焦虑

焦虑是一种伴随着某种不祥预感而产生的令人不愉快的情绪。大学生常会产生的焦虑情绪包括自我形象焦虑、考试焦虑、困难焦虑、情感焦虑、健康焦虑等。适度焦虑具有积极作用,过度焦虑会使人心情过分紧张,情绪不稳定。

焦虑的本质是一种对未知事物的担心、害怕的情绪。焦虑是人们所体会到的最令人烦恼的一种情绪,让人感到紧张不安、烦恼、惧怕和担心。焦虑中担心和害怕的对象是隐身的,这一点跟恐惧不同,比如有人恐惧蛇、狗,这些恐惧感都是来源于具体对象,但焦虑中恐惧感的对象是隐身的,是难以具象出来的。

除此以外,焦虑还是一种压力的反应。焦虑具有破坏性,主要表现在：会使学习效率降低、低估自己的应付能力、产生灾难临头的想法等。

掌握缓解焦虑的方法对改善大学生的学习生活状态非常有益,下面就给大家介绍一些应对焦虑的有效方法。

（1）坦然接受适度焦虑。焦虑虽然具有较大的破坏性,但它也有积极的意义,它能让人对潜在的危险保持警惕,这是人类进化过程中被赋予的本能。坦然地接受适度的焦虑,看到它积极的一面,这本身就可以降低焦虑带来的压力感,可以帮助我们更加轻松地应对它,战胜它。

（2）调整焦虑的认知模式。改变对焦虑的绝对化认知模式,意识到自己所体验到的焦虑绝大多数都是我们想象出来的。据研究表明,在我们平时忧虑的事情中,40%从未发生过,30%是忧虑曾经发生的事,12%担忧的是别人的想法,10%是担忧无关紧要的事,仅仅只有8%是相当值得你考虑的,但就这仅存的8%值得考虑的事中还有一半是你根本控制不了的。所以其实我们所焦虑担忧的96%的事情是你根本不必去忧虑的。

（3）深呼吸法和意象训练法。深呼吸法是一种简单易行的焦虑调节法,它不受时间、空间的局限,随时随地可以使用。它通过胸腹式呼吸联合进行,可以排出肺内残气及其他代谢产物,吸入更多的新鲜空气,以供给各脏器所需的氧气。深呼吸能使人的胸部、腹部的相关肌肉、器官得以较大幅度的运动,能较多地吸进氧气,吐出二氧化碳,使血液循环得以加强,让身体组织器官与呼吸节律发生共振,从而达到放松的效果。

意象训练法通过想象轻松、愉快的情境,如蓝天、白云、大海、山川,达到身心放松、轻松舒畅的目的。意象训练的效果取决于想象的生活性和真实性,想象的场景越清晰、具体、生动,达到的放松效果越好。

(二)抑郁

抑郁是大学生常见的情绪困扰,是一种感到无力应付外界压力而产生的消极情绪,常常伴有厌恶、羞愧、自卑等情绪体验。每个人都可能体验过抑郁情绪,但对于大多数人来说,抑郁只是偶尔出现的一种低落状态,随着时间的推移或者随着境遇的改变,抑郁情绪会逐渐淡化或完全消失。但如果长期处于压抑负面情绪之中,则会陷入真正的抑郁之中。真正的抑郁症患者大多是大脑缺乏某种化学物质,因此抑郁症是有一定生理基础的。

抑郁的主要表现包括:情绪低落、思维迟缓、郁郁寡欢、闷闷不乐、兴趣丧失、缺乏活力,干什么都打不起精神;不愿参加社交活动,故意回避熟人,对生活缺乏信心,体验不到生活的快乐;伴有食欲减退、失眠的情况。抑郁具有较为严重的破坏性,它不仅会导致学习工作效率低下,生活质量下降,长期严重的抑郁甚至还会导致人的绝望和自杀。

特罗茜·罗尔在《走出抑郁》中说:"抑郁是我们为自己构筑的心灵之牢狱,正因为它是我们自己构筑的,我们就有能力用自己的双手打开枷锁把自己解放出来。"抑郁虽然具有较强的破坏性,但通过我们识别抑郁情绪,及时做出行为调整,是可以摆脱抑郁困扰的。有一些简单有效的方法可以供大家参考和尝试。

(1)了解抑郁的根源。抑郁通常与丧失有关,比如丧失了自我的优越感。了解了抑郁的根源,我们就可以有针对性地采取一些有效的应对办法。

(2)加强运动。抑郁情绪会让人生理处于低活动状态,运动可以提升身体的活动量,有效改变生理状态。有研究发现跑步20分钟就可以促进脑部分泌内啡肽,内啡肽是一种类似吗啡的物质,会让人产生一种天然的舒适感。同理,刚才提到的焦虑就是一种生理高活动状态,而深呼吸、意象法都是帮助身体恢复平静状态的好方法。

(3)寻找人生的意义。心理学家弗兰克尔(V. E. Frankl)开创了意义疗法,他主张通过引导抑郁者寻找和发现生命的意义,树立明确的生活目标,以积极向上的态度来面对和驾驭生活。

创造和工作是发现生命意义的一个重要的途径。工作使人的特殊性在对社会的贡献中体现出来,从而使人的创造性价值得以实现。

充分体验是发现生命意义的第二个重要途径,体验生活中的人和事,尤其是从这些人和事中体验到爱,可以让人实现经验性价值,从而发现生命的意义。弗兰克尔认为,爱是进入深人格核心的一种方法,它可以实现人的潜能,使他们理解到自己能够成为什么,应该成为什么,从而使他们原来的潜能发挥出来,爱可以让人体会到强烈的责任感,能够激发人们的创造性,在体验爱的过程中,可以发现生活的意义和价值。

改变对不可避免的苦难所采取的态度是发现生命意义的第三个重要途径。弗兰克尔说:"当苦难不可避免的时候,即使我们不能改变外部环境,我们还能改变我们自己。"

(三)愤怒

愤怒是由于客观事物与人的主观愿望相违背,或因愿望无法实现时,人们内心产生的一种激烈的情绪反应。愤怒是本能的、具有原始性的情绪,它是急速而又轻率的情绪,也是受到威胁以后的反应。愤怒同样是具有较大破坏性的,主要表现为会产生认知无能,即思维充满了报复计划,满脑子都是"我要讨个公道,这对我太不公平了",这可能会动员我们的躯体去攻击伤害他人。愤怒伤身,极度的愤怒情绪会引发生理变化,引发躯体的不适,比如头痛等。

案例分享

周某,浙江大学农学系毕业生,2003年1月参加浙江省嘉兴市秀洲区人民政府公务员的招录考试,在顺利通过笔试和面试之后,因为没有收到体检合格通知书遂对录用工作的公正性产生怀疑,并且迁怒于负责招录工作的经办人干某,起意进行报复。

周某小时候父亲暴病而亡,母亲没有再嫁,把全部希望寄托在儿子身上,儿子争气,在学校一直是好学生,顺利考上重点高中、重点大学。但周某有一个认知有些问题,他认为只有考上公务员才能回报母亲,才证明自己有出息,才能改写家庭命运。

他在最后一关体检时被查出是乙肝"小三阳",按照当时的用人要求是被拒之门外的,他无法接受这个现实,不明白"小三阳"为什么就无法应聘公务员,同时怀疑用人单位是利用"小三阳"把他人为地"做"掉了,他钻进了一个死胡同,感觉没有出路,就决定用自己的方式解决问题。

2003年4月3日,周某买了菜刀和水果刀到浙江省嘉兴市秀洲区人事劳动社会保障局511办公室,他询问经办人干某以后,得知自己体检结果为"小三阳"不符合招聘要求,但是另外一位手指残疾的考生却符合要求时,无法接受现实,遂用水果刀将干某刺成重伤,并在激愤中将干某同办公室的张某刺死,导致一死一重伤的局面。2004年3月2日,周某在浙江省嘉兴市被执行死刑,尽管此前有400人联名写信请求对周某法外开恩,但法律严明,周某付出了惨重的代价。

如果能理性应对,看到人生其他出路也许就不会发生这样的惨剧。

"愤怒是以愚蠢开始,以后悔结束的",那如何有效遏制愤怒呢?

(1)认知重构。采用积极的自我对话代替消极的自我对话来重新建构对于引发愤怒的事件的认知。

例如,他不是故意的,他一定有他自己的原因;我无法让所有人都按我的心意做事等。积极的自我对话可以缓解甚至改变愤怒的情绪。

(2)冷处理。冷处理也叫自我冷静法,在盛怒的时候给自己一个缓冲期而不是任性妄为地把情绪爆发出来,如深呼吸或握紧拳头从1数到60。当然这里60只是一个概数,当你在专心数数的时候,你会发现随着时间的流逝,盛怒的情绪会有所缓解,在盛怒顶峰时极度想要说出的话、做出的行为此时也变得不那么强烈,甚至消失了。

（3）合理宣泄。处理愤怒最直接最简单的办法就是宣泄。与人发生冲突,用过激的言语和行为去对付某个人其实也是一种宣泄,只是它不太理智,往往会造成一些我们无法挽回的严重后果。我们大可以采取一些合理的、理智的,不损人却利己的宣泄方式,比如大汗淋漓的运动；在不打扰他人的地方,比如山林原野尽情大声喊叫,甚至是拟定一个假定目标大声叫骂等,都可以让我们在发泄情绪的同时,不产生负面的影响。

（4）转移注意力。把注意力转移到自己感兴趣的事情上,用其他方面的快乐来帮助我们淡化愤怒情绪。

（四）恐惧

恐惧是直接针对一种特定事物的害怕、紧张的体验,是面对危险事物的一种强烈反应,它会激活交感神经系统,引发生理的系列变化。恐惧并不是与生俱来的,而是后天习得的。恐惧会引发人的逃避行为,会让人过度紧张和情感压抑,也会影响正常社交。

拓展阅读

系统脱敏疗法

罗斯福说："我相信如果人和人坚持去做他畏惧做的事情,直到他身后留下一串成功经历的记忆,他就会征服畏惧。"

其实罗斯福说的这句关于如何消除恐惧的名言原理类似于系统脱敏疗法。系统脱敏疗法又称交互抑制法,是由美国学者沃尔帕创立和发展的。这种方法主要是诱导恐惧者缓慢地暴露出导致神经症焦虑、恐惧的情境,并通过心理的放松状态来对抗这种焦虑情绪,从而达到消除焦虑或恐惧的目的。如果一个刺激所引起的焦虑或恐怖状态在恐惧者所能忍受的范围之内,经过多次反复的呈现,他便不再会对该刺激感到焦虑和恐惧,治疗目标也就达到了。这就是系统脱敏疗法的治疗原理。

如一个人特别怕高,那么我们可以让他尝试站在几级台阶上往下看,等他接受这个高度以后,试着增加难度到两层楼的高度往下看,以此类推,让他逐渐克服从低层级到高层级的恐惧情境,从而提高恐惧的阈值。

案例分享

如何消除公开演讲的恐惧

当你对公开演讲充满了消极念头,如：但愿我可以不做这次演讲,我口才不太好,上台演讲我紧张,没有人会对我说的话感兴趣,要是说错了该怎么办？别人会嘲笑我……那么你必然会感到恐惧、紧张,这会增加你犯错的概率。但如果你重建一些积极的念头,如：这次演讲是一个积极表达的机会,让我得到经验；没有人是完美的,但每一次我都会进步；谁都会紧张,如果其他人能处理好这事,那我也可以；我有一个很好的话题,我也为此做好了充分准备,他们当然会感兴趣。尝试通过强化自己的优点,回顾成功的经历,忽略那些失败的经历,充分做准备,你将会成功消除这个恐惧。

第三节　理性情绪理论及应用

法国哲学家蒙田说:"对人类最大的伤害,不是发生了什么,而是我们如何去看它。"

▶ 拓展阅读 ◀

赶考路上

有两个秀才一起去赶考,在路上他们遇到了一支出殡的队伍。看到那一口黑乎乎的棺材,其中一个秀才心里立即"咯噔"一下,凉了半截:完了,赶考的日子居然碰到这个倒霉的棺材。于是心情一落千丈,走进考场,那个"黑乎乎的棺材"一直挥之不去,结果,文思枯竭,果然名落孙山。

另一位秀才看到棺材时,心里也"咯噔"一下,但转念一想:棺材,那不是有"官"有"财"吗?好,好兆头!看来今年要鸿运当头了,一定要高中。于是心里十分兴奋,情绪高涨,走进考场,文思如泉涌,果然一举高中。

回到家里,两人都对家人说:"棺材"真的好灵!

这个故事告诉我们同一个事件发生在不同的人身上可能产生不同的认知,而不一样的认知和信念导致了不同的结果。产生不同结果的根本原因在于认知差异,而不在于事件本身。这个故事正好诠释了一个著名的情绪理论——理性情绪理论。

一、理性情绪理论的含义

理性情绪理论又叫情绪 ABC 理论,是由美国临床心理学家阿尔伯特·艾利斯于 20 世纪 50 年代创立的一种著名的情绪理论。艾利斯认为人的情绪来自人对所遭遇的事情的信念、评价、解释或哲学观点,而非来自事情本身。情绪和行为受制于认知,认知是人心理活动的"牛鼻子",把认知这个"牛鼻子"拉正了,情绪和行为的困扰就会在很大程度上得到改善。

如图 6-2 所示,情绪 ABC 理论中,A 代表诱发事件(activating events),B 代表信念(beliefs),C 代表结果即症状(consequences)。艾利斯认为并非诱发事件 A 直接引起症状 C,A 与 C 之间还有中介因素在起作用,这个中介因素就是人对 A 的信念、认知、评价或看法,即是信念 B(图 6-3)。换言之,事件本身的刺激情境并非引起情绪反应的直接原因。个人对刺激情境的认知解释和评价才是引起情绪反应的直接原因。

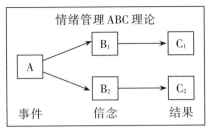

图 6-2　情绪 ABC 理论

图 6-3　情绪 ABC 理论的原理

二、引发不良情绪的核心——不合理信念

根据理性情绪理论的观点可知：人的不良情绪大多来自于不合理信念。正是这些我们不太容易察觉的"不合理信念"制造了我们的坏情绪，我们只有找到它，意识到它的存在，才能更好地消除它、改变它，成为自己情绪的主人。

总结起来，不合理信念主要有以下三个特征。

（一）极端化

非此即彼、非黑即白，要么全对、要么全错的思维模式。

案例分享

小李上大学前品学兼优，想当然地认为到了大学也能发展好。可是大学中能人辈出，于是情绪一落千丈，认为自己是"废物"。

案例分享

小强一直认为世界是很美好的，可一次偶然的机会，小强发现有些人通过不正当的途径发展得也很好，许多人勤勤恳恳，对工作兢兢业业却发展得不如人意，小强心里很不舒服，越来越觉得世界上有许多的不公平。

（二）臆断化

在证据缺乏或证据与推断相互矛盾之时，武断地做出结论，其实是"把自己的想象当现实"的瞎猜测。

案例分享

有一位朋友在街上与你擦肩而过，因为他正在沉思冥想，没有注意到你，所以没和你打招呼，于是你错误地做出结论：他对我不理不睬，肯定是对我有意见了。由此带来愤恨和忧虑。

案例分享

A的成绩一直比B好,不过一次考试中,B的分数高出A许多,A心里很不是滋味,心想B可能是作弊,不然怎么可能超过我呢?

拓展阅读

心理实验——心中的疤痕

10个志愿者分别在10个没有镜子的房间,每个人将通过以假乱真的化妆,变成一个面部有疤痕的丑陋的人,然后在指定的地方观察和感受不同陌生人对自己产生怎样的反应。

每位志愿者左脸颊都被精心涂抹上逼真的鲜血和令人生厌的疤痕。当志愿者们在心中记下自己可怕的"尊容"后,心理学家把镜子收走。之后,心理学家告诉每一位志愿者,为了让疤痕更逼真、更持久,她们需要在疤痕上在涂抹一些稳定剂,而实际上是用湿棉纱把刚刚做好的假疤痕和血迹彻底清洗干净。

志愿者们被分别带到了各大医院的候诊室,装扮成急切等待医生治疗面部伤痕的患者。候诊室里人来人往,要求志愿者们观察和感受人们的反应。

实验结束后,志愿者们陈述自己的感受。

A:候诊室里的胖女人最讨厌,一进门就对我露出鄙夷的目光,她都不看看她自己,那么胖,那么丑。

B:现在的人真是没有同情心。本来有一个中年男子和我坐在同一个沙发上,没一会儿他就拍拍屁股走开了,我脸上不就是有一块疤吗?至于像躲瘟神一样吗?

C:有两个年轻女人给我印象特别深,她们穿得挺好,看上去像是有知识有修养的人,可我却发现她们一直在私下嘲笑我。

她们普遍认为陌生人对面目可憎的自己非常厌恶,缺乏善意,而且眼睛总是很无礼地盯着自己的伤疤。

(三)灾难化

选择性地接受经过灾难化过滤后的信息,只看到自己想看到的,而忽略其他方面。

案例分享

一位害羞的人鼓起勇气约一位姑娘,由于姑娘已经有约在先,便婉言谢绝了他。于是他自忖道:我再也不想同别人约会了,没有姑娘愿意同我约会。我的一生将在孤独和悲惨中度过。

(四)绝对化

对自己和他人始终坚持一种绝对化的标准,如果行为未达到标准,就会责备自己,产生内疚悔恨;对别人,则觉得失望怨恨。

第六章 情绪的调节与控制

案例分享

由于来自农村家庭,父母为我付出太多,因此我每次考试都必须考好,不然我就会觉得内疚,对不起父母。

案例分享

早睡早起是好的习惯,室友们都该和我一样早睡早起。不然我就会感到气愤!

拓展阅读

艾利斯归纳的人类常见的非理性信念

(1)倾向于进行畸形的思维,如强迫思维;

(2)倾向于易受暗示影响;

(3)倾向于过度概括化,以偏概全;

(4)倾向于要求尽善尽美,认为不是完美的就是无用的;

(5)倾向于对他人的过分要求;

(6)倾向于追求绝对化、肯定化,不能忍受不确定性;

(7)倾向于夸大负性事件的危害性;

(8)倾向于自暴自弃;

(9)倾向于自我贬低;

(10)倾向于过分关注自身的机体的变化。

三、理性情绪理论的应用——负性情绪的调节

(一)列出引起不良情绪的事件和认知

(1)练习、分析。请就以下事件,尽可能多地写出你的想法,并注明每一种想法下的情绪。

事件:你和好朋友约好了周末去打球,但你按约定的时间到了约定的地方,等了很久他都没有出现,打电话他也没有接听,发信息也没有回复。

想法1:他放了我鸽子,真没信用。情绪1:生气。

想法2:他怕是忘记了我们的约定。情绪2:失望。

想法3:他会不会遇到什么急事了。情绪3:谅解。

想法4:他不会是出什么意外了吧。情绪4:担心。

(2)分享交流。"怎么想"会使我们产生不同的情绪,这么看来情绪其实是操控在我们自己手里,而不是由别人或事件本身决定的,"换个想法,快乐自然来"!

(二)运用情绪ABC理论调节消极情绪——识别与纠正

目标：运用情绪ABC理论调节情绪（图6-4）。

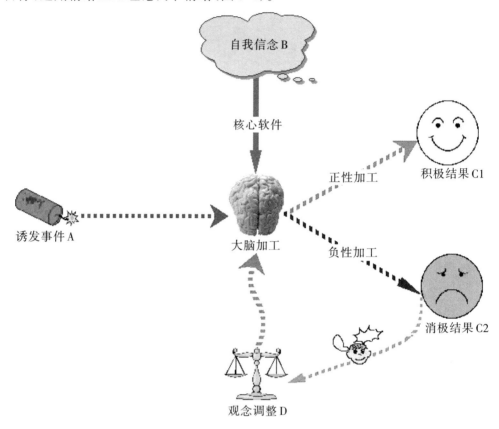

图6-4 理论情绪疗法的应用

步骤：

A 确定引发情绪的事件。
B 自己对事件的想法。
C 这想法所引起的情绪。
D 对原想法的不合理成分进行驳斥。
E 建立理性的想法和适当的情绪。

应用分析1：

我最近总处于怀疑、防备、愤怒的情绪中。

A 事件：我的挂钩掉了，寝室同学说是风吹掉的，后来拿了一个给我。

B 原想法：风怎么可能吹掉，肯定是她们对我不满故意拔掉的，要不是心虚为什么会拿一个新的给我。

C 引发的情绪：怀疑、防备、愤怒。

D 驳斥原想法的不合理性：没有充分的证据，把主观想象当作事实，过于武断。

E 建立理性的新想法：挂钩本不是一劳永逸的物件，可能会因为用久了，或者贴的时候墙面不够干净所以不牢固，同学是出于好心给我一个新的。产生新的情绪：感激。

应用分析2：

我最近总处于焦虑、自卑的情绪中。

A事件：我在一个团队合作项目中，把一件小的任务搞砸了。

B原想法：我真没用，连那么一件小事都做不好！

C引发的情绪：焦虑、自卑。

D驳斥原想法的不合理性：一次失败不代表永远失败，这次没做好不代表我一无是处，这次犯了以偏概全的错误。

E建立理性的新想法：这次的失败是由于我轻视了这个小的任务，没有认真对待，下次我会用更端正的态度对待所有事，我会比这次做得好。于是产生新的情绪：自信。

实战练习

请用理性情绪理论对自己的一个负性事件进行分析

A. 发生了什么事？

B. 当时有什么想法？

C. 当时是怎样的情绪反应？

D. 对"当时想法"进行辩论。"想法"对吗？证据是什么？按当时的想法去做的最大好处是什么？最大坏处是什么？

E. 若再来一次，现在"我"会怎样处理，会说些什么？会做些什么？感觉如何？

（三）建立合理信念改变不良情绪

用建设性的积极用语代替危险性用语。

减少"应该"，用"能够"代替，内心压力会有所减轻。

去掉"必须"，用"乐意"代替，内心压力可变小。

剔除"不得不"，以"愿意"代替，再也不会被压得透不过气。

"我不够"让我们感觉无力量和不适当，如果说"天生我材必有用"的话，就会给自己增添力量和自信。

"真可怕、真该死、悲惨啊……"，让我们陷入过度的悲伤之中，如果说"这是我丰富生活经验的一部分"，则会帮助我们前进。

第四节　大学生良好情绪的培养

拓展阅读

狐狸吃葡萄

第一只狐狸找到梯子摘到了葡萄，满载而归。

第二只狐狸摘不到葡萄，自我安慰葡萄肯定是酸的。

第三只狐狸下定决心,不怕困难,抱着不吃到葡萄死不瞑目的决心一次又一次跳个没完,最后累死了。

第四只狐狸因吃不到葡萄整天闷闷不乐抑郁成疾,不治而亡。

第五只狐狸心想"连葡萄都吃不到,活着有什么意思?"于是上吊自杀。

第六只狐狸吃不到葡萄破口大骂,结果被路人了却了生命。

第七只狐狸抱着我吃不到别人也别想吃到的心理一把火烧了葡萄园,遭到众狐狸的共同围剿。

第八只狐狸想用偷、骗、抢的方式从第一只狐狸那儿得到葡萄,最终受到了严厉的惩罚。

第九只狐狸因为吃不到葡萄而气急败坏,最后发疯,蓬头垢面,口中念念有词:"吃葡萄不吐葡萄皮,不吃葡萄倒吐葡萄皮。"

一、情绪健康的标准

情绪情感对人有如此重要的影响,那么什么样的情绪才算健康呢?

一般来说情绪的目的性恰当,反应适度,正性作用强是情绪健康的基本标准。具体来说有以下几点:

(1)情绪的基调为积极、乐观、愉快、稳定;
(2)对不良情绪有调节抑制能力;
(3)情绪反应适度;
(4)有较好的自我批评和自我接纳,有幸福感和满足感;
(5)理智感、道德感、美感等高级社会性情感能得到良好的发展。

二、如何管理负面情绪

(一)改变认知角度

情绪困扰并不一定是由诱发性事件直接引起的,常常是由经历者对事件的非理性的解释和评价所引起的。如果改变非理性观念,调整对诱发事件的认识和评价,建立合理的观念,那么情绪困扰就消除了。

(二)合理宣泄情绪

通过向家人、朋友倾诉转移注意力,剧烈运动,在合适的场合放声哭喊等方式来合理宣泄情绪。

(三)心理暗示

暗示是通过语言的刺激来自我调节情绪的方法。暗示是一种很普遍的心理现象。它作为一种心理机制伴随着人的心理活动,对人的心理和行为都有着奇妙的作用。

心理学认为一个人随时可以通过想象、联想、幻想而自我衍生出正、负情绪,因而也可以通过自我暗示显示出正、负情绪。

（四）采取有效的放松方式

（1）放松训练法。放松训练是一种通过肌体的主动放松来增强人对自我情绪的控制能力的有效方法。如减轻肌肉紧张、减慢呼吸节律、减慢心律等，都能使焦虑等不良情绪得到缓解。

（2）音乐疗法。音乐作为一种艺术，是人的情绪、情感的一种表现方式，曲调和节奏不同的音乐可以使人产生不同的情绪感受。利用音乐来调节情绪已被人们广泛运用。

（3）想象放松法。在受到不良情绪的困扰时，适当运用想象放松法会有一定帮助。选择一种自己感觉比较舒适的方式和一个安静的环境，然后全身放松，开始进行想象。

（五）坦然接受负性情绪，重新开始新的征途

让负性的情绪顺其自然，"存在即合理的"，不要强行压制它，适当的负性情绪是正常的，甚至是有益的。

拓展阅读

森田疗法

"森田疗法"又叫禅疗法、根治的自然疗法，它是由日本东京慈惠会医科大学森田正马教授（1874—1938）创立，取名为神经症的"特殊疗法"。1938年，森田正马教授病逝后，他的弟子将其命名为"森田疗法"。

森田疗法的基本治疗原则就是"顺其自然"。顺其自然就是接受和服从事物运行的客观法则，它能最终打破人的精神交互作用。而要做到顺其自然就要求我们在这一态度的指导下正视消极体验，接受各种症状的出现，把心思放在应该去做的事情上。这样，人的心里的动机冲突就排除了，痛苦也减轻了。

拓展阅读

握紧"快乐的钥匙"

一位女士抱怨，我活得很不快乐，因为丈夫常不在家……

一位妈妈抱怨，我的孩子不听话，叫我很生气……

一位同学抱怨，我太不幸，我的爸爸妈妈从来不关心我真正的想法……

每个人心中都有一把"快乐的钥匙"，但我们却常常在不知不觉中把它交给别人掌管。

此时我们把一个重大责任托给了周围的人，即要求她们使我们快乐。承认自己无法掌控自己，只能可怜地任人摆布，这样的人使别人不喜欢接近，甚至望而生畏。

拓展阅读

做情绪的主人

著名专栏作家哈里斯和朋友在报摊买报纸,那朋友礼貌地对报贩说:"谢谢!"报贩一脸冷漠,没发一言。

哈里斯:"这家伙态度很差是不是?"

朋友:"他每天晚上都这样。"

哈里斯:"那你为什么还对他那么客气?"

朋友:"为什么要让他决定我的行为?"

一个成熟的人握住自己快乐的钥匙,他不期望别人使他快乐,反而能将快乐幸福带给他人。

他的情绪稳定,为自己负责,和他在一起是一种享受而不是压力!

做自己情绪的主人!

第七章　人际交往

> **本章导航**
>
> 一个人事业上的成功,15%靠他的专业技术,85%靠他的人际关系和处世技巧。
>
> ——卡耐基
>
> 能够独处的不是野兽就是上帝。
>
> ——亚里士多德
>
> 成功的第一要素是懂得如何搞好人际关系。
>
> ——富兰克林

拓展阅读

人际交往剥夺实验

美国心理学家斯坦利·沙赫特(Stanley Schachter)曾经做过这样一个实验:以每小时15美元的酬金聘请人到一个房间里去住,这个小房间与外界完全隔绝,没有报纸,没有电话,不准写信,也不让其他人进入,最后有五个人应聘参加实验。结果是:有一个人在房间里只待了两个小时就出来了,三个人待了2天,最长的一个人待了8天,出来后说:"如果让我在里面再多待一分钟,我就要发疯了。"

第一节　人际交往及影响因素

俗话说:独木难成林。在我们成长的过程中,没有人能够独立于社会之外。心理学家的实验也证实了这一点:没有一个人能在自我封闭的孤独状态下快乐生活!

与人交往和沟通,建立良好的人际关系,是每个人的基本社会需要,也是一个人健康成长的必备条件。人际关系的好坏直接影响着一个人的身心健康。良好的人际关系是人的心理正常发展、个性完整健全、生活幸福美满的前提和基础。因此，掌握人际交往的基本规律和技巧，提高人际交往能力，建立良好的人际关系，是大学生心理健康教育的重要内容。

一、什么是人际交往

人们为了满足某种需要，进行的相互交流或联系，称为人际交往。

人际关系是指人们在物质交往与精神交往中建立起来的彼此之间的关系。从广义看，人际关系包括人与人之间在交往活动中发生的一切关系，如政治交往关系、经济交往关系、思想交往关系、情感交往关系等。从狭义看，人际关系是指个体之间在日常的交往过程中形成的心理关系和行为表现。

二、人际交往的影响因素

在大学生中，人与人之间交往的程度或深度往往有很大的差别，有的一见如故；有的"鸡犬之声相闻，老死不相往来"；有的情同手足，形影不离；有的时冷时热，若即若离。这些差别主要与交往双方的个人吸引力有关。

人际吸引指的是人与人之间彼此具有注意、欣赏、倾慕等心理上的好感，并进而彼此接近以建立感情关系的心路历程。人际吸引也是人与人之间建立感情关系的基础。一个人如果毫无吸引别人之处，就不能引起别人的注意；如果两人之间不能彼此吸引，也就无法建立亲密的人际关系。大学生的人际交往受各种因素的影响。

(一) 邻近性

俗话说：远亲不如近邻，近邻不如对门儿。这说明时空距离是形成密切的人际关系的一个重要条件。空间距离越接近的人，就越容易发生人际交往。如同班、同桌、同室的人，交往频率高，因接触机会多而相识，因相识而彼此吸引，因彼此吸引而容易形成共同的经验、共同的话题、共同的体会、共同的兴趣以及共同的利益，从而建立友谊。另外，时间上的接近，如同龄、同期入学、同期毕业等，也易于在感情上相互接近，产生相互吸引。时空接近性是形成密切人际关系的重要条件，但也不是绝对的。有的时候，过于接近，交往过于频繁，反而容易造成摩擦和冲突，甚至可能日久生厌。有时候也需要距离产生美。

(二) 相似性

"物以类聚，人以群分"，人和人之间越相似，越容易增进人际关系。有句成语"惺惺相惜"，指的是才智相近的人会彼此珍惜。人们倾向于喜欢与自己相似的人建立人际关系，包括思想、信念、价值观、道德评价的一致或相似，兴趣、爱好的一致以及民族、年龄、学历、社会地位、职业、修养等方面的相似性，这些都会导致彼此间关系的融洽。交往双方越相似，交流话题也越多，更容易相互吸引。这种因为两人之间有很多相似点而彼此吸引的现象，说明了相似性是建立良好人际关系的基础。

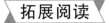

拓展阅读

相似性吸引力

1961年,纽科姆在密歇根大学做过这样一个实验:实验对象是17名大学生,纽科姆为他们免费提供住宿4个月,交换条件是要求他们定期接受谈话和测验。在这些大学生进入宿舍前先测定他们关于政治、经济、审美、社会福利等方面的态度和价值观以及他们的人格特征。然后将那些态度、价值观和人格特征相似和不相似的学生混合安排在几个房间里一起生活了4个月,4个月后定期测定他们对上述问题的看法和态度并让他们相互评定室内人,喜欢谁不喜欢谁。实验结果表明,在相处的初期,空间距离的邻近性决定人与人之间的吸引,到了后期相互吸引发生了变化,彼此间的态度和价值观越相似的人,相互间的吸引力越强。

(资料来源:百度文库)

心理点评:

"酒逢知己千杯少,话不投机半句多。"在与朋友交往时如果我们能找到共同点,投其所好,就能很容易把对方吸引过来,跟他们建立良好的交往关系。

(三)互补性

互补性是指在交往过程中,当双方的需要和满足途径正好形成互补关系时,会产生强烈的人际吸引。也就是说,交往的双方,当一方所具有的品质和表现出的行为正好可以满足另一方的心理需要时,前者就会对后者产生吸引力。互补性与相似性并不矛盾,只不过它们在不同的场合和领域发挥作用。一般来说,在人际关系建立的最初阶段和较低水平时,人们更注重相似性因素,但在人际关系发展的高级阶段,则是互补性占优势。但并非所有的互补性特征都能互补。

(四)对等性

对等性是指人们在社交中常具有这样的心理倾向,即喜欢同那些同样喜欢自己的人交往。"敬人者,人恒敬之;爱人者,人恒爱之。"社会心理学家阿伦森曾经设计了一个实验,实验证明:人们喜欢那些喜欢自己的人,喜欢那些给自己带来愉快感的人。

(五)外表与个性特征

爱美之心,人皆有之。人们常常把外貌有吸引力的人视为拥有较多优良人格特征的人。一个人的长相、穿着、仪表、体态,往往是构成人际吸引的重要因素。个性本身更是引人注意与令人欣赏的重要条件。

(1)外貌因素。在交往初期,外貌漂亮的人往往比长相一般的人更具有吸引力,因为美貌可以使人感到轻松愉快,容易使人联想到其他良好的品质。在人际交往特别频繁的岗位,外貌是一个很重要的条件,如中小学教师是要给孩子美的教育,所以对外貌有一定的要求,要端庄得体。再如航空小姐、企业的公关人员、医院里的护士,这些职业都有外貌的要求。

但这里也存在一个误区:人们常误认为长相好,品质也一定好。其实,人的长相是天生的,而道德品质是后天的,是靠自身修养形成的。相貌堂堂未必就是正人君子,体态纤细瘦弱者,也许性格刚强而且坚定。

拓展阅读

外貌的魅力

某学者曾对大学生做过一个研究,他给每个大学生分发几篇文章,每个大学生手上的文章质量有两种:一种是好文章,写得很好;一种是差文章,写得很差。文章的右角上贴着作者的照片,有的照片是漂亮的,有的照片是难看的;有的照片是英俊的,有的照片是丑陋的。然后让大学生们评价文章的质量。结果,好文章当然评价好,但是对差文章,如果文章作者的照片很漂亮,就会得到更高的分数。也就是说,如果这篇差文章是外貌美的人来写的,评判者对他打分就要高一点。

埃尔弗朗从该学者的研究中得到启发,他提出质疑:法官判决是不是也会出现这种偏差?于是他用法律系的学生模拟法庭做这个研究。研究者把漂亮的、英俊的、难看的、丑陋的这些照片分别放在第一张,然后看这些法律系的学生判刑是不是有偏差。结果埃尔弗朗发现确实有偏差,外貌好、有吸引力的获刑较轻。

埃尔弗朗的研究公布以后,受到美国联邦调查局的高度重视。美国联邦调查局把5年前的案例——1980—1985年的刑事案件翻出来,让法官把案情差不多的放在一起,然后看嫌疑犯漂不漂亮是不是真的会影响对罪犯的判决。结果发现也是这样,就是说在相同案例中,外貌好的人被判刑较轻。但是有一个例外,就是如果一个人用外貌去犯罪,被判刑就更重。心理学家就考虑为什么出现这个现象,是因为法官头脑当中有一个先验的观点,就是外貌好、英俊的人,他们的童年时期肯定是很好的,他们的家庭环境很好,受教育很好,至少社区很好,营养很好,比较健康;而外貌很丑的人小时候生活的社区肯定不好,家庭条件很困难,因此可能受教育程度比较低,父母亲无教养。

(资料来源:百度文库)

心理点评:

在交往的初期,好的外貌容易给人一种良好的第一印象,人们往往会以貌取人。外貌美能产生光环效应,即人们倾向于认为外貌美的人也具有其他的优秀品质,实际上未必如此。

(2)个性。个人的吸引力最根本的还在于一种使人喜爱、仰慕并渴望接近的个性品质。美国心理学家安德森1968年曾经进行了一项研究,将555个描绘个性品质的形容词列成表格,让大学生被测试者按照喜欢程度由高到低顺序排列。结果显示,大学生最喜爱的个性品质前15位是真诚、诚实、理解、忠诚、真实、可信、聪慧、可信赖、有思想、体贴、热情、善良、友好、快乐、不自私,最厌恶的品质前15位是古怪、不友好、敌意、饶舌、自私、粗鲁、自负、贪婪、不真诚、不善良、不可信、恶毒、虚假、令人讨厌、不老实。尽管安德森的研究是在20世纪60年代末,但他的发现与当代人的选择倾向仍有高度的一致性,并且对当代中国的普通大学生也有重要的启发意义。

(3)能力因素。一个人的能力大小与他人喜欢程度的高低有着密切的关系。一般来说,人们比较喜欢聪明能干的人,特别是有某些特长的人,因为这会增加人际吸引力。追星族就是对他人某方面能力和特长极度崇拜的典型。同时,能力或才华与外貌具有互补性。一个长相一般甚至丑陋的人,如果其才华出众,或者具有某方面的特长,其能力因素就会起主导作用,产生人际吸引,而其相貌劣势可以被忽略或接受。但是,能力与吸引力之间并非总是成正比的关系,有些能力强的人,反而在人际交往中受到孤立和排斥。

有研究发现,群体中最有能力的成员,往往不是最受喜爱的人。可以看出,才能与被人喜欢的程度,仅在一定限度内存在正比关系。如果别人的才能超出一定范围,使自己可望而不可即的时候,人们就会感到一种压力,并倾向于逃避或拒绝与这个人交往。因为任何一个人,无论如何都不会去选择一个总是凸显自己无能和低劣的对象做朋友。因此,有研究显示,一个很有才华而又有小缺点或过错的人,反而比那些有才华又完美无缺的人更具有吸引力使一般人更喜欢接近他。

(4)沟通能力与语言因素。缺乏沟通能力或技巧、沟通不畅、沟通失效、语言障碍等都是影响建立良好人际关系的因素。例如,有人口齿不清,语言表达不准确,常常词不达意,别人不能确切理解其意或者容易引起误会;也有人说话时语调使用不当,很少用商量的语调,而习惯用命令式语调,因而引起对方反感;还有些人存在偏见或歧视,不能正确看待和认识他人,目空一切。这些因素都会妨碍良好人际关系的建立。

三、人际交往中的心理效应

我们每天都需要与人进行交流,在交流的同时形成了这样或那样的印象。我们形成的印象往往与真实情况有所差别,这是为什么呢?其实是一些"效应"在作怪。了解这些交往心理学知识,了解印象形成的一些"效应",我们可以学会怎样给他人留一个好印象,同时也可以帮助我们克服这些效应的消极作用。

(一)聚光灯效应(过于在乎别人怎么看自己)

聚光灯效应又称焦点效应,指不经意地把自己的问题放到无限大。常表现为普遍高估别人对自己的关注程度,在意自己给别人留下的印象。由康奈尔大学心理学教授托马斯·吉洛维奇(Thomas Gilovich)和美国心理学家肯尼斯·萨维斯基(Kenneth Savitsky)在1999年进行的"聚光灯效应"实验提出并证明。

举例:假设给人一件颜色特别奇怪的T恤穿在身上,然后让他到一群人里面去走一圈,他一般会自认为有50%的人在关注他,而事实上只有20%的人而已。

(二)黑暗效应(朦胧场景好约会)

黑暗效应是指在光线比较暗的场所,约会双方彼此看不清对方表情,就很容易减少戒备感而产生安全感。在这种情况下,彼此产生亲近的可能性就会远远高于光线比较亮的场所。此效应由加拿大多伦多大学和美国西北大学科学家通过实验证明。

案例:

有一位男子钟情于一位女子,但每次约会,他总觉得双方谈话不投机。有一天晚上,他约那位女子到一家光线比较暗的酒吧,结果这次谈话融洽投机。从此以后,这位男子将约会的地点都选在光线比较暗的酒吧。几次约会之后,他俩终于决定结下百年之好。这件事情给人们的启示是:在光线比较暗的场所,人们更容易亲近。

（三）名片效应（一面遇知己）

名片效应是指在交际中,如果表明自己与对方的态度和价值观相同,就会使对方感觉到你与他有更多的相似性。此效应由苏联社会心理学家纳季拉什维利提出。

（四）人际吸引律（各种原因的相互吸引）

人际吸引律是指由各种因素导致个体与他人之间形成情感上亲密的状态,是人际关系中的一种肯定形式。按吸引的程度,人际吸引可分为亲和、喜欢和爱情。亲和是较低层次的人际吸引,喜欢是中等程度的吸引,爱情是最强烈的人际吸引形式,由"卡内基训练"创始人戴尔·卡内基（Dale Carnegie）（1888—1955）提出。

人际吸引律分为以下六种:接近吸引律（双方存在着诸多接近点,相互吸引）、互惠吸引律（双方因能给对方带来收益、酬偿而相互吸引）、对等吸引律（因对方喜欢自己而导致自己也喜欢对方）、诱发吸引律（由自然或人为环境等引发的吸引）、互补吸引律（双方因个性或需要及满足需要的途径互补而引发的相互吸引）、光环吸引律（因能力、特长、品质或社会知名度高等特征就像光环一样使人产生晕轮效应而相互吸引）。

案例分享

一次偶然的交谈中某人与你相谈甚欢,对你赞赏有加,于是你也表现出了对对方的好感,然后你们互加了微信,成了好朋友。

（五）首因效应（第一印象很重要）

首因效应也称优先效应、第一印象效应、先入为主效应。指人们通常对一个人最初接触时的信息形成"先入为主"的鲜明印象,从而影响人们以后对此人的评价,是系列位置效应的一种类型,由美国心理学家洛钦斯（A.S.Lochins）（1907—1996）于1957年通过实验证明。

首因效应指人们初次接触时各自对交往对象的直觉观察和归因判断。在这种交往情景下,对他人所形成的印象就称为第一印象或最初印象。在现实生活中,第一印象往往很深刻,直接能影响我们对他人以后的评价和看法,影响到今后的交往。第一印象好,继续交往的积极性就高,就有可能"一回生,二回熟,三回成朋友",在朋友的基础上还可能发展成为至交;反之,第一印象不好,继续交往的积极性就不高,路人仍是路人,友情难以产生。因此,我们应该重视与人交往时留给他人的第一印象。如你在某次聚会上偶然认识了一个人,他一个人静静地坐在一边,不说话,也不打闹,你可能因此对他形成了"内向"的第一印象。但实际上他是一个开朗活跃的人,那天他是有心事、无心说笑。当你的第一印象形成之后,即使你以后跟他还有一些交往,但你也很难摆脱自己对他"内向"的认识。

案例分享

如销售新手小A,谈业务时总是衣冠整洁、谈吐细致礼貌,虽然有些技术细节不熟,但给客户留下了良好的印象,深得客户好感,也让他顺利签了单。

(六)近因效应(新印象是可以塑造的)

近因效应也称为"新颖效应",是指最新出现的刺激物促使新印象形成的心理效果。与首因效应相反,它是指在多种刺激一次出现的时候,印象的形成主要取决于后来出现的刺激,即对他人最新的认识掩盖了以往形成的评价,是系列位置效应的一种类型,由心理学家卢钦斯(A·Ladins)于1957年根据实验首次提出;1964年,心理学家梅约和克劳克特通过实验进一步证明。

与首因效应相对的是近因效应,即最近印象的作用超过了一贯的认识,在评价中占据优势。这看似不可思议,生活中却常常发生。"士别三日,当刮目相看"就是近因效应的积极作用。近因效应产生于熟人之间,由于最近的一些信息,使过去形成的认识和印象发生了质的变化。一般而言,交往很少或在交往初期,首因效应作用显著;彼此相当熟悉之后,近因效应的影响非常显著。另外,人们的内在价值也有影响作用,自己喜欢的特点出现在首因效应中,首因效应的作用就大,反之亦然。

案例分享

多年不见的朋友,在自己的脑海中印象最深的,其实就是临别时的情景。

(七)刻板效应(湖南人爱吃辣)

刻板效应又称刻板印象,它是指对某个群体产生一种固定的看法和评价,并对属于该群体的个人也给予这一看法和评价。由苏联社会心理学家包达列夫(1923—?)于1965年提出并通过实验证明。

案例分享

基于对博士学识渊博的印象,人们一般认为博士肯定无所不知,或者性格呆板。其实多数博士更多的是在一个领域的专注精通,而不是常人以为的知识广度的积累,且也可能是个风趣的人。

(八)晕轮效应(情人眼里出西施)

晕轮效应也称光环效应,指人们对他人的认知判断是基于自身的个人喜好出发,再从这个判断推论出认知对象的其他品质,使得最终出现"以点概面、以偏概全"的现象。此效应最早是由美国著名心理学家爱德华·桑代克(Edward Lee Thorndike)(1894—

1949）于20世纪20年代提出，随后美国心理学家戴恩（K.Dion）、哈罗德·凯利（Harold Harding Kelley）（1921—2003）、理查德·尼斯贝特（Richard E.Nisbett）（1941—？）相继通过实验证明。

所谓晕轮效应是指我们在对别人作评价的时候，常喜欢从好或坏的局部印象出发，扩散出全部好、全部坏的整体印象，就像月晕（或光环）一样，从一个中心点逐渐向外扩散成为一个越来越大的圆圈，所以有时也称为月晕效应或光环效应。多数情况下，晕轮效应常使人出现"以偏概全""爱屋及乌"的错误，产生一个人一好百好的感觉。

案例分享

俄国著名的大文豪普希金狂热地爱上了被称为"莫斯科第一美人"的娜坦丽，并且和她结了婚。婚后才发现两人差别巨大，当普希金每次把写好的诗读给她听时，她总是捂着耳朵说："不要听！不要听！"相反，她总是要普希金陪她游乐，出席一些豪华的晚会、舞会，普希金为此丢下创作，弄得债台高筑，最后还为她决斗负伤而死，使一颗文学巨星过早地陨落。

（九）多看效应（日久生情）

多看效应也称曝光效应，指对越熟悉的东西越喜欢的现象。由心理学家查荣茨于20世纪60年代提出并通过实验证明。

案例分享

你天天跟公司小姐姐一起打羽毛球，一起上下班，最后竟然在一起了。

（十）异性效应（男女搭配，干活不累）

异性效应也叫"磁铁效应"，指异性接触会产生一种特殊的相互吸引力和激发力，并能从中体验到难以言传的感情追求，对人的活动和学习通常起积极的影响。最早可追溯至古希腊时期弗洛伊德用精神分析方法解释生物繁衍过程中的心理伴生现象，现代理论研究不详。

案例分享

一开始公司的程序员基本都是男性，大家觉得加班十分痛苦，后来公司招聘了很多女程序员一起加班，男程序员竟然没再抱怨，还要主动延长加班时间。

（十一）投射效应

投射效应即在人际交往过程中，人们总愿意把自己的某些特性归到交往对象身上，假设他人与自己具有相同的属性、爱好或倾向等，常常认为别人理所当然地知道自己心中的想法,特别是在交往对象和自己年龄、职业相同的时候更是如此。心理学家罗斯做过这样的实验来研究投射效应,在80名参加实验的大学生中征求意见,问他们是否愿意背着一块大牌子在校园里走动。结果,48名大学生同意背牌子在校园内走动,并且认为大部分学生都会乐意背,而拒绝背牌的学生则普遍认为,只有少数学生愿意背。可见,这些学生将自己的态度投射到其他学生身上。"以小人之心,度君子之腹"就是一种典型的投射效应。当别人的行为与我们不同时,我们习惯用自己的标准去衡量别人的行为,认为别人的行为违反常规。对别人处处设防的人,总以为别人对他怀有敌意,甚至觉得对方的一举一动都带有挑衅色彩;喜欢嫉妒的人常常将别人行为的动机归纳为嫉妒,如果别人对他稍不恭敬,他便觉得别人在嫉妒自己;喜欢在背后议论别人的人,总以为别人时常在背后议论他;惯于讲假话的人常常不相信别人的话;有的大学生自己对某件事感兴趣,以为他人也感兴趣,在一起聊天时,口若悬河,高谈阔论,完全不顾及他人的感受;有的同学在传递信息时,以为自己知道,别人也一定知道,于是将信息斩头去尾;有的同学用自己的主观愿望当成主观想象去投射他人,内心喜欢一个异性,希望对方也喜欢自己,进而把对方的一个眼神、一个笑脸、一个友好的表示甚至一句玩笑都看成是对自己示爱,甚至把对方的拒绝当成对自己的考验,等等。

为了克服投射效应的消极作用,我们应该正确地认识自己和他人,做到严于律己,客观待人,尽量避免以自己的标准去判断他人。对方并非如我们所想象的那样,只有经过了解才会知道。

第二节　人际交往的重要性

"独学而无友,孤陋而寡闻。"信息交流有利于启迪思想,开发智能,使思维撞击,产生新的思想火花。

> **拓展阅读**
>
> **一位意大利学者的洞穴生活**
>
> 1996年,著名的意大利洞穴专家毛利奇·蒙泰尔做了一个非常著名的地下试验。他让自己置身于一个很深的洞穴之中,洞穴里有足够他吃上一年的食物和维持生命的生活用品,有100多部电影碟片和一些健身车、健身球供他娱乐。但是,这个洞穴里除了他自己,没有其他人。1997年,蒙泰尔从洞穴里出来了。经过一年与世隔绝的生活,蒙泰尔变得情绪低落、目光呆滞、脸色惨白、语言不畅,他的记忆能力、交往能力和语言表达能力都出现了严重的退化。
>
> **心理点评:**
> 人际交往对一个人的身心健康有着重要的影响。

人际交往是指个体与个体或个体与群体之间通过一定的沟通方式进行接触和交流,并且在行为上和心理上产生相互作用、相互影响、相互适应的过程。个体通过口头语言、肢体语言等表达方式将信息传递给其他个体或群体,同时给予信息反馈的过程,即为人际交往。

人是社会中的人,社会是人的社会,每一个人都不能够离开群体而单独生存。社会中的人一生有两项重要的活动,即社会生产和社会生活,而这两项活动都与人际交往分不开,所以人的一生几乎都是在与他人的交往中度过的,人际交往对于任何人都具有非常重要的意义。

人际交往具有沟通信息、交流思想感情的作用。正处于青年时期的大学生们思想活跃、精力充沛、爱好和兴趣广泛,渴望人际交往活动,渴望拥有良好的人际关系。人际交往是大学生活中重要的组成部分,是大学生人际活动的特殊产物。积极有效的人际交往、和谐良好的人际关系有助于大学生的个性形成和适应社会,有助于大学生形成良好和健康的品质,有助于大学生的全面发展。

一、人际交往是促进大学生身心健康的有效方式

大学生正处于青年时期,此时正是人生的黄金时期,在心理、生理方面逐步走向成熟,并且逐渐社会化。大学生人际交往的愿望较为强烈,都渴望拥有真诚友爱的人际关系,满足自己的物质需要和精神需要。

二、人际交往可以促进大学生认识自我、完善自我

在人际交往中,通过与其他人进行比较,可以帮助大学生提高对自己和他人的认识。在交往中"以人为镜,可明得失"。大学生通过广泛的人际交往,能促进自我发现,自我反省,"取人之长,补己之短",磨砺性格,砥砺品行,以完成对自我的认识,还能通过观察来分析对方的言谈举止以认识对方。同时,又在对方对自己的反应和评价中了解自己。

三、人际交往是大学生社会化进程的必要前提

人的社会化过程是一个漫长的不断发展的过程,人际交往是个人社会化的起点和必经之路。我们必须清楚地认识到,个体是在人际交往中不断成长、发展和成熟起来的,在此过程中我们要学习文化和生存技能及社会知识、社会规范要求的各种素质,从而获得社会生活的资格。如果没有与其他人的交往,是无法完成这个过程的。

四、人际交往是大学生实现个性全面发展的重要手段

人的个性除了受先天遗传因素影响外,更重要的是后天环境的影响。大学生的交往环境是个性形成、发展和完善的直接条件。研究发现如果一个人能够长期生活在友好和睦的人际关系中,就会性格开朗,在对待人和事物时保持乐观、积极、主动。相反,如果一个人长期缺乏与别人的积极交往,缺乏稳定而良好的人际关系,这个人往往就有明显的性格缺陷。

实战练习

桃花朵朵开

把所有同学打乱顺序,围成一个圆圈小跑起来,这时老师会给大家一个口号,这个口号是让同学们跑起来时一起喊的,目的是扰乱同学们的思路。

老师说:"桃花桃花朵朵开。"

同学:"开几朵?"

老师会突然报出一个数字,比如"5",那么同学们必须快速地五个人在一起,不能多也不能少。多了或者少了,就请他们出来表演节目。

请落单的同学分享感受。

第三节 大学生人际交往类型及常见不良表现

一、大学生人际交往的类型

按交往对象划分,主要可以分为以下几类:

(一)同学交往

同学是大学生人际交往的主要对象。大学生学习、生活的环境决定了他们的交往对象是以同龄人为主的。众多的交往机会、相似的人生经历、共同的学习任务,使得大学生的交往对象更多地选择同宿舍、同班、同学院、同社团、同校等相似背景的同学。还有一些大学生因为高中同学分布在同一城市的不同高校,发展出了校际同学交往关系。同学交往是大学生人际交往的主要内容。大学校园的同学关系总的来说是和谐、友好的。交往的内容基本上围绕共同的话题,如学习、考试、娱乐、思想交流、情感沟通而展开。也正因为这个原因,同学交往在大学生的学习、生活中的作用日渐显现。

(二)宿舍交往

宿舍交往是大学生人际交往中非常重要的一个方面。同班同学除了上课,不一定会有太多交往。但宿舍对每一个大学生来说,都是一个非常重要的日常生活和人际交往的场所,舍友则是我们整个大学生活期间都要朝夕相处的人,抬头不见低头见,每个人都无法避免。

引发宿舍矛盾的浅层次原因,往往是不讲卫生、制造噪声、作息紊乱、斤斤计较、言语霸权、冲动爱怒、过度以自我为中心、不顾及他人感受等行为;深层次原因则是生活背景不同所导致的性格差异、价值观差异、审美差异及在生活习惯上的差异,导致对事件的看法和反应不尽相同,舍友之间互相不认同对方,不能达成一致,误解和矛盾可能就此产生。

要解决宿舍关系问题,大学生要学习接纳个体的差异性,在维护自己的主权的同时,也要尊重舍友的权利和私密性要求;在充分沟通的基础上,协商作息时间,协作搞好宿舍卫生,达成公共生活协议;有了不满和矛盾,双方要坦诚沟通,消除误会,解决分歧;宿舍长和班干部要担负起"润滑剂"的作用,及时发现宿舍成员之间的矛盾,加以化解;复杂的、难以自行解决的矛盾冲突,要主动求助于院系辅导员和学校心理中心的老师。

(三)师生交往

师生关系是高校人际关系中最基本、最重要的关系,高校中的师生关系是大学生与班主任或辅导员、任课教师的关系,良好的师生关系是教育活动取得成功的必要保证。但由于高职教育不同于初等、中等教育,再加上学生多,教师的教学科研任务比较重。除了正常安排的上课时间外,教师和学生很少有交流的机会。一些高职教师忙于教学及科研,没有多余的时间和精力主动与学生交流,致使某些任课教师几乎不认识班上学生,师生之间的关系很容易就此冷淡,甚至趋于紧张及疏远。高职教师不仅是传道授业解惑的领路人,而且还是高职大学生人生的导师。所以,良好的师生关系对大学生的学业和人生至关重要。

(四)亲子交往

大多数的大学生觉得自己长大了,会有意识地、积极地调整心态以适应新的环境。他们能体谅父母对自己思念的心情,因此他们会通过书信或电话及时、主动地向父母汇报自己的学习和生活等情况,和父母加强思想感情的交流。有的同学因家境困难,很体谅父母的辛苦,进入大学就开始勤工俭学,经济上逐步独立,不仅减轻了家里的负担,甚至有时还给家里一定的帮助。他们让父母欣慰地感觉到孩子真的长大了,懂事了。有些平时对父母依赖性很强的学生会非常想家、想父母,天天打电话,而且经常抽空或逃课回家,甚至有的要退学回家。这类大学生像长不大的孩子,他们的情绪常常会影响父母,只能让父母牵肠挂肚,放心不下。例如,有的高校就出现了家长申请到校陪读的事例,或者在校外给孩子租房子雇用保姆的事例。也有少数学生则完全相反,他们自认为是"象牙塔"里的"天之骄子",和父母没有共同语言,因而不再经常与父母联系,更不用说进行感情沟通,只有缺钱了才想与父母联系。大学生究竟应该如何与自己的父母保持感情的沟通和联系,值得每一位同学认真思考。

(五)网络人际关系

随着网络的发展,人们的交际圈逐渐扩大,实现了"海内存知己,天涯若比邻"。交往形式多样,每个人都加入了多则数十个,少则几个的QQ群、微信群,形成了学习圈、娱乐圈、老乡圈等不同的社交圈子;而且交往实现了互动的即时性,一声咳嗽马上引来无数的关心,一段幽默的话语会换来数不清的点赞,使大学生获得了宣泄和关注的满足感。然而,网络是一把"双刃剑",网络交往也不可避免地给大学生们带来了负面影响。有的同学过分依赖于网络交往,沉溺于虚拟的人际关系,忽视了与身边同学老师的交往。网上数千好友,而身边无一人能听他心声;网上口若悬河、妙语连珠,实际生活中却数日不开金口,开口则词不达意;更有人染上网瘾而无力自拔,每日在网络游戏里快意恩仇、行侠仗义,而导致考试挂科,面临降级退学的后果。

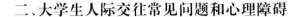

二、大学生人际交往常见问题和心理障碍

(一)大学生人际交往问题

随着社会的发展,交往能力的提高已经受到越来越多大学生的重视,他们对人际交往有了更积极的看法和更迫切的要求。但是在现实生活中,大学生的交往仍存在一些问题,主要表现在以下几方面:

(1)缺少知心朋友。这类大学生通常能与人正常交往,人际关系也不错,但自感缺乏能互诉衷肠、肝胆相照、配合默契、同甘共苦的知心朋友,为此,有时不免感到孤独和无奈。

(2)与个别人难以相交。这类大学生与多数人交往良好,但与个别人交往不良,他们可能是室友、同学或父母等与自己关系比较近的人,由于与这些人相处不好,常会影响情绪,成为一块"心病"。

(3)与他人交往平淡。这类大学生能与他人交往,但总感到与人相处的质量不高,缺乏影响力,没有关系较密切的朋友,多属点头之交,没有人值得他牵挂,也没有人会想念他,他们难以保持和发展良好的人际关系。这类同学多会感到空虚、迷茫、失落。

(4)感到交往困难。这类大学生渴望交往,但由于交往能力有限、方法欠妥或个性缺陷、交往心理障碍等原因,致使交往不尽如人意,很少有成功的体验,他们往往感到苦恼,很希望改变社交状况。

(5)社交恐惧症。这类大学生对人际交往特别敏感、害怕,极力回避与人接触,交往时表现出紧张、恐怖、心跳加快、面红耳赤、眼睛不敢看对方等状况。为此,他们常常陷入焦虑、痛苦、自卑中,严重影响到身心健康和日常生活。

(6)不想交往。这是比较特殊的一类。前五类同学都有交往的愿望,而此类同学则缺乏这种愿望和兴趣。他们自我封闭、孤芳自赏或存有怪癖。一般存在这类问题的学生极少。

比较而言,前四类是一般社交中存在的问题,人数比例较高,而后两类问题属严重的社交障碍,比例虽小,但对身心的健康发展危害很大。

(二)大学生人际交往障碍

大学生人际交往不适主要表现为两种情形:一种是不懂人际交往技巧,缺乏人际交往经验,从而导致人际关系紧张;另一种是不敢与人交往,不能与人交往,这就属于人际交往的心理障碍。这种心理障碍主要表现在以下几个方面。

(1)自卑心理。自卑是一种自我评价过低引起的心理体验。具有自卑心理的大学生,往往喜欢把自己封闭起来,对人对事特别敏感,因此非常容易受挫;常常带着一种病态心理看待别人对自己言行的评价,倾向于逃避现实而陷入幻想世界,缺乏人际交往的积极性和适应性;在与人交往时,内心深处非常想接近他人,又唯恐被人拒绝;既想发表自己的一些见解,又怕说出来遭到嘲笑。人际交往中的自卑心理,一般表现为两种形式,一种是与人交往时的尴尬心理超过了亲近别人的欲望。亲近欲望受到压抑时,交往感到为难就采取回避的态度。与人交谈,简单生硬,总希望赶快结束,不敢正视对方而垂下眼皮或注视它处。与人相处,神情冷淡,小心翼翼,拘谨,甚至有一点讨好的意味。第二种形式,一般是因为自卑,总认为自己事事不如他人,随时都有被人嘲笑的可能,因此扭曲自我,走上极端,故作清高,为掩饰内心的恐慌而不轻易接近人,将自己封闭起来。这种人内心是渴望得到别人青睐的,当他人真不理他时,他又感到自尊心受到了损伤而更羞于见人。有时别人随便谈论一个人或一件事情,他会认为人家是在含沙射影地说他,心理极不平衡。别人无心算计他,他却疑神疑鬼,无故和别人赌气,搞得人家莫名其妙,结果是失去了越来越多的朋友和与人交往的机会。

案例分享

为什么别人都比我好

吴某,重点大学二年级学生。自进入大学后,一直很自卑,父母都是农民,家境贫寒。以前因为在中学时成绩拔尖,深受老师和同学的器重,自己也因此忽视了家庭的贫困和普通。为了他上大学,家里负债累累。进了大学后,自己又借了不少钱以掩饰自己的贫困和普通。原以为到了大学,会有很多机会,可以通过打工来补贴自己,但实际上很难。吴某曾想了许多办法来提升自己的素质(比如参加社团、看书、看展览会、考证书等),但实施之后,往往都是半途而废,从而感到自己脱离不了贫穷,走不出社会底层的地位,自己不会有好的前途,不可能光宗耀祖,甚至找女朋友都很困难。

(2)孤独心理。孤独是指不愿意与他人接触、交往,喜欢单身一人,独来独往,时常感到孤单、无所依靠和寂寞的心理现象。产生孤独心理的原因多种多样,很多是由家庭环境造成的,如父母关系不和、教育方式粗暴等,还有些是在交往过程中遇到了困难,从此逃避与人交往。

案例分享

孤独的心

小张自从上了大学后,总感觉自己跟寝室和班上同学无法交流,平时看到别的同学三五成群,而自己总是孤家寡人,独来独往,心里就非常难过,也很羡慕别人。心里也想跟其他同学进行沟通,但不知道怎样开口跟别人讲话。就这样,自己感觉压力越来越大,觉得自己非常孤独,到后来发展到课也不想上,也不想见人,每天待在寝室里看书、睡觉,饿了就叫点外卖,几乎从不走出寝室。

(3)羞怯心理。羞怯是一个人自我防御心理过强的结果。羞怯者常有以下特点:一是过于胆小被动。二是过于谨小慎微。羞怯者说话时,意思表达不清楚,说话、做事总怕出错而被人议论,因此一句话要在喉咙口反复多次,一件事总要左思右想,为此搞得神经紧张、坐立不安,而且往往错过说话、做事的时机,以致后悔、懊恼、自责。三是过于关注自己。羞怯者特别注意自己在别人心目中的形象,总觉得自己时时处在众目睽睽之下,于是敏感、拘束。四是自信心不足。害羞者对自己的社交能力、表达能力乃至自我形象缺乏信心,因而使本来可以做到、做好的事难以如愿。羞怯心理与青年期自我意识的发展有关。此时,大学生的自尊心大大增强,更多地开始关注自己,渴望得到他人的理解和信任,可另一方面又很担心自己被他人接纳的程度,当一个人过多地重视自己在别人心目中的地位、印象时,就可能变得畏手畏脚。

(4)自傲心理。自傲是由不切实际地高估自己引起的。自傲的人一方面对自己的肯定评价往往有过之而无不及,仿佛是通过放大镜看自己的长处,甚至视缺点为优点;另一方面,他们看不起别人,不喜欢别人,拿放大镜看别人的短处。盛气凌人,盲目自尊,看谁都不顺眼,不愿服从任何人。他们的人际交往模式属于"我好-你不好"型。在人际交往中常使对方感到难堪、紧张、窘迫,影响彼此交往。

对此,心理学家柯里指出,"如果一个人只看到自己比别人好,别人都比不上自己,这样就会产生盲目乐观情绪,自我欣赏,自以为是,因此就不能处理好人际关系,调动主客观双方的积极性,而且还会遇到社交挫折,产生苦闷"。

(5)嫉妒心理。嫉妒是对才能、机遇、地位或名誉比自己好的人心怀怨恨。在人际交往中,当看到别人成绩优于自己、容貌胜于自己、能力强于自己时,有的大学生或者把这些烦恼和痛苦压抑于心底,或者直接发泄到别人身上,进行嘲讽挖苦、造谣中伤,甚至做出一些过激的行为。嫉妒心理在大学生中,尤其女生当中比较普遍。

大学校园里,学生群体中充满了竞争与挑战。有的大学生由于欠缺修养,好胜心强,自制力弱,心胸狭隘,对别人的成就感到不服,由此容易产生嫉妒心理。一般说来,嫉妒是因别人比自己好而产生的怨恨。按世俗的说法,嫉妒心理即是一种"愿人穷不愿人富"的心理状态。在人际关系中,嫉妒心理是一大害。他人学习成绩冒尖、在班上受尊敬拥戴、经济上的宽裕、仪表气质的出众、社交上的优势、恋爱的成功、异性追逐者广泛等,都可能引起一些心胸狭窄的大学生的嫉妒,从而导致作恶甚至犯罪。嫉妒心理使一个人不求努力赶超他人,只想抑制阻碍别人的进步以达到自己的心理平衡。嫉妒心理强的大学生,难以与更多的人交往,交往中虚伪多于真诚,其目的是损人利己,结果于人于己都不利。于他人造成损害,而自己则由于经常心怀不满、怨恨、妒火,心理不平衡,也导致心理不健康,并且失去很多的朋友。弗兰西斯·培根在《论嫉妒》中就曾指出:"嫉妒这恶魔总是在暗地里,悄悄地去毁掉人间的好东西。"

案例分享

嫉妒

小A与小B是某艺术院校大三的学生,同在一个宿舍生活。入学不久,两个人成了形影不离的好朋友。小A活泼开朗,小B性格内向,沉默寡言,小B逐渐觉得自己像一只丑小鸭,而小A却像一位美丽的公主,心里很不是滋味,她认为小A处处都比自己强,把风头占尽,时常以冷眼对小A。大学三年级,小A参加了学院组织的服装设计大赛,并得了一等奖,小B得知这一消息先是痛不欲生,而后妒火中烧,趁小A不在宿舍之际将小A的参赛作品撕成碎片,扔在小A的床上。小A发现后,不知道怎样对待小B,更想不通为什么她要遭受这样的对待?

(6)猜疑心理。所谓猜疑,一猜二疑。疑是建立在猜的基础上,因而往往缺乏事实根据,在许多时候也缺乏合理的思维逻辑。好猜疑的人往往对人对事十分敏感多疑,看到同学背着自己说话,便疑心是在讲自己的坏话;看到某同学没与自己打招呼,便猜想该同学对自己有意见或不喜欢自己等。在猜疑心理的作用下,人会陷入作茧自缚、自圆其说的封闭性思路中,即以某种假想目标为出发点,最后又回到假想目标上来。把假想作根据,又据此得出结论。在猜疑心理的笼罩下,被猜疑者的一言一行都会带上可疑的色彩。

猜疑会导致人际关系的紧张,伤害他人的感情,无事生非,甚至酿成祸端,同时也使自己处于不良的心态之下。对此,培根在《论猜疑》一文中指出,猜疑心"是迷陷人的,又是乱人心智的。它能使你陷入迷惘,混淆敌友,从而破坏人的事业"。

▶ **拓展阅读** ▼

多疑的曹操

曹操刺杀董卓失败后,与陈宫一起逃至吕伯奢家。由于曹吕两家是世交,吕伯奢见曹操到来,本想杀一头猪款待他,可是曹操因听到磨刀之声,又听到要"缚而杀之",便大起疑心,以为吕伯奢要杀自己,于是不问青红皂白,拔剑误杀无辜。

(7)恐惧心理。表现为与人交往时不由自主地感到紧张、害怕,以致手足无措、语无伦次,不能表达自己的意思,严重的甚至害怕见人,这通常称为社交恐惧症。患有社交恐惧症的大学生对人际交往特别敏感、害怕,一到公共场合就出现眩晕、紧张、心跳加快,极力回避与人接触,甚至不敢出门。这给患者的社会交往、信息交流、人际关系带来严重的干扰。

第四节 良好人际关系的建立

一、人际交往的四种态度

(一)我不好-你好,我不行-你行

这是一种常见的心理自卑者与他人的交往关系。它是来自于儿童时期形成的自卑的心理态度。其特点是,交往的一方深深感到自己是无能和愚笨的,无论做什么都不行,而似乎所有的人都比自己要强得多。因此,持有这种交往态度的人,在人际交往中常表现出不同程度的自卑和恐慌,最为极端的典型表现是社交恐惧症。

(二)我好-你不好,我行-你不行

持有这种交往态度者,总认为自己对别人好,而别人对自己不好。为此愤愤不平,把人际交往中的失败与挫折归结为他人不好;或者把自己当作是充满了优越感的人,而把交往的对方当作缺乏头脑的笨蛋。这种人似乎充满自信,其实是虚弱的,他们的心理防御倾向往往比较突出。

(三)我不好-你也不好,我不行-你也不行

持有这种交往态度者自认低能,同时也认为别人并不比自己优越多少,他们既不相信自己,也不崇拜他人;他们既不会去爱人,也拒绝别人的爱。这种人常陷入可悲的境地,他们捧着灰白的面孔,无论走到哪里都带来生活的低潮,而且常常得不到他人的怜悯。

(四)我好-你也好,我行-你也行

这是一种健康的心理状态。它的特点是充分体会到自己拥有一种强大的理性能力,并对生活的价值有着恰当的理解,是爱自己与爱他人、相信自己与相信他人的统一。虽然他们并非十全十美,但他们能客观地悦纳自己和他人,正视现实,并努力去改变他们能改变的事物。他们善于去发现自己、他人和世界的光明面,从而使自己保持一种积极、乐观、进取、和谐的精神状态。

上述四种人际交往的基本态度是建立在一定的价值观念、认知方式、个性特征以及行为习惯诸因素基础上的。现实生活中种种复杂的人际交往方式都是这四种基本态度的不同程度的展现。一般来说,前三种态度容易引起人际交往的障碍。第四种交往态度是我们应该提倡的,它有助于人际交往,也有助于心理健康。

二、人际交往原则

(一)平等原则

平等待人是建立良好人际交往的前提,也是人际交往的第一原则、最基本原则。交往平等指的是人与人之间的相互交往应该平等相待,做到一视同仁。不能因为家庭、经历、特长、经济等方面的不同而对人"另眼相看",也不要因为学习成绩、社交能力等方面存在差异而看不起别人。只有平等待人才能换取平等待己。

(二)真诚原则

真诚待人是人际交往中最有价值、最重要的原则,也是人际交往得以延续和深化的保证。美国一位心理学家曾于1968年设计了一种测试量表,列出555个描写人品的形容词,让大学生说出最喜欢哪些,最不喜欢哪些,结果学生评价最高的品质是:真诚。在8个评价最高的形容词中,有6个和真诚有关,即真诚、诚实、忠诚、真实、信赖和可靠。而评价最低的品质中,虚伪居首位。所以,在交往中,只有彼此抱着心诚意善的动机和态度,才能相互理解、接纳、信任,在感情上引起共鸣,使交往关系得到巩固和发展。那种"逢人只说三分话,未可全抛一片心"的交往信条,是不健康的。

(三)尊重原则

尊重是由"人人平等"的社会理论规范所规定的人际交往原则。它包括自尊和尊重他人。自尊就是在各种场合自重自爱,维护自己的人格;尊重他人就是重视他人的人格、习惯与价值,承认他人在人际交往中的平等地位。

(四)宽容原则

人们在交往中出现矛盾、遇到冲突时要有耐心,能够宽容待人,对非原则性问题不斤斤计较,求同存异。宽容有助于扩大交往空间,也有助于消除人际间的紧张和矛盾。

(五)互补互助原则

互助表现在交往的双方相互关心、相互帮助、相互支持,既满足了双方各自的需要,又能促进相互间的联系,深化彼此间的感情。

三、如何建立良好的人际关系

实战练习

想一想

假如处朋友你最愿意和_____人相处?
假如处同事你最愿意和_____人相处?
假如处领导你最愿意和_____人相处?
请你写出你在人际沟通中的三个优点和三个不足。

大学生中受欢迎的性格特征:尊重他人,富有同情心;热心于班集体活动,负责;稳重、耐心、忠厚老实;热情开朗,待人真诚;聪颖,乐于助人;独立谦逊;兴趣爱好广泛;温文尔雅,端庄,仪表美。

大学生中受排斥的性格特征:自我中心,不考虑他人;缺乏责任感;不诚实;虚伪;固执;不尊重他人;冷漠孤僻;敌意,猜疑;行为古怪,神经质;狂妄自大;势利,爱巴结别人。

(一)建立良好的人际关系

(1)学会正确认识自己;
(2)学会调整认知方式;
(3)提高交际能力;
(4)掌握交际技巧。

(二)人际交往的技巧

(1)留下良好的第一印象。美国学者伦纳德·曾宁博士在他所著的《接触:头四分钟》一书中指出,结交新认识的人时,最初四分钟至关重要。为了给对方一个好的第一印象,他认为结交新朋友时,起码要高度集中精神于头四分钟,而不应一面与对方交谈,一面东张西望,或另有所思,或匆匆改变话题,这些都会使对方不悦。

为了塑造良好的第一印象,首先我们应该注意仪表,衣服要整洁,服饰搭配要和谐得体;其次应注意自己的言谈举止,锻炼和提高自己的交谈技巧,掌握适当的社交礼仪。

(2)记住对方的名字。记住对方的名字并把它叫出来,等于给对方一个很巧妙的赞美。在人际交往中,若是把对方的名字忘记了,或是弄错了,都会使自己处于非常不利的地位。事实上,记住对方名字,说明对方在你心目中是重要的、有地位的、有分量的。这会使对方获得一种被人重视的成就感或被人记住的亲切感,这就等于赞赏了对方,肯定了对方,一定会得到对方的回应。

(3)给人真诚的赞美。人们都有一种自然的天性,就是渴望别人的赞扬与肯定,因此在与同学的交往中,恰当地给人以赞美,别人会非常高兴、会喜欢你、感激你。但是,赞美不是溜须拍马、阿谀奉承,赞美要真诚、适时适度。如果不分时间、地点、场合,随意而过分夸大地赞美别人,那样只会让你赞美的语言显得苍白无力,而达不到预想的效果。会赞美是一种能力。怎样才算会赞美呢?首先,要能选准角度、恰如其分。假如要向一位女同学表示赞美,而这位同学相貌平平,与其说她美若西施,不如肯定她善良的心地、温柔的性情和不一般的才干,使她的气质更加高雅、充满魅力。高水平的赞美是不落俗套的赞美。其次,要具体实在。例如,想赞美一个同学,笼统地说"我喜欢你",不如说"我喜欢你今天的打扮""我喜欢你真诚的态度"。再次,赞美要真诚,言不由衷的赞美只会让人生厌。最后,赞美要讲究艺术。有时不小心讲错一句话就会伤害到别人,赞扬人也一样。例如,一位男生想同时赞美两个女生,他对其中一位说:"你虽然没有她漂亮(这样就得罪了一位),但是你比她有亲和力(这样就又得罪了另一位)。"可见,这样的"赞美"是不可取的。

(4)送人友善的微笑。如果说有人着实拙于言表,实在不善于赞扬,但并不代表他不受欢迎,因为在交往中真诚的微笑常常具有魔力,会给人留下美好而深刻的印象。心理学家卡耐基说,"你的笑容就是你最好的信差"。你的笑容能照亮所有看到它的人。对那些整天皱着眉头、愁容满面的人来说,你的笑容就像穿过乌云的太阳,尤其对那些有上司、客户、老师、父母或子女压力的人,一个笑容就能够让他们明白一切都是有希望的。当然,我们所说的笑容是指发自内心的、真的笑容,因为只有这种笑容才能给人以温暖的感觉。

(5)善于倾听。在人际交往中,有时听比说更重要,因为要正确理解别人,必须先听懂对方。生活中,学会倾听是一项重要的交往艺术。越是善于倾听他人意见的人,人际关系就越融洽,因为倾听本身就等于告诉对方,你是值得我倾听讲话的人,表现出对他人的尊重。

成为一个良好的倾听者,首先,要提高"听力",不仅听对方描述的事情,还要注意听出对方表露的感情和态度,设身处地才能真正听懂;其次,要善于"倾听",必须把自己的想法暂时搁置在一边,全神贯注去听对方的表述,不要带着自己的情绪去听;最后,要恰当地"回应",用眼神、点头、鼓励性的言语表达自己的兴趣和理解。专注的倾听能使人感到自己的重要,能鼓励讲述者表达自己的想法,能促进真诚的沟通,产生良好的沟通效果。

(6)谈对方感兴趣的话题。在交往中,双方的信念、价值观、态度、兴趣、爱好和背景越相似,越能相互吸引。因为相似会缩短彼此间的距离,易于产生感情上的共鸣,有一种平衡感和协调感,在这种心理气氛中会有说不完的话题。谈别人感兴趣的话题,可以激发对方的热情,增加对你的接纳和喜爱。相反,如果你谈的内容对方一无所知或不感兴趣,他就会厌倦、感到无聊,希望快点结束交谈。为了结交更多的朋友,同学们有必要扩大自己的知识面,培养自己多方面的兴趣、爱好,同时善于观察、判断交谈对象感兴趣的话题。

(7)幽默。生活中,人与人之间难免会产生一些摩擦,有时甚至剑拔弩张,一个得体的幽默往往能够使双方摆脱窘困的境地。幽默能缓解矛盾,使人们之间的关系融洽和谐。据说,日本国会有一位独眼议员,一次他在外交委员会演讲国际局势,讲了很长时间,一位听众不耐烦地说:"这位老兄,国际局势这么复杂,我们两只眼睛都看不懂,你一只眼睛能看出什么名堂?"面对不礼貌的话语,这位议员不慌不忙地说:"这位仁兄,稍安毋躁,国际局势固然复杂,但本人一目了然。"还有,一天大师萧伯纳在街上散步,一辆自行车冲过来撞倒了他,萧伯纳笑着对骑车人说:"先生,你比我不幸,要是你再加点劲儿,那您就可以作为撞死萧伯纳的好汉而永远名垂史册了!"再如,有人驾车超速被警察拦住开罚单,司机说:"警察同志,我开得有那么快吗?"警察幽默地说:"这位先生,你不说我还真没注意到,事实上你开得不快,你是飞得太低,你飞高点儿,我就管不着你了。"司机禁不住一笑,顿时没了怨气。

(8)保持适当的交往距离。美国人类学家爱德华·霍尔博士在《无声的语言》一书中,将日常生活中人与人之间的空间距离分为四类,即亲密距离、个人距离、社交距离和公共距离。

亲密距离:0.15～0.46米。依赖触摸觉,视觉、听觉退居其次。对象:情侣或孩子。

个人距离:0.15～1.2米。手拉手或亲密交谈,又不触犯对方的空间。对象:朋友之间。

社交距离:1.2～3.5米。主要依靠视觉、听觉。场合:正式社交活动、外交会谈。

公共距离:3.6米以上。依赖听觉,需提高音量,视觉精确性下降。场合:不适合人际沟通,而只适合于演讲。

(9)学会恰当地运用表扬和批评。

(10)换位思考。

(11)学会拒绝别人。

拓展阅读

如何建立良好的第一印象

关于如何建立良好的第一印象,戴尔·卡耐基在《怎样赢得朋友和影响他人》一书中提出了6条途径:

(1)真诚地对别人感兴趣。

(2)保持轻松的微笑。
(3)多提别人的名字。
(4)做一个耐心的听者,鼓励别人谈他自己。
(5)聊一些符合别人感兴趣的话题。
(6)以真诚的方式让别人感到他很重要。

实战练习

心理测试:大学生人际关系综合诊断

说明:大学生在人际关系上所存在的一些心理问题,主要表现为自我中心、多疑、害羞、孤僻、自卑、嫉妒、社交恐惧症等。一些研究表明,人际关系不和谐的大学生,其个人的成才及其未来的成就会因此而受到严重的影响。及时地诊断并采取必要的措施予以治疗,是消除大学生人际关系方面心理障碍的较好途径。以下给出的是郑日昌等编制的人际关系综合诊断量表。

人际关系综合诊断量表

(1)关于自己的烦恼有口难言。	A. 是这样的	B. 不是这样
(2)和陌生人见面感觉不自然。	A. 是这样的	B. 不是这样
(3)过分羡慕和嫉妒别人。	A. 是这样的	B. 不是这样
(4)与异性交往太少。	A. 是这样的	B. 不是这样
(5)对连续不断的会谈感到困难。	A. 是这样的	B. 不是这样
(6)在社交场合感到紧张。	A. 是这样的	B. 不是这样
(7)时常伤害别人。	A. 是这样的	B. 不是这样
(8)与异性来往感到不自然。	A. 是这样的	B. 不是这样
(9)与一大群朋友在一起,常感到孤寂或失落。	A. 是这样的	B. 不是这样
(10)极易受窘。	A. 是这样的	B. 不是这样
(11)与别人不能和睦相处。	A. 是这样的	B. 不是这样
(12)不知道与异性相处如何适可而止。	A. 是这样的	B. 不是这样
(13)当不熟悉的人对自己倾诉他的生平遭遇以求同情时,自己常感到不自在。	A. 是这样的	B. 不是这样
(14)担心别人对自己有什么不好的印象。	A. 是这样的	B. 不是这样
(15)总是尽力使别人赏识自己。	A. 是这样的	B. 不是这样
(16)暗自思慕异性。	A. 是这样的	B. 不是这样
(17)时常拒绝表达自己的感受。	A. 是这样的	B. 不是这样
(18)对自己的仪表(容貌)缺乏信心。	A. 是这样的	B. 不是这样
(19)讨厌某人或被某人讨厌。	A. 是这样的	B. 不是这样
(20)瞧不起异性。	A. 是这样的	B. 不是这样
(21)不能专注地倾听。	A. 是这样的	B. 不是这样

(22) 自己的烦恼无人可倾诉。　　　　　A. 是这样的　　B. 不是这样
(23) 受别人排挤与冷漠。　　　　　　A. 是这样的　　B. 不是这样
(24) 被异性瞧不起。　　　　　　　　A. 是这样的　　B. 不是这样
(25) 不能广泛地听取各种意见、看法。　A. 是这样的　　B. 不是这样
(26) 自己常因受伤害而暗自伤心。　　　A. 是这样的　　B. 不是这样
(27) 常被别人谈论、愚弄。　　　　　　A. 是这样的　　B. 不是这样
(28) 不知如何更好地与异性相处。　　　A. 是这样的　　B. 不是这样

评分标准：

1～28题：选A项记1分，选B项记0分。

量表解释：

0～8分：说明你在与朋友相处中困扰较少。你善于交谈，性格比较开朗，主动关心别人，你对周围的朋友都比较好，愿意和他们在一起，他们也喜欢你。而且你能够从与朋友相处中得到许多乐趣。

9～14分：你与朋友相处存在一定程度的困扰，你的人缘一般。

15～28分：你在同朋友相处上的行为困扰较严重；你不善于交谈，可能性格孤僻或者自高自大。

第八章　挫折与压力

本章导航

不经历风雨,怎么见彩虹？没有压力和挫折,我们如何成长？让我们进入本章的学习,一起去了解挫折与压力,学习如何正确进行压力管理和挫折应对,把压力和挫折转变成为我们成长的动力。

第一节　挫折概述

拓展阅读

驴的故事

有一天,农夫的一头驴子,不小心掉进一口枯井里,农夫绞尽脑汁都没能救出驴子。最后,这位农夫决定放弃,他想这头驴子年纪大了,不值得大费周章去把它救出来,不过无论如何,这口井还是得填起来。于是农夫便请来左邻右舍帮忙一起将井中的驴子埋了,以免除它的痛苦。农夫的邻居们人手一把铲子,开始将泥土铲进枯井中……

当这头驴子了解到自己的处境时,刚开始哭得很凄惨。但出人意料的是,一会儿之后这头驴子就安静下来了。农夫好奇地探头往井底一看,出现在眼前的景象令他大吃一惊：

当铲进井里的泥土落在驴子的背部时,驴子的反应令人称奇——它将泥土抖落在一旁,然后站到铲进的泥土堆上面,就这样,驴子将大家铲倒在它身上的泥土全数抖落在井底,然后再站上去。很快地,这只驴子便得意地上升到井口,然后在众人惊讶的表情中快步地跑开了！

就如驴子的情况,在生命的旅程中,有时候我们难免会陷入挫折的"枯井"里,会有各式各样的"泥沙"倾倒在我们身上,而想要从这些挫折的"枯井"中脱困的秘诀就是：将"泥沙"抖落掉,然后站上去！

一、挫折的涵义

什么是挫折?《现代汉语词典》将挫折解释为失败、失利。心理学中挫折有很多定义,樊富珉和费俊峰认为挫折就是指人们在某种动机的推动下,在实现目标的过程中,行为遇到了无法克服或自以为无法克服的阻碍和干扰,使得动机不能实现、需要不能满足、目标不能达成时,产生失望、不满意、沮丧等负面感受的过程;代祖良等认为挫折是一种情绪状态,是指人们在某种动机的推动下,为实现目标而采取的行动遭遇到无法逾越的困难障碍时所产生的一种紧张、消极的情绪反应及情绪体验。简单来说,我们口渴了需要喝水、肚子饿了需要吃东西,而这些需要若是通过我们的努力无法达到,我们就会产生挫折。

二、大学生的常见挫折

(一)学习方面的挫折

同学们进入大学后,由于学习方式的改变,有些同学会因为学习方法不得当而产生学习挫折;有些同学由于进入大学后放松对学习的要求,在英语考级、职业资格证书考试、职业技能大赛等方面产生学习挫折。

(二)经济方面的挫折

高职高专院校有很多同学来自偏远农村,家庭经济困难,来到城市读书后,有些同学不甘于艰苦朴素的生活,虽然学校有奖勤助贷等措施来帮助这些家庭经济困难的同学,但是家庭经济状况不能满足他们的高消费心理,易产生自卑感和挫折感,另外,单亲家庭及父母下岗家庭的同学也易产生经济方面的挫折。

(三)情感困扰的挫折

有些同学因为亲情、友情、爱情问题受到情感的困扰,他们不知道如何解决便产生情感困扰的挫折,特别是爱情方面,由于大学生还没有形成成熟的人生观和价值观,因此爱情困扰产生的挫折较多。

(四)人际关系障碍的挫折

大学生交往渠道多,与老师、同学、朋友的关系处理不当易产生挫折心理。

(五)性格障碍的挫折

大学生生理方面已经成熟,但是其心理方面并没有成熟,两者的成熟度并不是同步的,心理方面带着少年时期的痕迹,如幼稚、脆弱、依附性强等,遭遇困难时难以适应,便产生挫折心理。

(六)理想与现实冲突造成的挫折

目前我国正处于社会的转型期,市场经济对人们的传统价值观产生了很大的冲击,加上西方思潮在改革开放后的大量涌入,大学生的心理易产生激烈震荡,有些大学生对于自己没有正确的人生定位,因此易产生由理想和现实冲突造成的挫折感。

(七)就业压力造成的挫折

有些同学对自己未来从事的职业没有正确的认识,市场就业形势也比较严峻,因此往往产生"眼高手低"的情况。有些同学毕业就失业,便会产生挫折心理。

三、产生挫折的原因

(一)客观原因

(1)校园因素。大学生在中学时期对大学就有美好的想象,当进入大学后发现所就读的大学的环境、设施、设备等不符合曾经的心理预期,易产生挫折感;另外,大学软环境,如学术范围、校园文化等与自己的预期及价值观有异时也易产生挫折感。

(2)家庭因素。大学生由于家庭成长环境不同,所形成的世界观、价值观等都会不同。有些同学来自单亲家庭、有些同学是留守儿童、有些同学家庭经济困难、有些同学曾经遭遇过家庭暴力……这些因素都易导致大学生的挫折感。

(3)个人因素。高职高专的大学生由于不同的身高、体重、相貌、生理缺陷等产生挫折感。如一个身高一米五的男生在恋爱上频频失利,因此对自己的身高极不自信,产生了挫折感;如一位脸上长满痘痘的女孩,与人交往时不敢抬头,怕别人看到她的脸,产生了挫折感……

(二)主观因素

(1)动机冲突。动机冲突是指同时产生了两个或两个以上的动机,但由于条件限制,二者可兼得。如"鱼与熊掌不可兼得"的冲突;"前怕狼后怕虎"的冲突;"进退两难"的冲突等。如果这种心理矛盾持续太久、太激烈,或是其中一个动机得到满足,而其他动机受到阻碍,这时便会造成挫折。

(2)能力和期望的矛盾。一个人如果过高地估计自己的能力,就会对自己提出不切实际的要求,制定过高或无法达到的目标或计划。一旦目标无法实现,自己又未能清醒地认识到达一点,便会产生强烈的挫折感。

(3)人际关系障碍。人际关系是一种重要的社会心理现象,有人称之为"心理气氛"。如果一个大学生善于与周围人保持良好关系,或者说与周围人维持一种融洽的正常的感情交流,就获得一种安全感;并且在这种交往中,使情感得以宣泄,郁闷得以排遣,精神得以升华,从而有助于身心健康。相反,如果人际关系不良,就会使一个人处于莫名的"不安"状态中,感到"无助"或"孤独",并会引起各种形式的挫折反应。

(4)学习上的不适应。学习上的不适应常发生在一年级大学新生中。中学老师讲课细致,作业布置多,要求明确具体,考试也频繁严格;进入大学则完全不同,要学好课程,主要靠自觉性,要学会合理安排时间,独立进行学习。理科有大量作业,文科有大量参考书,这往往使刚入学的大学新生感到无从下手。而且平时考试不多,到了期末考试就有些手忙脚乱,抓不到重点。

(5)生活上的创伤。如失去失去亲人、失恋等都可能给大学生造成难以承受的精神打击,这也是常见的心理受挫因素。近年来,大学生谈恋爱已很普遍。失恋、单相思、父母亡故等创伤从心理卫生角度看都是一种应激,需要动用大量精神能量。当种种应激反应交织在一起并产生严重的心理冲突时,便可能心理挫折,甚至产生心理危机。

实战练习

抗挫折能力测试

请在下列10道题的A、B、C三个选项中,选出最适合自己的一项。

1. 有十分令人担心的事时,你会___
   A. 无法工作
   B. 照常工作
   C. 介于两者之间

2. 碰到讨厌的竞争对手时,你会___
   A. 无法应付
   B. 应付自如
   C. 介于两者之间

3. 遇上难题时,你会___
   A. 失去信心
   B. 动脑筋解决问题
   C. 介于两者之间

4. 当困难落到自己头上时,你会___
   A. 嫌弃和厌恶
   B. 认为是锻炼自己的好机会
   C. 兼而有之

5. 产生自卑感时,你会___
   A. 不想再工作
   B. 振奋精神去工作
   C. 介于两者之间

6. 当上级给你很困难的任务时,你会___
   A. 顶回去了事
   B. 想一切办法完成
   C. 顶一会儿再去干好

7. 当工作条件恶劣时,你会___
   A. 无法干好工作
   B. 克服困难干好工作
   C. 介于两者之间

8. 工作中感到疲劳时,你会___
   A. 总想着疲劳,脑子不好使
   B. 休息一会儿,忘了疲劳
   C. 介于两者之间

9. 当你遇上难题时,你会___
A. 失去信心
B. 动脑筋解决问题
C. 介于两者之间

10. 当你面临失败时,你会___
A. 破罐子破摔
B. 将失败变为成功
C. 随机应变

测试评分:

计分标准:选A为0分,选B为2分,选C为1分,将所得分数相加。

17分及以上:说明你抗挫折能力很强,能抵抗失败和挫折。

10~16分:你虽有一定的抗挫折能力,但对某些较大的打击依然难以抗衡,须加强心理素质的锻炼。

9分及以下:你的抗挫折能力急需提高,因为一些细小的挫折就能让你消沉半天。

实战练习

胡萝卜、鸡蛋和咖啡豆

女儿对父亲抱怨她的生活,抱怨事事都那么艰难。她的父亲是位厨师,他把她带进厨房。他烧开了三锅水,分别在锅里放入了胡萝卜、鸡蛋和碾成粉末状的咖啡豆。大约20分钟后,他把火关了,把胡萝卜和鸡蛋捞起,把咖啡舀到一个杯子里。做完这些后,他让女儿观察这三样东西的变化。她发现胡萝卜变软了,鸡蛋煮熟了,咖啡豆变成了香浓的咖啡。她怯生生问道:"父亲,这意味着什么?"

他解释说,这三样东西面临同样的逆境——煮沸的开水,但其反应各不相同。胡萝卜入锅之前是强壮的、结实的、毫不示弱,但进入开水之后,它变软了、变弱了。鸡蛋原来是易碎的,它薄薄的外壳保护着它呈液体的内脏。但是经开水一煮,它的内脏变硬了。而粉状咖啡豆则很独特,进入沸水之后,它们倒改变了水。"哪个是你呢?"他问女儿。"当逆境找上门来时,你该如何反应?你是胡萝卜,鸡蛋,还是咖啡豆?"你是变软弱了、失去了力量的胡萝卜,是内心原本可塑的鸡蛋,还是改变了开水的咖啡豆呢?遭遇痛苦和逆境时,如果你像咖啡豆,你会在情况最糟糕时,变得有出息了,并使周围的情况变好了。

同学们,你们是如何面对挫折的?请分组讨论并分享。

拓展阅读

关于挫折的名人名言

(1)困难与折磨对于人来说,是一把打向坯料的锤,打掉的应是脆弱的铁屑,锻成的将是锋利的钢刀。

——契诃夫

（2）不因幸运而故步自封，不因厄运而一蹶不振。真正的强者，善于从顺境中找到阴影，从逆境中找到光亮，时时校准自己前进的目标。

——易卜生

（3）钢是在烈火和急剧冷却里锻炼出来的，所以才能坚硬。我们这一代也是这样在斗争和可怕的考验中锻炼出来的，学会了不在生活面前屈服。

——奥斯特洛夫斯基

（4）要想不经过艰难曲折，不付出极大努力，总是一帆风顺，容易得到成功，这种想法只是幻想。

——毛泽东

（5）患难困苦，是磨炼人格之最高学校。

——梁启超

（6）千磨万击还坚劲，任尔东西南北风。

——郑板桥

（7）没有播种，何来收获；没有辛苦，何来成功；没有磨难，何来荣耀；没有挫折，何来辉煌。

——佩恩

第二节 压力概述

拓展阅读

沙丁鱼效应

西班牙人爱吃沙丁鱼，但沙丁鱼非常娇贵，极不适应离开大海后的环境。当渔民们把刚捕捞上来的沙丁鱼放入鱼槽运回码头后，用不了多久沙丁鱼就会死去。而死掉的沙丁鱼味道不好，销量也差，倘若抵港时沙丁鱼还存活着，鱼的卖价就要比死鱼高出若干倍。为延长沙丁鱼的活命期，渔民想方设法让鱼活着到达港口。后来渔民想出一个法子，将几条沙丁鱼的天敌鲶鱼放在运输容器里。因为鲶鱼是食肉鱼，放进鱼槽后，鲶鱼便会四处游动寻找小鱼吃。为了躲避天敌的吞食，沙丁鱼自然加速游动，从而保持了旺盛的生命力。如此一来，一条条沙丁鱼就活蹦乱跳地回到渔港。

当压力存在时，为了更好地生存发展下去，惧者必然会比其他人更用功，而越用功，跑得就越快。

拓展阅读

压力效应

有一位经验丰富的老船长，当他的货轮卸货后在浩瀚的大海上返航时，突然遭遇到了可怕的风暴。水手们惊慌失措，老船长果断地命令水手们立刻打开货舱，往里面灌水。"船长是不是疯了,往船舱里灌水只会增加船的压力,使船下沉,这不是自寻死路吗?"一个年轻的水手嘟囔着。看着船长严厉的脸色,水手们还是照做了。随着货舱里的水位越升越高,随着船一寸一寸地下沉,依旧猛烈的狂风巨浪对船的威胁却一点一点地减少,货轮渐渐平稳了。船长望着松了一口气的水手们说:"上万吨的巨轮很少有被打翻的,被打翻的常常是根基轻的小船。船在负重的时候,是最安全的;空船时,则是最危险的。"这就是"压力效应"。

一、压力的涵义

生活中时时存在着压力,压力是什么呢?压力这一概念最早是1936年由加拿大著名内分泌专家汉斯·塞里(Hans Selye)博士提出,因此他也被称为"压力之父"。在其著作《生活的压力》(The Stress of Life)中首次使用"压力"一词用于人类研究。心理学家对于压力的研究约始于20世纪60~70年代,心理学中一般认为压力有三层定义:第一层指能让人感到紧张的环境或环境刺激;第二层含义指机体对刺激的紧张性反应;第三层含义指机体与环境之间的"失衡"而产生的一种紧张状态。

二、大学生的常见压力

大学生的压力常来自于社会、家庭等。常见的压力表现形式如下。

(一)社会压力

在改革开放的大背景下,大学生们受到的价值观冲击较大,有些同学便会因"价值观困扰"而产生社会压力。

(二)生活适应压力

有些同学进入大学后不适应,产生了适应新校园的压力,另外很多高职高专的同学进入大学后还会认为自己的大学没有本科院校好,从而产生自卑感,形成心理压力。

(三)学习压力

高职高专的有些同学对学习、考试存在不同程度的焦虑,例如对所学专业的不适应、对以自主学习为主的学习方式的不适应以及职业技能考试、专升本考试等,都给同学们造成了学习压力。

(四)经济压力

高职高专很多同学家庭经济条件不佳,进入大学后由于学业、生活开支及部分攀比心理造成了经济压力。

(五)人际关系压力

大学中,同学们的生活习惯、兴趣爱好等存在差异,在人际交往中难免有矛盾产生,有些同学不能很好地处理矛盾,便产生人际关系压力。

(六)就业压力

就业是高职高专学生的人生重大转折和重大抉择,因此面对当下竞争激烈的就业形势,很多同学都感到就业压力很大。

三、大学生产生压力的原因

(一)家庭方面的压力

很多家长都对自己的子女寄予很高的期望,想要子女们能够出人头地,把所有的都寄托在子女身上,如对于养老问题,还有如何维系家庭的问题都交给了子女们,所以这给一些同学带来了很重的责任和压力。

(二)学习方面的压力

在时代快速进步的今天,学生们需要学习的东西非常的广泛,有很多课要上,有很多知识要学,有很多证书要考,所以他们的压力也大多数来源于学习,随着学业的增长压力也不断地变多。无论是小学、初中、高中或者大学,在这任何一个阶段都需要背负很大的学业压力。还有考试的压力,有很多学生在平时上课的时候并没有认真听讲,总是逃课,等到最后结课的时候才来临时抱佛脚背一背老师给出来的提纲,背负着期末挂科的压力。

(三)情感方面的压力

很多人都希望能够谈一场大学恋爱,但是有些学生对于情感会非常的执着,一旦达不到自己所希望的就会倍感压力。亦或者你喜欢的人不喜欢你,你也会觉得是不是自己哪一方面不够好,导致自己对自己的要求高了,压力自然也就大了。

(四)人际交往方面的压力

"风声雨声读书声,我不吱声;家事国事天下事,关我何事。""宿舍里面不吭气,互联网上诉衷肠。"这些顺口溜实际上反映了相当一部分大学生的交际现状。现代大学生的交际困难主要表现为不会独立生活、不知道如何与人沟通、不懂交往的技巧与原则。有的同学有自闭倾向,不愿与人交往;有的同学为交际而交际,不惜牺牲原则随波逐流。

(五)就业方面的压力

有很多大学生的压力来源于就业方面,现在有很多大学都在加大招人的数量,那么这样就会使应届毕业生越来越多,这样表面上看是很好的,很多人能够上到大学,社会的教育水平也跟着提高,然而残酷的是现在社会岗位却在逐渐减少,导致很多大学生毕业之后找不到工作,就业就成了一个痛苦的问题,压力就由此出现了。专科就业选择面窄的问题不断升温又给处于学习压力中的学子加上了一个沉重的包袱——我该不该考专升本?未来自己要做什么,能做什么?都是一片迷茫,这也导致了很多大学生压力很大。

第八章 挫折与压力

实战练习

举水耐力比赛

所需材料：

纸杯、水、计时器。

操作步骤：

(1)老师举起一杯水,问大家:同学们认为这杯水有多重?请同学们回答。

(2)同学们进行"举水耐力比赛",计算一下时间,举水时间长的人获胜。

(3)分享讨论。

实战练习

PSTRI心理压力量表

PSTRI心理压力量表由瑞士心理学家爱德沃兹于1983年编制,以德国心理学家穆瑞在1968年提出的心理压力因素理论为基础。

请你准备一支笔和一张纸,然后花大约15分钟时间做这个测试,根据自己的情况选择,不要在每一题上花太多时间考虑。

做完测试之后请把总分加起来,然后对照下方的评定标准,并认真阅读后面的解释。

PSTRI压力测试量表

依据每项题目中所述情况出现的频率,写出评分:总是——4;经常——3;有时——2;很少——1;从未——0。

题目	评分	题目	评分
1. 我受背痛之苦	—	17. 下午我感到喉咙痛,但并非由于染上感冒	—
2. 我的睡眠不定且睡不安稳	—		
3. 我有头痛	—	18. 我心情不安,无法静坐	—
4. 我颚部疼痛	—	19. 我感到非常口干	—
5. 若须等候,我会不安	—	20. 我有心脏毛病	—
6. 我的后颈感到疼痛	—	21. 我觉得自己不是很有用	—
7. 我比多数人更容易神经紧张	—	22. 我吸烟	—
8. 我很难入睡	—	23. 我肚子不舒服	—
9. 我的头感到紧或痛	—	24. 我觉得不快乐	—
10. 我的胃有毛病	—	25. 我流汗	—
11. 我对自己没有信心	—	26. 我喝酒	—
12. 我对自己说话	—	27. 我很敏感	—
13. 我忧虑财务问题	—	28. 我觉得自己像被四分五裂了似的	—
14. 与人见面时,我胆怯	—	29. 我的眼睛又酸又累	—
15. 我怕发生可怕的事	—	30. 我的腿或脚抽筋	—
16. 白天我觉得累	—	31. 我的心跳很快	—

(续表)

题目	评分	题目	评分
32. 我怕结识人	—	42. 我有皮肤方面的毛病	—
33. 我手脚冰冷	—	43. 我的咽喉很紧	—
34. 我患便秘	—	44. 我有十二指肠溃疡的毛病	—
35. 我未经医师指示使用各种药物	—	45. 我担心我的工作	—
36. 我发现自己很容易哭	—	46. 我口腔溃烂	—
37. 我消化不良	—	47. 我为琐事忧虑	—
38. 我咬指甲	—	48. 我呼吸浅促	—
39. 我耳中有嗡嗡声	—	49. 我觉得脸部紧绷	—
40. 我小便频繁	—	50. 我发现很难做决定	—
41. 我有胃溃疡的毛病	—	你的总分是:	

评定标准:

43～65分,表示压力适中;低于43分,表示压力过小,需要适度增加压力;高于65分,表示压力过大,需要适当降低。

具体标准:

93分以上:表示处于高度应激反应中,身心遭受压力伤害,你需要专业心理治疗师给予一些忠告,帮助你削减对压力的知觉,并帮助你改良生活的品质。

82～92分:这个分数表示你正在经历太大的压力,身心健康正在受到损害,并令你的人际关系产生问题。你的行为会伤害自己,也会影响他人。因此,对你来说,学会如何减除自己的压力反应是非常必要的。你可能必须花时间做练习,学习控制压力,也可以寻求专业的帮助。

71～81分:这个分数显示你的压力程度中等,可能正开始对健康不利,你可以仔细反省自己对压力器如何做出反应,并学习在压力器出现时,控制自己的肌肉紧张,以消除生理激活反应。

60～70分:这个分数指出你生活中的兴奋与压力也许是相当适中的。偶尔会有一段时间压力太大,但你也许有能力去享受压力,并且很快回到平衡状态,因此对你的健康不会造成威胁。

49～59分:这个分数表示你能够控制你自己的压力反应,你是一个相当放松的人。也许你对于所遇到的各种压力,并没有将它们解释为威胁,所以你很容易与人相处,可以毫无畏惧担任工作,也没有失去信心。

38～48分:这个分数表示你对所遭遇的压力很不易为之所动,甚至不当一回事,好像并没有发生过一样。这对你的健康不会有什么负面影响,但你的生活缺乏适度的兴奋,因此趣味也就有限。

27～37分:这个分数表明你的生活可能是相当沉闷的,即使刺激或有趣的事情发生了,你也很少作反应。可能你必须参加更多的社会活动或娱乐活动,以增加你的压力激活反应。

16～26分:如果你的分数值落在这个范围内,也许意味着你在生活中所经历的压力经验不够,或是你没有正确地分析自己。你最好更主动些,在工作、社交、娱乐等活动上多增加些刺激。

第三节　压力管理与挫折应对

压力与挫折无处不在,又不可避免,有的人被压力击垮,一蹶不振,而有的人过得更有意义,更有效率。这其中的奥秘就在于,前者消极面对,而后者却对压力与挫折进行有效的运用,在面对困难时,能够自我控制,因势利导。压力与挫折在生活中通常是相伴相生的,压力处理不当易导致挫折,二者都是可以管理与应对的,正如西方谚语所说:问题本身不是问题,怎么面对问题才是问题(The problem is not a problem, but how to resolve the problem is a problem.)。因此,我们可以通过自己的主观能动性来进行压力管理与挫折应对。

一、压力管理

压力可以管理吗?答案是肯定的,通过压力管理可以将作用于个体或者组织的压力调节到适宜水平,下面我们就谈谈如何管理压力。

(一)正确认识压力

压力是无可避免的,生活中时时有压力,因此我们应该对压力有正确的认识,而且适度的压力是维持人们正常心理功能和生理功能的必要条件,还有助于我们适应环境。正如"铁人"王进喜所说"人没压力轻飘飘,井没压力不喷油",心理学中"压力适当论"正解释了这个道理。

安德森的"压力适当论"认为,总体上压力程度与学习表现呈倒U型曲线(图8-1)。缺乏压力,会导致无聊、疲倦、挫折、不满;过高压力,会出现问题,如耗竭、疾病、低自尊;而中等程度的压力,则会出现创造力、合理解决问题、变化、满意、融会贯通、成就感。

管理压力的最终目的,不是消除压力,而是将压力管控在一定的范围之内,也就是让人的身心最终处于一种平衡的状态。

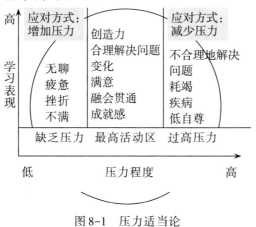

图8-1　压力适当论

(二)压力管理的方法

(1)合理的自我认知。大量的研究发现个体的认知评价方式可能影响其对压力的敏感性,因此对自我做一个合理的定位是很重要的,要正确地认识自己的优点和缺点,根据客观现实调整自我的期待。

(2)培养乐观品质,树立自信心。乐观是一种积极的性格因素,可以使自己保持愉快的心情,也可以感染周围的人,同学们应该多参加各种活动,提高自己各方面素质,从而逐步培养乐观品质。

自信心是保持愉快心情并抵抗压力的一个重要因素。有自信者,面对压力时认为"我能行";而无自信者则认为"我不行,太难了"。

(3)掌握放松的方法。放松是指身体或精神由紧张状态转换为松弛状态的过程,当压力产生时,放松也是管理压力的一种很好的手段。如参加适量的体育运动、健康游戏活动、听喜爱的音乐、学放松技术等。

(4)主动求助。压力过大而自我不能承受时,寻求别人的帮助也是减压的一种好方法。可以向老师、同学、朋友、家人等寻求感情支持,把面对的压力进行倾诉;也可以向学校的心理老师寻求专业帮助,进行心理咨询与辅导。

二、挫折应对

挫折是一把双刃剑,挫折虽然有可能成为成长和发展的障碍,但是也可以成为人生经历中的宝贵财富,正如巴尔扎克所说:"挫折和不幸,是天才的进身之阶,信徒的洗礼之水,能人的无价之宝,弱者的无底之渊。"通过正确的挫折应对,可以把挫折转化为成长的契机。

(一)树立正确的挫折观

高职高专学生只有正确认识挫折,才能在遇到挫折时理智地应对挫折。认识到挫折是人生中不可避免的一部分,认识到挫折具有两面性,认识到挫折具有可克服性。

(二)订立恰当的个人目标

挫折是在追求目标的过程中遇到困难而产生的感受,目标对个人的重要程度,直接影响受挫后的反应强度。如果目标恰当、方向准确,通过不断的努力,产生挫折感的机会就少;如果目标不当,与个人的实际情况不符,则产生挫折感的机会就多。因此需订立恰当的个人目标。

(三)培养积极思维

挫折不可怕,没能正确认识挫折才是可怕的。同样的一件事情,积极思维的人面对挫折没有消沉,而是把挫折向积极的方面转化(图8-2)。

(四)在实践中磨炼自己和积累经验

生活中的磨难并非都是坏事,它可以使人在磨炼和考验中变得更加成熟和坚强,因此,同学们应该积极地参加社会实践活动,在活动中磨炼自己,在实践中总结失败的经验,让挫折从消极向积极的方向转变。正如一个记者问球王贝利他的儿子是否能和他一样成为球王,贝利说:"不会,因为他没有受过困难的磨炼。"

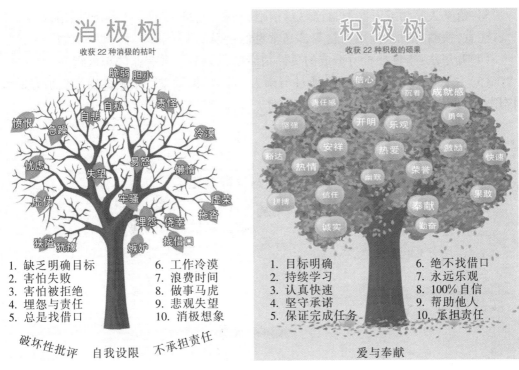

图 8-2　积极思维与消极思维的差异

(五)掌握调试方法

学习和掌握一些心理调适的方法可以对挫折带来的不良情绪进行调节,常见的自我调适方法如下:

(1)实践活动转移法:当处于挫折情境时,主动改变实践活动的对象和内容,有利于自身从烦恼中解脱出来。

(2)暗示调试法:当遭遇挫折后,有意识地用肯定观点暗示自己,对挫折产生的不良情绪有很好的缓解作用。

(3)合理宣泄法:指通过特定的形式,将挫折引起的痛苦忧愁委屈等发泄出来。常见的合理宣泄法如下:

说:找一个善良、智慧的听众,说出你的焦虑,在交流中你会受到启迪。

笑:当你大笑时,全身的肌肉和骨骼都会得到放松。

哭:到一个无人的寂静的地方,放声大哭吧!让你的烦恼随着眼泪一起流走(心情抑郁者此方法慎用)。

走:一个人静静地走,优美的景色会清除你心里的尘垢,静的大脑会告诉你一个万全之策。

跑:跑步是有氧运动,深重、快速的呼吸会释放愤怒,也会振作心情。

换:换件衣服,换个环境,换个事情做,找点快乐,让自己的心情另有寄托。

动:实在不行,绑个沙包,贴上标签,对它拳打脚踢!

洗:慢慢地泡个温水澡吧!

写：给某人某物或干脆给自己写封信吧，是撕，是烧，是放，怎么处理都随意。

注意：饮酒、抽烟、滥用药物等都是常见的错误的发泄法。

(4)升华法：指将挫折所造成的负性情绪转化为对社会有益的积极行为。

(5)主动求助：遭遇挫折后，通过与亲人、朋友、老师等坦诚倾诉会产生很好的调节作用，也可寻求学校心理老师的专业帮助。

实战练习

辩论：压力与挫折之我见

同学们分成两组，每组选出4名同学展开辩论。

正方：压力与挫折对人有利。

反方：压力与挫折对人不利。

实战练习

减压小练习

(1)减压小游戏：下雨啦。

根据口令做动作，口令速度逐步加快。(前为口令，后为动作)

风起，搓手；

小雨点，2手指敲手板；

中雨，4手指敲手板；

大雨，双手指敲手板；

暴雨，双手敲桌面；

狂风暴雨，双手敲桌面，辅以"呜呜"的声音。

(2)四节动物操。

第一节，金猴缩进：双手合十，用力向中间挤压，肩膀、肩胛骨、脖子向上缩进。坚持，直到坚持不住。

第二节，仙鹤展翅：以肘为翅，双手交叉于后脑勺部，展开双翅，直至坚持不住，收拢双翅。

第三节，憨熊探宝：双手叉腰，头部慢慢向左转，直至转不动，坚持几秒钟；在慢慢地向相反的方向转动，转向右侧，坚持几秒，直至坚持不住。如此，做两组。

第四节，青龙摆尾：以双臂为龙尾，双臂上举，双手合十于头顶上部，轻轻地弯腰向左摆(代表摆尾)，然后向右摆。如此两组动作之后，回到中间位置，双臂往上收紧，再往上，直到不能够坚持，突然放松。

(3)加法、减法，动动手——说的和做的要一致。

攥紧拳头，双手伸出大拇指代表"+"，双手伸出小拇指代表"-"。1+1=2，2+1=3，依次类推直到10；10-1=9，9-1=8……以此类推，直到0。关键是说的和做的要一致。

七只狐狸与压力应对的故事

读《伊索寓言精选新编》,思考:狐狸面对压力时,分别采用了哪种心理防御机制?当你在生活中面临压力时,你愿意做哪只狐狸?为什么?

在一位农夫的果园里,紫红色的葡萄挂满了枝头,令人垂涎欲滴。当然,这种美味逃不过附近狐狸们的眼睛,它们早就想享受一下了。然而,葡萄架要远远高于狐狸的身高,于是第一只狐狸来到了葡萄架下,它也发现以它的个头这一辈子是无法吃到葡萄了。因此,它心里想,这个葡萄肯定是酸的,吃到了也很难受,还不如不吃。于是,它心情愉快地离开了。(合理化)

第二只狐狸来到了葡萄架下,这是一只漂亮的狐狸小姐,它想我一个弱女子无论如何也够不到葡萄了,我何不利用别人的力量呢?因此,它找了一个男朋友,这只狐狸先生借助梯子给了狐狸小姐最好的礼物。(补偿机制)

第三只狐狸心想,听说柠檬的味道和葡萄差不多,既然我吃不到葡萄,何不尝一尝柠檬呢,总不能在一棵树上吊死吧!因此,它心满意足地离开去寻找柠檬了。(替代机制)

第四只狐狸每天都去葡萄架下徘徊,渴望着有一天能独占所有的葡萄。然而,残酷的现实不能满足它内心的欲望,它感到非常痛苦。终于有一天,它振作起来,开始奋笔疾书,在诗歌的领域努力耕耘,唱响了对大自然的赞歌。从此,诗坛上升起了一颗闪亮的新星。(升华机制)

第五只狐狸来到了葡萄架下,它同样也面临着相同的问题,费尽力气跳了很久也没摘到,他心里想其实我本来就不想吃葡萄的,只是看别人吃想试试而已。于是,心情平静地离开了。(否定机制)

第六只狐狸来到了葡萄架下,一看到葡萄架比自己高,愿望落空了,它尝试着跳起来去够葡萄却没有成功。于是,他咽下了即将流出来的口水,眼巴巴地望着,最终还是选择了离开。(潜移机制)

第七只狐狸来到了葡萄架下,它看到自己的能力与高高的葡萄架之间的差距,认识到以现在的水平和能力想吃到葡萄是不可能的了,因此他决定利用时间给自己充下电,报了一个研究生课程进修班,学习采摘葡萄的技术,最后当然是如愿以偿了。(认同机制)

第九章　恋爱与性

本章导航

"爱情"是经久不衰的话题。2016年10月28日,北京大学燕园博思心理咨询中心等机构发布了首部《中国大学生恋爱白皮书》,据统计,中国在校大学生3559万,其中有过恋爱经历的大学生占总人数比例高达80%。大学生恋爱比例日趋升高,但随之而来的恋爱中的困惑与问题也越来越多。爱情的本质到底是什么?怎样提升恋爱质量,拥有一段良好的亲密关系?怎么看待爱情中关于"性"的敏感话题?本章将对这些问题进行一一讨论。

拓展阅读

情诗赏析

《班扎古鲁白玛的沉默》

扎西拉姆·多多

你见,或者不见我,

我就在那里,

不悲不喜,

你念,或者不念我,

情就在那里,

不来不去,

你爱,或者不爱我,

爱就在那里,

不增不减,

你跟,或者不跟我,

我的手就在你手里,

不舍不弃,

来我的怀里,

或者,

第九章　恋爱与性

让我住进你的心里，
默然相爱，
寂静欢喜。

诗中没有一句华丽的辞藻，只有质朴无华的语言表达了爱的永恒，任世事怎样变换那份情感始终不变。

拓展阅读

关于爱的经典名言

恋爱是一所学校，教我们重新做人！

——莫里哀

爱情不是花荫下的甜言，不是桃花源中的蜜语，不是轻绵的眼泪，更不是死硬的强迫，爱情是建立在共同语言的基础上的。

——莎士比亚

爱是深深的理解和接受。

——列夫·托尔斯泰

第一节　关于爱情

案例分享

为爱献"生"

2010年6月23日，某校一名计算机系大二男生从女生寝室6楼跳下身亡。

据悉，跳楼男子武卫（化名）来自德阳，在校成绩很好，一直是班上前几名，但平时不爱说话。22日，武卫与外校的女朋友分手了，情绪反常，喝了不少酒。当时就被同学发现并有一同学寸步不离守护他。次日中午11时许，武卫冲上女生寝室，去六楼找"红颜知己"许开惠（音）聊天，他趁守护的同学不备，关上门从6楼纵身跳下……据赶到现场的医生透露，当时武卫呼吸微弱，瞳孔已经放大，经抢救无效死亡。

讨论：

"问世间情为何物？直教人生死相许。"在你眼里，什么是爱情？

什么是爱情？有人说爱是两个人愿意从一无所有开始，有人说爱是理解与包容，是无条件付出与信任，还有人说爱是永恒……那么爱到底是什么？

一、爱情的含义

爱情是异性之间一种最强烈的人际吸引,是身心成熟到一定程度的个体对异性产生的具有浪漫色彩的一种高级情感,是渴望对方成为自己终身伴侣的最强烈、最稳定、最专一的情感。

爱情的本质是建立在生理、心理、社会综合需要的基础上,使人能获得强烈的生理和心理享受的稳定而持久的情感。爱情涉及生理、心理、社会三个方面:生理指人的性欲、求偶的本能;心理指的是思想吸引、心理相容;社会指的是爱情受社会道德法律制约。

二、爱情的心理理论

关于爱情的心理学理论最著名的当属20世纪90年代美国心理学家斯滕伯格提出的爱情三角理论。他认为爱情由三个基本成分组成:激情(passion)、亲密(intimacy)和承诺(commitment)。激情是一种"强烈地渴望跟对方结合的状态",通俗地说,就是见了对方会有一种怦然心动的感觉,和对方相处有一种兴奋的体验。性的需要是引起激情的主导形式,其他自尊、照顾、归属、支配、服从也是唤醒激情体验的源泉。激情的属性是"热烈",它是爱情的动机层面。亲密是两性在一起时感受到各种情感体验,如相知的亲密感、依赖感和默契,冲动时的伤心、委屈和痛苦,对未来生活的向往和期盼,简单说来,就是能够给人带来一种温暖的感觉体验。亲密的属性是"温暖",它是爱情的感情层面。承诺是维持关系的决定期许或担保,它是"冷静"的,是爱情的认知层面。

斯滕伯格认为,不同的爱情可以表示为不同大小的三角形,三角形的形状代表爱情三种成分之间的关系,三角形的面积大小代表爱情的质与量,三角形面积越大的话,爱情就越丰富。根据亲密、激情、承诺三大要素,可以组成七种不同类型的爱情,如图9-1所示。

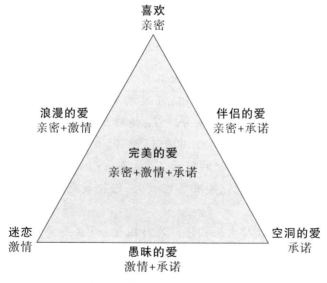

图9-1 斯滕伯格爱情三角理论

第九章 恋爱与性

(一)喜欢式的爱情

只有亲密,在一起感觉很舒服,但是觉得缺少激情,也不一定愿意厮守终生。没有激情和承诺,如友谊。显然,友谊并不是爱情,喜欢并不等于爱情。不过友谊还是有可能发展成爱情的,尽管有人因为恋爱不成连友谊都丢了。

(二)迷恋式的爱情

只有激情体验。认为对方有强烈吸引力,除此之外,对对方了解不多,也没有想过将来。只有激情,没有亲密和承诺,如初恋。第一次的恋爱总是充满了激情,却少了成熟与稳重,是一种受到本能牵引和导向的青涩爱情。

(三)空洞式的爱情

缺乏亲密和激情,如包办婚姻中的夫妻两人,两者之间只有责任和义务,没有亲密关系,也没有激情成分。

(四)浪漫式的爱情

有亲密关系和激情体验,但没有承诺。这种"爱情"崇尚过程,不在乎结果。就像歌词中唱的那样"没有承诺,却被你抓得更紧"!浪漫之爱通常是最被向往的、最享受的、最唯美的爱情状态。

(五)伴侣式的爱情

有亲密关系和承诺,但缺乏激情的爱情状态。通常出现在四平八稳的婚姻中,夫妻双方的关系如左手牵右手般自然与和谐,但却没有了波涛汹涌的怦然心动之感,此时夫妻双方的关系已经升华为亲情式的信任和依赖,只有权利、义务,却没有了激情澎湃的感觉。

(六)愚蠢式的爱情

只有激情和承诺,没有亲密关系。没有亲密的激情顶多是生理上的冲动,而没有亲密的承诺不过是空头支票。

(七)完美爱情

同时具备三要素,包含激情、承诺和亲密。只有在这一类型中我们才能看到爱情的庐山真面目。斯滕伯格很聪明,在这些爱情前面都加了一个"式"字,因为在他看来,前面列举的六种都只是类爱情或非爱情,在本质上并不是爱情,只有第七种才是爱情,而我们在现实生活中碰到的类爱情和非爱情的情形实在太多,以致把具备三要素的爱情基本当作是一种超现实的理想状态。

三、爱情的特性

(一)相互性

爱情是发生在两个人之间的,如果缺少了一人那只能算作单方面的情感,而不能称之为爱情。

（二）排他性

当两个人携手走进爱情时，就会觉得两个人在一起就是完整的世界，爱情是独占的，不容分享的。这也是为什么在爱情中经常会比较敏感，易滋生醋意。排他性的积极方面是使爱情专一、执着。

（三）奉献性

黑格尔说："爱情里确实有一种高尚的品质，因为它不只停留在性欲上，而且显示出一种本身丰富的高尚优美的心灵，要求以生动活泼、勇敢和牺牲的精神和另一个人达到统一。"在爱情里，我们通常不太会计较得失，而是倾向于为对方无私奉献。

四、爱情的状态特征

（1）恋人之间常有眉目之间的传情和语言的沟通。如歌词中唱的："只要你一个眼神肯定，我的爱就有意义。"

（2）恋人之间有美化对方、只见对方优点而不顾及其他方面的倾向。所谓"情人眼里出西施"说的就是这个特征。也就是我们在人际关系中讲到的"晕轮效应"，也叫"光环效应"，是会放大对方优点的一种心理现象，在爱情中这种心理现象的作用得到了最大的发挥。

（3）恋人有力图完善自己与对方协调起来的倾向。我们常会因为周围的某个不爱打扮的人突然开始每天打扮而推测她（他）恋爱了，且猜中的概率往往很高！这就表明爱情中的双方想要完善自己，把更好的自己呈现给对方的心理是普遍存在的。

（4）恋人会在日常的一举一动里表达自己对对方的关心，并且时时刻刻都期望与对方相处。古语云"一日不见如隔三秋"，恋爱中的人，特别是热恋中的人大多渴望时刻能与对方相处，时刻表达自己对对方的关心和关爱。所以我们经常在校园里看见女生宿舍门口难舍难分道别的情侣们。

（5）恋人常常戒备对方会被别人抢走，有独占对方的欲望。爱情是排他的，当看到自己的另一半和其他异性有过多接触时，多半会心生醋意。

第二节 大学生恋爱的特点及常见心理问题

一、大学生恋爱的特点

2016年10月28日，北京大学燕园博思心理咨询中心等机构发布了首部《中国大学生恋爱白皮书》，据统计，中国在校大学生3559万，其中有过恋爱经历的大学生占总人数比例高达80%。恋爱，已经成为绝大部分大学生的必修课。

该调查显示大学生谈恋爱的主因是无聊；大学生的择偶标准是更看重品行、性格和外貌；57%的情侣会发生性关系，且有65%的学生会采取避孕措施；AA制已经成为大学生的恋爱趋势，这一现象反映了男女平等的思想；61%的大学生选择毕业分手。

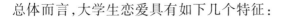

总体而言,大学生恋爱具有如下几个特征:

(一)恋爱动机盲目

大部分大学生在恋爱中没有过多考虑未来,他们更看重恋爱的过程,轻视恋爱的结果,"不求天长地久,只求曾经拥有"成了大学生爱情的主旋律。一方面,盲目性反映出了大学生恋爱功利色彩不是很强,目的相对单纯,大部分是为了追求爱与被爱,还有一部分是出于从众心理或虚荣心理,把谈恋爱当成了消磨时光、填补空虚的一种方式;另一方面,盲目性也反映出大学生对爱情的责任意识较为缺乏,只在乎当下,而不考虑未来。总体来说,对待爱情比较盲目是大学生心理发育有待成熟的一个明显表现。

(二)自控力和承受力较差

大部分大学生都渴望学业爱情双丰收,但一旦陷入热恋中,往往缺乏自控力,难以平衡学习与恋爱的关系,往往投入过多精力和时间在谈恋爱上,并且一旦遇到感情波折,常常情绪失控,无法自拔,甚至会因为恋爱受挫而有一些极端举动。可见,提高爱的能力、学会正确处理感情中遇到的问题对大学生而言是非常重要的,这也是这一章我们将要学习的重要内容。

(三)情感易变不太稳定

大学生心理发展有待成熟,对待自己、对待他人的认知都在不断地发展完善过程中,因此感情的稳定性比较差,常常变现为恋情周期短、更换恋爱对象的频率高。

(四)个性突出,观念开放

大学阶段是追求个性发展最为活跃的时期,包括了对恋爱对象的选择和感情的处理方式,比如经常可以在大学校园中看到精心策划的"隆重"的表白场景。另外,大学生对待恋爱的观念也日益开放,在大学校园里一些公共场所经常可见大学生情侣的亲密动作,婚前性行为的发生概率也日渐增长。开放的恋爱观念也随之带来了一些风险和问题,如大学校园成了艾滋病传播的最大温床。

拓展阅读

恋爱中的性别差异特征

- 男子比女子更易一见钟情。
- 男子比女子更积极主动。
- 女子的戒备心理比男子强。
- 女子的"面子观"比男子强。
- 女子比男子更看重爱情在生活中的位置。
- 女子比男子更看重情爱,而男子比女子更看重性爱。
- 男子比女子的爱表现得更为强烈,而女子比男子的爱表现得更为持久。

二、大学生恋爱的常见问题及调适方法

因为大学生心理发育尚未成熟,所以恋爱中常会出现很多问题。学会正确处理问题,理性应对恋爱冲突是大学生在恋爱中自我成长的重要部分。

(一)单相思

知乎上有这样的帖子:"我是一个大一新生,我暗恋上社团的一个女生,很严重了,就是恋到牵肠挂肚的地步吧!我时时刻刻都想见到她,可是一般也就一星期见一两次,想制造偶遇都不知道去哪里。"

这是大学生中较为常见的单相思问题,男女一方苦于倾慕之情不被对方知道和接受所造成的一种强烈的渴望。一般有两种情况:一是误解对方的言行、情感,把友情当作爱情;二是深爱对方,却不知道对方的感情,怯于表达。

单相思本身算不上心理问题,但盲目的、非理性的单相思如果得不到及时的疏导,就可能导致心理失衡,甚至产生严重后果。

对于单相思,最直接的解决方法就是倾诉。把压抑在内心的想法说出来,可以是对密友倾诉心声,也可以是直接鼓起勇气向单相思的对象表白(图9-2)。

图9-2 图解单相思表白心态

(二)多角恋

所谓多角恋,就是一个人同时被两个或两个以上异性追求,或者自己同时追求两个或者两个以上的异性并建立爱情关系。任何一种多角恋都潜伏着极大的危险性。一旦理智失控会带来不可想象的恶果。大学生发生多角恋的原因通常是:一是择偶标准不明确;二是择偶动机不良;三是虚荣心作祟。

爱情的本质是专一性和排他性,在众多心仪的异性对象中,究竟选择谁是一件痛苦的事,需要慎重,但一旦做出选择,就需要承担责任。请记住,幸福的婚姻是对慎重择偶的一种奖赏。

案例分享

完美的爱情

周康在学校是一个全面发展的优秀学生,但唯有一点让身边的人对他颇有微词。他并不是个花心的人,但却频繁地更换女朋友,他自认为每一段恋情都是认真地全情投入,但与每个女孩相处一段时间后,他便又会觉得她并不是他理想中的那个人,而曾经分手的某个女孩更让他念念不忘。于是他总没法和一个女孩交往太久,总是期待理想中的完美爱情。

(三)自感心理

自感心理来源于比较,大学生在恋爱中常会将自己现在的对象和以往的或其他人进行比较,在比较过程中会产生一种"会有更好的那个人出现"的心理,这就是自感心理。社会心理学家曾做过一个调查,调查表明初次恋爱的成功率明显高于多次恋爱的成功率。在比较过程中,人往往会在对以往恋人的回忆中不自觉地加上"扬善抑恶"的滤镜,在这样的滤镜作用下,当下的恋人会显得越来越不如意,继而加大分手的概率。

消除自感心理的办法有:一是明确自己恰当的择偶标准;二是不要对比。俗话说"人无完人",每个人都有自己的优点与缺点,无须比较过去,应该看重现在,着眼未来,这样才能获得稳定、甜美的爱情。

案例分享

患得患失的爱情

小果和男朋友热恋了大半年,关系逐渐稳定了下来,但她却觉得男友变了!刚开始对她呵护备至,关爱有加,但现在却再也没有以前那么关注自己内心的变化和感受了。小果细心地察觉到男友的变化后,更加放低姿态地全情投入这段感情,期望回到刚开始的时候,她一切以男友为中心,凡事迁就顺从。但男朋友有一天突然跟她说她变了,再也不是从前那个自信满满的女孩儿了。小果听后异常委屈,心想自己无条件地付出了那么多,难道错了吗?

(四)高原心理

谈过恋爱的男女双方都会有这样一个感受,双方在经过惊心动魄、牵肠挂肚的热恋后,常会感到有点精神疲劳,心理上产生一种茫然和失落感:既想保持热恋中的甜美,充满激情的爱恋,但又感到与恋人交往后失落感愈来愈强,总觉得恋人似乎不那么可爱了,其魅力减少了许多,有一种不满足又茫然不知所措的心境。恋爱者的这种心理,在心理学上称为恋爱中的"高原心理"。

实际上,热恋的浓烈是有时效性的,爱情长远的样子是稳定而静谧的。如果错误地将恢复平静的长远的美好当成是"变心",而像案例分享中的小果一样一味地迁就,失去自我,反而会将爱情越推越远。

要想减少"高原心理"的负面影响我们要做到以下三点。

(1)保持彼此的独立空间。虽说恋爱中两个人就可以是整个世界,但我们必须懂得爱的前提是你是一个具有吸引力的个体。如果因为爱情而完全失去自我,那么原有的吸引力也可能随之消失了。保持彼此相对独立的空间有助于保持自我吸引力,减少因活动空间、交往范围的缩小而产生的相对贫乏、空虚的厌倦情绪。

(2)保持对爱情的合理预期。爱情不是摆脱痛苦、孤独和追求快乐的仙丹,爱情只是一种特殊的人际关系,既然是人际关系,那自然也会有烦恼、问题。我们应该保持对爱情的合理预期,这样可以减少问题来临后的失落情绪和挫折感。

（3）理解两性的心理差异。男人来自火星，女人来自金星。理解男女双方生理机制不同、思维模式不同、行为方式不同、喜好需求不同……只有以对方为中心，想对方之所想，急对方之所急，给予他（她）最需要的爱和情感支持，才能让爱情历久弥新、坚不可摧。

案例分享

有些东西不需要讲

一对异地恋的恋人正在打电话，突然女生不高兴了。

男："你又怎么了？"

女："……看来你真的不懂我。"

男："你怎么了？你讲啊？"

女："我以为你懂的。"

男："你要讲出来我才知道我懂不懂啊。"

女："不懂的人讲了也不会懂，懂的人根本不需要讲。"

男："你不讲我怎么知道啊！"

女："有些东西不需要讲。"

男：……

案例分享

我该怎么办

某研究生，男，其女友为高中同窗，恋爱6年，女友认为他们之间的关系跟结婚没有实质区别了，只是没有领证而已。在一次争吵中女孩赌气提出分手，其实并不想分。谁料男生在这之前已经偷偷追求另一个女生，这次趁着女友提分手，正好可以理直气壮追求那个女生了。女友知道后非常生气！要求男生必须给她个交代，男生说女友太自我，不懂得关心人，自己父母反对他们的关系。

女友说男友的行为让人不解，当初是他坚持不懈主动追求自己，而且生怕她与别的男生好，说过要对她负责，爱她一辈子，女友很难过，表示自己要么不嫁人，要么当着男孩的面去死。男生也很苦恼，担心她万一出事怎么办？

（五）失恋

恋爱失败是指恋爱关系的终止，表现为两种形式：一是恋爱双方都不满意，彼此同意分手；二是恋爱的一方已无情意而提出与对方分手，而另一方却仍情意绵绵，沉湎于对恋情的怀念之中。

失恋是恋爱失败的第二种情况。失恋是大学生最严重的挫折之一,会引起一系列心理反应,如难堪、羞辱、失落、悲伤、孤独、虚无、自卑,严重者甚至采取报复乃至轻生等方式来排解心中的郁结。

如何走出失恋呢?这里教给大家走出失恋的七个步骤。

(1)合理宣泄:尽情地发泄那些堆积在心中的伤痛,把情绪的垃圾通通倒掉。

写日记:把所有的感受都写下来,无论多么难受悲伤,把你心里一切的痛苦都写下来,之后你将发现自己好过多了。

做运动:越有竞赛性、越激烈的运动越好。你会在尽情挥洒汗水的过程中感觉到自己的生命力。动一动之后你就不会再死气沉沉的了。

想吃就吃:如果吃东西会让你好过一些,那就吃吧。但是吃完后别忘了做运动,不然,接下来的体重会叫你更忧郁。

想他(她)时写一封信给他(她):但是别写他(她)的好,而是尽量在信里写下他(她)的缺点,写完了把信撕个粉碎,丢到垃圾桶的深处。

尽情地哭泣:不需要假装你很开心,如果真的伤心,就尽情地哭泣。失恋并不是一件很丢脸的事,让别人知道你难过,你就不需要在人前假装自己很高兴。

到户外去:到人多的地方去玩耍,跳场舞,打打球,看看其他更有素质的异性。

(2)接受现实:尽量避开他(她)出现的地方:不要让你的心再有任何期待了。万一你遇到的不光是他(她),还有他(她)跟他(她)的恋人时怎么办?

把会让你想起他(她)的东西收起来:别让那些物件唤起你的回忆。

忍住不要给他(她)打电话:你还是很想他(她),于是你拨了电话,但是又很害怕,在对方答话的一瞬间把电话挂断了……别再做这种傻事了,他们全宿舍的人可能都知道这种电话是你打的!真的想他(她)想得受不了的话,可以走到他(她)住处的附近远远地望一眼。这时你感到自己怎么这么惨,这么无聊,所以这样的事情做一次就够了,千万不要再让自己这般可怜。

找相关心理学的书看看:让专家给你建议,书上写的例子让你知道原来自己并不是唯一发生这种事情的人。

(3)求助、倾诉:跟好朋友或长辈分享你的心事,你会获得有用的建议。

打电话给朋友:想打电话给他(她)的冲动又来了,但是切记,就算他(她)还是和颜悦色地和你说话,那也于事无补了。不如打电话给别的朋友!把一样有失恋经验的朋友约出来聊天:互相吐吐苦水,分享经验。

试着跟年长的朋友说出你的感受:听听她(他)们以前在遇到类似状况时曾采取的措施,可以作为参考。说不定当你听到一些比你悲惨几倍的故事时,已经不觉得自己可怜了。

向专业咨询人员求助:难过得无法承受时,不妨试试找专业人员咨询该如何走出目前的困境。

和以前因为谈恋爱而疏远的朋友联络:跟他们一起吃顿饭、看部电影,找到重新拥有好朋友的感觉。

(4)积极转移:把注意力分散到自己感兴趣的活动中去,参加自己感兴趣的活动,活动本身就是在冲淡心中的郁闷。

拓宽眼界:恩格斯曾有过一次失恋,当他心灰意冷时,便去阿尔卑斯山脉旅行。峻伟的山川、广阔的原野,使恩格斯大为感慨,世界如此宏大,自己的痛苦只不过是沧海一粟而已。

(5)自我安慰:想要自我安慰可以用到两个心理效应,一是"酸葡萄"心理——缩小或否定个人目标的好处,而强调其缺点,如对方其实没那么好。二是"甜柠檬"心理——把目前的境况扩大,如失恋更有利于集中精力学习。

(6)自我反省:恋爱关系和任何一种关系一样,双方都应对关系的后果负责。如果能认清并承担自己的那部分责任,就不会那么怨天尤人,而是平静、耐心地面对现实。

给自己列一个"感情清单",上面写上以下问题,并一一客观作答:
- 我们是怎么恋爱上的?
- 我们在一起时,我是否觉得比和别人在一起更快乐、更幸福?
- 我的付出,对方是否常有明确的回应?
- 提出分手的理由是否成立? 如果真是这样我该如何? 如果不是这样又说明了什么?
- 我如果悲伤痛苦,究竟能给我带来什么好处?
- 我现在有没有必要记着对方?
- 我现在又是一个人了,跟过去的我相比有什么改变? 我对未来有哪些计划?

(7)自我升华:失恋者积极的态度会使"自我"得到更新和升华,全身心地投入到工作中去,因此创造出辉煌的成就。

拓展阅读

在爱中成长

诗人歌德,24岁时回乡当律师,邂逅了一名叫夏绿蒂的少女,歌德一见钟情,热烈求爱,不料夏绿蒂已同歌德的朋友凯仕特相爱。失恋的痛苦使歌德一时不知所措,但他很快放弃了夏绿蒂,埋头于写作之中,结果《少年维特之烦恼》这部千古力作得以问世。

拓展阅读

苏格拉底与失恋者的对话

苏:孩子,为什么悲伤?

失:我失恋了。

苏:哦,这很正常。如果失恋了没有悲伤,恋爱大概也就没有什么味道了。可是,年轻人,我怎么发现你对失恋的投入甚至比对恋爱的投入还要倾心呢?

失:到手的葡萄给丢了,这份遗憾,这份失落,您非个中人,怎知其中的酸楚呢!

苏:丢了就是丢了,何不继续向前走去,鲜美的葡萄还有很多。

第九章 恋爱与性

失:等待,等到海枯石烂,直到他回心转意向我走来。

苏:但这一天也许永远不会到来,你最后会眼睁睁看着他向另一个人走了去的。

失:那我就用自杀来表示我的诚心。

苏:但如果这样,你不但失去了你的恋人,同时还失去了你自己,你会承受双倍的损失。

失:踩上他一脚如何,我得不到的别人也别想得到。

苏:可这只能使你离他更远,而你本来是想与他更接近的。

失:您说我该怎么办?我真的很爱他。

苏:真的很爱?

失:是的。

苏:那你当然希望你所爱的人幸福。

失:那是自然。

苏:如果他认为离开你是一种幸福呢?

失:不会的!他曾经跟我说,只有跟我在一起的时候他才感觉到幸福!

苏:那是曾经,是过去,可他现在并不这么认为了。

失:这就是说,他一直在骗我?

苏:不,他一直对你很忠诚,当他爱你的时候,他和你在一起,现在他不爱你了,他就离去了,世界上再没有比这更大的忠诚。如果他不再爱你,却还装得对你很有情谊,甚至跟你结婚,生子,那才是真正的欺骗呢。

失:可我为他投入的感情不是白白浪费了吗?谁来补偿我?

苏:不,你的感情从来没有浪费,根本不存在补偿的问题,因为在你付出感情的同时,他也对你付出了感情,在你给他快乐的时候,他也给了你快乐。

失:可是,他现在不爱我了,我却还苦苦地爱着他,这多不公平啊!

苏:的确不公平,我是说你对所爱的那个人不公平。本来,爱他是你的权利,但爱不爱你则是他的权利,而你却在自己行使权利的时候剥夺别人行使权利……这是何等的不公平!

失:可是您看得明明白白,现在痛苦的是我而不是他,是我在为他痛苦。

苏:为他而痛苦?他的日子可能过得很好,不如说是你在为你自己而痛苦吧。明明为自己,却还打着别人的旗号,年轻人,德行可不能丢呀。

失:依您的说法,这一切倒成了我的错?

苏:是的,从一开始你就犯了错。如果你能给他带来幸福,他是不会从你的生活中离开的。要知道,没有人会逃避幸福。

失:可他连机会都不给我,您说可恶不可恶?

苏:当然可恶。好在你现在摆脱了这个可恶的人。你应该感到高兴,孩子。

失:高兴?怎么可能呢,不管怎么说,我是被人给抛弃了,这总是叫人感到自卑的。

苏:不,年轻人的身上只能有自豪,不可自卑。要记住,被抛弃的并不是就是不好的。

失:此话怎讲?

苏:有一次,我在商店看到一套高贵的西服,可谓爱不释手,营业员问我要不要。你猜我怎么说?我说质地太差了,不要!其实,我口袋里没有钱。年轻人,也许你就是这件被遗弃的西服。

失:您真会安慰人,可惜您还是不能把我从失恋的痛苦中引出。

苏:是的,我很遗憾自己没有这个能力。但,我可以向你推荐一个有这个能力的朋友。

失:谁?

苏:时间,时间是人最伟大的导师。我见过无数被失恋折磨得死去活来的人,是时间帮助他们抚平了心灵的创伤,并重新为他们选择了梦中情人,最后他们都享受到了本该属于自己的那份人间之乐。

失:但愿我也有这一天,但我的第一步该从哪里做起呢?

苏:去感谢那个抛弃你的人,为他祝福。

失:为什么?

苏:因为他给了你忠诚,给了你寻找幸福的新的机会。

第三节　培养爱的能力

爱的能力是指和他人建立亲密关系的能力。爱的能力包括对爱的感知、认知及接受能力:能够准确地了解、感悟、体会对方对自己爱的表达,能够很好地回应对方爱的表达。爱意味着将自己最宝贵的东西给予对方,包括生命。但并不意味着为对方牺牲生命,而是给予对方自己生命的活力。爱是对对方最深刻的理解和宽容。爱的能力不仅在物质财富范围内,也存在于人性特有的领域。对于一个人来说,什么是爱,在他的成长过程中怎样恰当地表达爱,怎样恰如其分地接受爱,将爱对自己和别人的伤害减到最低程度,这既是一种生存能力的表现,更是一种爱的能力的体现。不断地学习、提高自我爱的能力,有助于我们获得更美好的爱情。

案例分享

小峰的困惑

小静和小峰在高中时同校不同班,但他们同时被某一高职院校录取。开学报到后,受小静的父母嘱托,小峰如同大哥般不时关注着小静。在小峰的关心帮助下,小静渐渐适应了校园生活。让小峰始料不及的是,随着他与小静日渐熟悉,他从她眼中看到了她对他的依恋。周围的同学也笑称他们是"郎才女貌、天生一对",然而,他却始终找不到恋爱的感觉。面对这种情况,小峰开始有意识地疏远小静。可几天不见小峰,柔弱娇小的小静便哭得像泪人似的,不吃不喝,谁劝都不听。小峰三番五次鼓起勇气想对她说清楚，自己只能是她永远的兄长，不可能是恋人，可每次话到嘴边又咽了下去。小峰感到进退两难。

后来，小峰给小静的父母写了一封信，坦率诚恳地谈了自己的想法，并请他们在假期里把自己的想法转告小静，表示如果有可能，在校期间他愿尽兄长的职责继续照顾小静。经过痛苦的思想斗争，小静终于理解了小峰，他们成了一对好朋友。

案例分享

是不是爱情

峰（男）和云（女）是同学，两人大学一年级在同一实验组，因为都重视学习，所以他们一起用心准备老师布置的任务，在合作之下出色地完成了作业。课余也聊得投缘，并成了好朋友。这天，峰在校园里遇到云和另一个男孩亲密同行，虽然云依旧很热情地和峰打招呼，但峰心里却有些不是滋味，他暗自思忖：我莫非爱上云了？不知她心里怎么看待我们的关系？

一、爱的识别

好感不等于爱情，友谊也不是爱情，虽说三者会有一些共性的东西，但还是存在诸多不同。学会如何识别爱，才是真正获得爱的基础。这里教大家几个区别爱情与好感、友情的方法。

（一）为你的感受强弱程度打分

你把一个人当成朋友还是爱人，和你的情绪和感受有关。这不是在说情绪本身的内容，而是在说你感受到的情绪强弱程度。爱情带来的感受，比好感和友情要强太多太多。

（二）留心自己的生理反应

"每一次当爱在靠近"，你会感受到一系列的生理反应，如心跳加速，这和朋友之间给你突然惊喜带来的短暂心跳变化是很不一样的。除了心跳加速，你还有可能会手心出汗、说话声音颤抖……而且最重要的是，这些生理反应你都无法控制！

（三）"这个世界，没他（她）不行"

如果是好朋友，一两个星期没什么交集都是比较容易接受的，甚至是过了一个多月，一个学期，只要打一个电话照样能约出去看电影、逛街，感情丝毫不会因为长时间不见面而发生很大变化。但如果你对那个人不只是友情，那么，哪怕只是一天没有他（她）的消息，你都会觉得难熬，总会控制不住地想要去打听他（她）的消息。

（四）你们的共同好友也许有重要线索

你应该去问问你们共同的好友，局外人更容易根据细微的证据发现两个人之间是否萌生了爱情，而当局者反而会被浓烈的情感蒙住了眼睛。

> **拓展阅读**

友情和爱情的鉴别

日本心理学家提出过区别友情和爱情的标准：
(1)支柱不同——友情的支柱是理解，爱情的支柱是感情。
(2)地位不同——友情的地位是平等的，爱情的地位是一体的。
(3)体系不同——友情的系统是开放的，爱情的系统是关闭的。
(4)基础不同——友情的基础是信赖，爱情则是纠缠着不安和期待。
(5)心境不同——友情充满"满足感"，爱情则充满"欠缺感"。

泰戈尔说："友谊意味着两个人的世界，而爱情意味着两个人就是世界。"

二、爱的表达

讨论：你喜欢怎样表达你的爱？

> **案例分享**

99封信

一个小伙子喜欢上一个姑娘，两人相识之后互有好感。于是小伙子常给姑娘写信，讲讲自己的生活，谈谈自己的心情，表达对姑娘的喜爱。姑娘每次回信却只字全无，小伙子内心疑惑却又充满期望，一封一封地写下去，直到收到姑娘的第99封回信时，小伙子失去了信心，因为隔着信封都知道又是白纸！

这时，有人给小伙子介绍了另一位还不错的姑娘，他们很快建立了恋爱关系，并结为夫妻。结婚后偶然一次机会，小伙子得知在他未拆开的第99封信里，姑娘留下了轻轻的字迹：到100封信时我愿成为你美丽的新娘！

每个人有不同的爱的表达方式，但不是每种表达都能够被对方理解和接受，一旦你想表达的没有被对方正确接受，就会对你们的爱情造成不必要的误解和伤害，因此，学会用适当的方式表达爱很重要。下面大家一起来做一个心理测试吧，测一测你喜欢哪种爱的表达方式，也可以了解一下你恋爱的对象喜欢哪种表达方式，用双方更容易理解和接受的方式表达爱，才能让你们的爱情走得更远。

> **实战练习**

心理测验——爱之语

每一题都有两种描述，选择你更喜欢的描述并记录下对应的字母。
1. 我喜欢收到写满赞美与肯定的小纸条。A
   我喜欢被拥抱的感觉。E

2. 我喜欢和在我心目中占有特殊地位的人独处。B
   每当有人给我实际的帮助,我就会觉得他是爱我的。D

3. 我喜欢收到礼物。C
   我有空就喜欢去探访朋友和所爱的人。B

4. 有人帮我做事,我就会觉得被爱。D
   有人碰触我的身体,我就会觉得被爱。E

5. 当我所爱、所敬仰的人揽着我的肩膀,我就会有被爱的感觉。E
   当我所爱、所敬仰的人送我礼物,我就会有被爱的感觉。C

6. 我喜欢和朋友或所爱的人到处走走。B
   我喜欢和我心目中有特殊地位的人击掌或手牵手。E

7. 爱的具体象征(礼物)对我很重要。C
   受到别人的肯定让我有被爱的感觉。A

8. 我喜欢和我所喜欢的人促膝长谈。E
   我喜欢听到别人说我漂亮,很迷人。A

9. 我喜欢和好友及所爱的人在一起。B
   我喜欢收到朋友和所爱的人送的礼物。C

10. 我喜欢听到别人接纳我的话。A
    如果有人帮我的忙,我会知道他是爱我的。D

11. 我喜欢和朋友与所爱的人一起做同一件事。B
    我喜欢听到别人对我说友善的话。A

12. 别人的表现要比他的言语更能感动我。D
    拥抱让我觉得与对方很亲近,也觉得自己很重要。E

13. 我珍惜别人的赞美,尽量避免受到批评。A
    送我许多小礼物要比送我一份大礼更能感动我。C

14. 当我和人聊天或一起做事时,我会觉得与他很亲近。B
    朋友和所爱的人若常常与我有身体的接触,我会觉得与他很亲近。E

15. 我喜欢听到别人称赞我的成就。A
    当别人勉强自己为我做一件事,我会觉得他很爱我。D

16. 我喜欢朋友和所爱的人走过身边时,故意用身体碰碰我的感觉。E
    我喜欢别人听我说话,而且兴趣十足的样子。B

17. 当朋友和所爱的人帮助我完成工作,我会觉得被爱。D
    我喜欢收到朋友和所爱的人送的礼物。C

18. 我喜欢听到别人称赞我的外表。A
    别人愿意体谅我的感受时,我会有被爱的感觉。B

19. 在我心目中有特殊地位的人碰我的身体时,我会很有安全感 E
    服务的行动让我觉得被爱。D

20. 我很感激在我心目中有特殊地位的人为我付出那么多。D
    我喜欢收到在我心目中有特殊地位的人送我礼物。C

21. 我很喜欢被人呵护备至的感觉。B
    我很喜欢被别人服务的感受。D
22. 有人送我生日礼物时,我会觉得被爱。C
    有人在生日那天对我说出特别的话,我会觉得被爱。A
23. 有人送我礼物,我就知道他想到我。C
    有人帮我做家务,我会觉得被爱。D
24. 我很感激有人耐心听我说话而且不插嘴。B
    我很感激有人记得某个特殊日子并且送我礼物。C
25. 我喜欢我所爱的人因为关心我,所以帮我做家务。D
    我喜欢和在我心目中有特殊地位的人一起去旅行。B
26. 我喜欢和最亲近的人亲吻。E
    有人不为了特别理由而送我礼物,我会觉得很开心。C
27. 我喜欢听到有人向我表示感激。A
    与人交谈时,我喜欢对方注视我的眼睛。B
28. 朋友或所爱的人所送的礼物,我会特别珍惜。C
    朋友和所爱的人触碰我的身体,我会觉得被爱。E
29. 有人热心做我所要求的事,我会觉得被爱。D
    听到别人对我表示感激,我会觉得被爱。A
30. 我每天都需要身体的接触。E
    我每天都需要肯定的言词。A

统计你所选择的各个字母的数量并记录下来:
A_____
B_____
C_____
D_____
E_____

参考答案:

选A的数量最多的人,倾向于喜欢的爱的表达方式是"肯定的言词",如喜欢另一半真诚地夸赞自己,给予自己充分的肯定。

选B的数量最多的人,倾向于喜欢的爱的表达方式是"精心的时刻",如喜欢在爱里制造惊喜,在意生活的仪式感,同时也期待被如此"精心"地对待。

选C的数量最多的人,倾向于喜欢的爱的表达方式是"接受礼物",当然是指用心的礼物。

选D的数量最多的人,倾向于喜欢的爱的表达方式是"服务的行动",即喜欢通过实际行动表达爱和接收爱,如洗衣、打饭、在生病的时候买药和陪伴。

选E的数量最多的人,倾向于喜欢的爱的表达方式是"身体的接触",即亲密行为,如爱的抱抱、晚安的吻。

案例分享

莫名其妙的争吵

一对恋人去公园游玩,本来兴致很高,玩得很开心,回去路上,女孩问男孩:你渴吗?

男孩答:不渴。女孩无语,但心里不悦。后来越想越不是滋味,心想关心他,他怎么不知道多问一句!刚开始装得若无其事,后来就不想说话了,男孩感觉女孩不高兴,问她是不是身体不舒服,女孩说没事,但说话语气明显没有来时开心了,男孩感觉莫名其妙!女孩感到失望!事后,因其他事发生争吵,女孩才说出当天的真实想法!

三、理解男女的差异

我们常常发现,两个人恋爱久了,难免会发生矛盾,有的时候大吵一架,有的时候爆发冷战,最后通常以一方退让妥协"暂时"恢复正常,或者就此分手。但是很多时候我们发现,在爱情中的争执往往没有对错可言,常常只是双方思维方式的不同而引发的矛盾。所以,理解男女的差异是我们建立良好异性关系的关键。

（一）处理问题的方式不同

男生喜欢解决问题,他们通过依靠自己的努力解决问题而获得价值感;女生则很享受获得他人的帮助,甚至有时候会认为很多人帮助自己,是对自己的肯定,是自己魅力的体现。

因此在两性交往中,男生大可多主动用实际行动去帮女生解决问题,而女生呢,在男生没有寻求帮助之前给他充分的支持和信任,相信他可以通过自己的努力解决问题。

（二）面对压力的方式不同

当压力来临时,男生习惯躲进"洞穴"来默默解压,而女生会选择通过倾诉来解压。

所以如果男生在压力面前变得沉默了,那很可能是他在思考解决方案,并不是不理你。这个时候女生可以做自己喜欢的事,给男生一个走出"洞穴"的时间。

而女生遇到压力时喜欢倾诉,男生此时只要表达理解,感同身受就可以了,不要试图理性分析、解决问题。男生在听女生倾诉时,常常会觉得自己有义务帮助她解决问题,当不能解决时,就会反感不悦。所以,女生在向男生倾诉时大可以直接向他表明,自己只是想吐槽、倾诉一些事情,并不需要他解决任何问题。这样一来,男生就可以更轻松地做一个好的听众了。

（三）语言表达的方式不同

女生用语言表达情绪,而男生用语言传递信息。也可以理解为女生的语言更具有主观色彩,而男生说话更客观直接。

既然女生的语言是为了表达情绪,那么男生大多数时候只需要当好一个听众就够了,把聆听的焦点集中在女生的感受上。而男生说话表达出来的内容,通常就是他们内心真实的内容,如男生说"我没事",那大多数时候是在说"他是真的没事",女生不要试图用自己情绪的思维去过度解读。

(四)表达关心的方式不同

男生通常会帮助女生解决问题以示关心,而在女生的观念里,自己主动对别人伸出援手是最大的关心。所以,当女生爱上一个男生的时候,常会试图"改造"他,女生认为这是帮助和关心,但男生则会觉得女生认为自己做得不够好。

因此,在恋爱中如果遇到男生有坏毛病不改时,女生最好的做法不是试图给他建议,想要去改造他,而是说出自己的感受。这样男生会更容易接受,也不会觉得自己被质疑。

(五)接受激励的方式不同

被需要和依赖是男生快乐的源泉,这让他们在爱中学会无私奉献,而女生更渴望被尊重和爱护,这会让她们更加乐观和自信。男人与女人的12种基本情感需求见表9-1。

表9-1 男人与女人的12种基本情感需求

女人需要	男人需要
关爱	信任
理解	接纳
尊重	欣赏
忠诚	崇拜
体贴	认可
安全感	鼓励

拓展阅读

《男人来自火星 女人来自金星》(美)约翰·格雷

本书是获得与异性完美关系的最佳指南,是一本有价值、非常有必要的读物,它对理解男人和女人的沟通是一个突出的贡献。作者以男女来自不同的星球这一新鲜、生动、形象的比喻作为他的全部实践活动的理论支撑点:即男人和女人无论是在生理上还是心理上,无论是在语言上还是在情感上,都是大不相同的。这一比喻贯穿着这本通俗的畅销读物之始终,并冠以书名之中。

第四节 大学生性心理健康

讨论:

小时候,你是否问过你的父母或长辈这个问题——"我从哪里来?"你得到了哪些答案呢?

你现在知道答案了吗?

一、性与性心理的内涵

经过讨论和视频的学习,我们更加深刻地了解了人类生命的诞生过程。这有助于我们更好地理解性。

从生物学角度来看,性是人类的本能之一,是整个人类得以生存和繁衍的基础;从社会学角度来看,人类的性不仅是生命实体的存在状态,同时也被赋予了精神和文化内涵。

性心理是指在性生理的基础上,与性征、性欲、性行为有关的心理状态与心理过程,也包括了与他人交往和婚恋等心理状态。世界卫生组织对性心理健康所下的定义是:通过丰富和完善人格、人际交往和爱情方式,达到性行为在肉体、感情、理智和社会诸方面的圆满和协调。性心理健康是人类健康不容忽视的重要组成部分,近年来正越来越受到人们的重视。

拓展阅读

性心理的发展过程

弗洛伊德认为人格发展的基本动力是本能,尤其是性本能的驱动。与一般人狭义理解的性有所不同,弗洛伊德所谓的"性"除了与生殖活动有关之外,还包括吸吮、大小便、皮肤触摸等一切能直接或间接引起机体快感的活动。弗洛伊德把性心理发展分为5个阶段:

(1)口欲期(0~1岁)。性本能主要靠口腔部位的吸吮、咀嚼、吞咽等活动获得满足。婴儿通过吃奶、吃手、啃东西等吮吸动作来获得快乐。

(2)肛欲期(1~3岁)。随着括约肌的逐渐成熟,婴儿获得了按照自己意愿大小便的能力。这个阶段的婴儿的原始欲望主要靠大小便排泄时所产生的刺激快感获得满足。

(3)性蕾欲期(3~6岁)。这一时期的儿童开始对自己的性器官产生兴趣,性器官成为全身最敏感的部位,儿童常以抚摸性器官获得快感。幼儿在此时期已能辨识男女性别,并以父母中之异性者为"性爱"的对象。恋父、恋母情结一般在这个时期产生,在正常发展情况下,恋母情结或恋父情结会通过儿童对同性父母的认同,吸取他们的行为、态度和特质进而发展出相应的性别角色而获得解决。

(4)潜伏期(6~11岁)。这个阶段的儿童性心理发展趋于平稳,大部分的性能量在潜伏期被压抑下来,同时由于教育活动,性能量被升华为广泛的兴趣和友情。

(5)生殖期(也称青春期)。随着生殖系统逐渐成熟,性荷尔蒙分泌增多,性本能复苏,它是性心理发展的最后一个阶段。顺利完成这个阶段的方法是在适当的时候进入一段一对一的亲密关系。此时的性本能通过和异性的关系来感受到愉悦。

二、性心理发展的影响因素

(一)生理因素

性心理的发展首先有其生理物质基础。柏曼(L.Berman)就以内分泌腺功能优势为标准把人的心理发展分为胸腺期(幼年)、松果腺期(童年)和性腺期(青年)。

遗传基因、脑内分泌的促性腺激素和性腺所分泌的性激素对性心理都具有不可忽视的影响。

(二)家庭因素

家庭教育对孩子的性心理具有关键性的影响。首先是父母对性的态度;其次是父母对待孩子性别的态度对孩子的性心理发展有影响。在家庭和社会境遇中,个人在儿童期和成年期内所经历的某些偶然事件,必定也会对性的发展产生一定的影响。

(三)社会因素

每个人都是被社会文化塑造的人,一定社会中的性文化观念、性道德、性行为方式对个体的性心理发展也具有深刻的影响。在社会文化中传媒对人们的性态度和性生活方式具有重要的影响。

三、大学生性心理的一般特征

从年龄上来看,大学生都处于青春期,并且很大比例的大学生有了恋爱体验,因此性心理和行为会表现出这个阶段的一些特征,主要有以下几个方面。

(一)性器官和性生理迅速发展与性心理尚未成熟的矛盾

从生理角度看,大学生发育已基本成熟,已经是法律意义上的成年人了,但从心理上看,大学生对性的理解和感悟仍然比较表面、懵懂。由于我国道德观念中对于"性"的话题相对保守,所以我国大学生性教育程度比较粗浅,性教育范围也较为有限,大部分大学生难以获得系统、完整、科学的性生理、性心理、性道德等方面的知识。

(二)性的身心需求与社会规范和道德责任的矛盾

当前大学生性意识和性的身心需求在不断加强,但是由于传统思想、社会道德和法律的约束,很多大学生羞于表达自己的性意识,同时他们的性欲望也无法得到满足。性的道德性与性的压抑性之间的矛盾日益加深。这时就非常需要给予大学生正确的性引导。

(三)男女性心理存在差异

男生与女生的性心理存在比较大的差异。一般来说,男生对异性的追求与渴望通常表现得直接而且热烈,而女生对异性的爱慕往往是比较含蓄、羞赧的。

四、大学生常见的性困扰及其调适

(一)性焦虑

性焦虑主要指对自己形体的焦虑、对自己性角色的焦虑和对自己性功能的焦虑。大学生正处于生理发育成熟,但心理发育尚待完善的阶段,此时自我认知往往不太强大和稳定,还比较在意别人对自己的看法和评价,因此,在这个阶段很多大学生会对自己的外形、性别角色等感到不安,如男生会因为自己不够高大魁梧而感到自卑,女生会因为不够漂亮苗条而焦虑。当然还有少部分大学生会对自己的性功能持有怀疑态度。

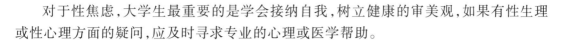

对于性焦虑,大学生最重要的是学会接纳自我,树立健康的审美观,如果有性生理或性心理方面的疑问,应及时寻求专业的心理或医学帮助。

(二)性冲动

性冲动属于大学生生理、心理的正常反应,它是在性激素作用和外界刺激下产生的,并不是见不得人的、可耻的。但不少大学生对正常的性欲、性冲动感到羞愧、自责、恐惧。对于正常的性冲动,一方面,要坦然地接受它,平常地看待它,这样可以很大程度缓解内心的羞愧、自责等负面情绪;另一方面,可以通过培养艺术爱好、参与劳动和运动、增加与异性的交往等方式来缓解、升华性冲动。

(三)性梦

性梦是指在睡眠中出现带有性内容色彩的景象,这也是青春期性成熟后出现的正常的心理、生理现象,在青年中普遍存在。性梦的本质是一种潜意识活动,是人类正常的性思维之一。性梦是不由人控制的,梦和现实的巨大差别,不代表人的真正意愿。因此,我们应该坦然面对性梦,但如果性梦出现较为频繁可以适当调整加强运动或寻求专业心理帮助。

(四)性幻想

性幻想是清醒状态下对于性的想象,是人类常见的性现象,俗称意淫,它是性冲动活跃时不可避免的结果。每一个心智健全的人都会有这样那样的性幻想。只不过在出现频率、长短、内容、性质以及对待它的态度等方面存在着较大的差异而已。性幻想的内容五花八门,无所不包。正常范围内的适度性幻想可以用平和的心态对待,但如果发展过度,严重影响了正常学习与生活,则需要及时寻求专业帮助。

(五)性自慰

性自慰是指用手或其他器具、其他方式刺激性器官获得快感,它是青春期常见的性行为。首先,自慰绝对不是一种罪恶的行为,以往认为自慰有害的观点,现在已经逐渐地被淡化和修正了,但主流文化的偏见仍然认为,自慰仅是性交的补充。实际情况是,自慰具有独立性行为的价值,是标准的性行为方式之一,可以获得与性交具有同样的生理反应。适度的自慰不会对身体造成任何伤害,善加利用还可以弥补大学生在结婚前不能进行完全自由开放的性行为的缺憾。自慰不会传染任何性病,也不会涉及他人,或卷入不适当的性行为与感情纠葛,更不会导致性攻击甚至性犯罪的发生,并避免了因性问题而引起的道德问题和社会问题。因此在合适的地点、合适的时间、适度的选择自慰是合理的。

然而自慰不宜过度频繁,如果过于频繁会扰乱正常的工作和学习,甚至引发生理与心理的疾病。对于大学生来说,应培养广泛的爱好和兴趣,减少不良的性刺激来控制自慰意念,使注意力从自慰转向到健康的日常生活和社会中,注意生活调节,避免穿着紧身衣裤,按时睡眠,晚餐不宜过饱,睡眠时被褥不要过暖过重,睡姿不宜俯卧,晚餐避免刺激性饮食,如烟、酒、咖啡、辛辣食物等。养成良好的卫生习惯,经常清洗并保持外阴清洁,除去包皮内积垢。对于那些有生殖系统炎症者,例如,包皮阴茎头炎,采用消炎药等对症治疗,可以消除患者的局部不适,有助于减少不良刺激诱发的自慰冲动。

五、性健康与性行为

拓展阅读

某大学校医院从业医生根据日常工作得出以下结论:
(1)当代大学生恋爱绝大部分有性行为的发生;
(2)大学生发生性行为的比例居高不下;
(3)大学生初次发生性行为时几乎不用安全套;
(4)女大学生未婚先孕的比例居高不下;
(5)绝大多数女大学生人工流产的经历父母和老师不知道;
(6)大学生中性病和艾滋病的传染率逐年上升。

拓展阅读

可怕的蝴蝶效应

在某大学新生第一课上,《正常交朋友,一人艾滋染上十六人》这个标题炸亮了整个开学季。某高校大一学生小林去酒吧染艾后浑然不知。从大一到大三,她分别交往了四位男朋友,因为种种原因,都分手了。

这四位男朋友在此期间又分别交往了三位女朋友,这三位女朋友在此期间又分别交往了四位男朋友……两年半后,小林大三上学期发病确诊,疾控部门顺藤摸瓜,共查出16名感染者。

小林崩溃了,一切就像一场梦,她和疾控工作人员说:

"我真不知道我是感染者,我们相恋、分手,但都属于正常交友,我们都无心伤害谁。最让我接受不了的,还不是染上艾滋病的痛苦,而是无心伤害了16个人以及16个家庭所承受的内心折磨。

随着高校交友、婚恋观念的放开和未婚同居行为的增多,小林的故事绝不是个例。

高校群体只要有一个艾滋病病毒携带的"种子",就不能避免艾滋病群体爆发的可能性。这种传播模式被专家成为"葡萄串"现象,总体是一大串,分枝上又各自有一串,一串套一串。

(一)关于性健康

性健康是关于性的一种身体的、情感的、心智的、社会关系上的健康状态。为了达到和保持性健康,所有人的性权利都必须得到尊重、保护和实现。性健康要求个人怀着积极和尊重的态度处理性与性关系,并且能够享有安全愉悦的性经历,免于强迫、歧视和暴力的侵害。

（二）不理性性行为的危害

常见的不理性性行为的方式有：与陌生人发生性行为、婚前性行为、卖淫、嫖娼等。这些性行为可能带来的风险很大，如意外怀孕、性病，甚至是艾滋病的传播与感染。

大学生意外怀孕有很大可能对生理和心理造成较为严重的影响。一方面，意外怀孕的学生通常会担心被父母、学校知道后受到责备与惩罚、担心被同学议论和做出负面评价，因此而产生巨大的心理压力；另一方面，大部分大学生因性知识缺乏可能无法及时发现身体的变化，为意外怀孕的处理增加风险。最后，如果选择人工流产，本身就会存在很大的危害。人工流产可能会造成子宫损伤、宫颈损伤、子宫内膜异位、子宫内模基底损伤等，可能引发下腹疼痛、子宫下坠、子宫粘连、痛经、再次妊娠时易早产或流产，甚至终生不孕。这些危害往往都是不可逆的，一旦发生将有可能影响终生幸福。

常见的性病主要包括梅毒、淋病、乙型肝炎、生殖器疱疹、尖锐湿疣、细菌性阴道炎、非淋病菌性阴道炎、阴虱等，可能会引发眼、骨骼心血管神经受伤、致人残疾甚至死亡，也可能引发尿路感染等疾病，引发宫外孕，严重的会终生不孕。

艾滋病的危害更是不言而喻！艾滋病全称叫获得性免疫缺陷综合征，这个疾病是由于艾滋病病毒以及HIV病毒经性接触、血液接触或者是母婴垂直传播感染后，主要侵犯和破坏机体免疫系统里面最重要的免疫细胞——CD4T淋巴细胞，导致机体的细胞免疫发生缺陷，从而继发各种严重的机会性感染和各种肿瘤性疾病，具有传播迅速、发病缓慢、死亡率高的特点，并且目前尚无医治的方法。

（三）保护自我，谨慎性行为

大学生要建立健康的恋爱观，要懂得爱自己是爱别人的前提条件。女生要从爱惜自己的身体开始，男生要以高度负责任的态度处理好性与生殖健康的问题。最好不发生不安全的性行为，如果一定要发生请你一定要坚持底线——使用安全套。

保护自我，谨慎性行为的方法主要有以下几点：

（1）要学会拒绝"朋友"的请求；

（2）考虑清楚自己所能承担的后果；

（3）学会交朋友，分析身边人对"我"的影响；

（4）不去涉足供应酒精和毒品的场所——容易被诱惑迷失自我、放松警惕或被人恶意伤害；

（5）结交具有正向积极影响力的同伴；

（6）培养良好的生活习惯，有健康的行为、坚强的意志力、平和的情绪、无烟酒等不良嗜好。

推荐书目：

《爱你就像爱生命》，作者：王小波、李银河。

《困惑三部曲——害羞·寂寞·爱》，作者：（中国台湾）吴静吉。

《男人来自火星 女人来自金星》，作者：（美）约翰·格雷。

第十章 生命教育

本章导航

华东师范大学李家成教授说过:"成长是每一个生命体不可推卸的责任。作为生命而存在的人,需要对自己的生命负责,需要以自己的在世生活证明自己的'活',需要以自己的'成长'证明自己的生命性,为自己的尊严和人的高贵证明。在这个世界上,谁最能为你的成长负责?谁最需要为你的成长负责?唯有自己!这一责任,是其他人所不能代替的。"本章我们一起来学习生命观、生命伦理观、生命价值观,一起去探索生命的意义。

第一节 敬畏生命——大学生生命观

一、大学生生命意识含义

大学生的生命意识,就是大学生对生命所持有的基本观念、看法和态度,基本的价值判断。大学生的生命意识和其现实状况是紧密相连的,虽然时代大背景是相同的,但是大学生不同的成长经历、生活环境等造成了大学生不同的生命意识。

二、大学生生命意识特征

大学生是中国社会主义建设的生力军,是"天之骄子",但近年来不乏大学生轻生的例子,因此,对大学生进行生命教育迫在眉睫。总体来说,大学生生命意识具有如下特征。

(一)缺乏目标,生存动力不足

人有追求的目标就会产生生存的动力,然而有些大学生生存目标模糊或没有生存目标,导致生存动力不足。很多大学生进大学前的生存目标就是考大学,进入大学后就丧失了奋斗目标,因此,生存动力不足,易做出轻视生命的行为。

(二)压力大,挫折耐受力弱

大学生面临学习、人际、就业等各方面的压力,有些学生挫折耐受力弱,成长经历缺乏锻炼和磨难,也缺少应对挫折的能力,遇到压力和挫折便易产生轻生的行为。

(三)心理问题增多,暴力行为突出

大学生的心理问题日渐增多,如果心理问题没有得到及时的疏导,很有可能通过自我施暴或施暴于他人的方式来缓解内心的压力,大学校园中的暴力现象多与青少年心理冲突外溢化存在因果联系。因此,学校暴力事件所透露出的大学生心理问题需重点关注。

(四)人际关系适应不良,漠视生命现象增加

部分大学生进入大学后,会出现人际关系适应不良的情况,人际关系的僵化致使某些同学性格孤僻、漠视生命,从而引发轻生等极端事件。

三、大学生生命意识的培养

泰戈尔说:"教育的目的应当是向人类传递生命的气息。"弗洛姆说:"尊重生命、尊重他人,也尊重自己的生命,是生命进程中的伴随物,也是心理健康的一个条件。"如何培养大学生的生命意识?

(一)培养正确的生命理念

大学生要积极体悟生命的有限性,从而珍惜生命。

(1)生命的不可逆性。从胚胎起,生命便一直生长、发育,直至衰亡。它绝不会颠倒重来,"返老还童"。

(2)生命的不可再生性。生命,对任何人来说都只有一次。人们常说的"人死不能复生",便道出了这个真理。

(3)生命的不可换性。生命为个体所私有,相互不能交换,彼此不可替代。

(4)生命的有限性。人的生命的有限性表现在三个方面:第一,生命存在时间的有限;第二,生命的无常性,表现为生老病死、旦夕祸福等不可预测性,任何人都逃脱不了死亡,任何人都必然走向死亡;第三,个体生命不能离群索居,不食人间烟火,每个人都需要别人的帮助、支持和关怀。正是生命的有限性才促使人去努力思考,发奋创造,积极生活,去实现自己生命的意义。

(二)培养自我教育意识

印度哲人克里希那穆提说过:一定要用自己的光照亮自己。因此,自我教育在塑造自己生命的过程中起着非常重要的作用。

(三)培养感恩意识

大学生要对自然、父母、社会存有感恩之心,有了对生命的感恩之情,才能更好地尊重自己和他人,珍惜所拥有的生命。

(四)培养正确的生存价值意识

人具有社会性,不能孤立存在,我们从出生到死亡,都会与他人和社会发生各种关系。我们的生命是属于自己的,但生命又不仅仅属于自己,也属于父母和家庭,属于他

人和社会。我们要充分认识到自己的生命和社会的关系,珍爱生命,形成正确的生命意识。

(五)培养积极的情感体验

(1)人文素质的培养。加强大学生的人文修养,有助于提升大学生的正性情感,可以多读好书,从我国和其他国家民族优秀的传统文化里面汲取营养,更好地经营我们的人生。

(2)关注自己的心理健康。大学生很有必要学习和掌握心理健康方面的相关知识,帮助自己积极应对挫折和压力,调整自己的负面情绪,在必要时也可寻求学校专业心理健康教师的帮助。

拓展阅读

50种珍惜生命的方式

1. 为爱而生

只有爱,能使世界转得更圆;只有爱,能创造奇迹。能够看见别人的好,就会提升自己的好;能够说出别人的好,就会强化对方与自己要更好。爱是一切的原动力。

2. 做自己的心灵捕手

生命第一,善待自己的内在小孩,给TA勇气和信心,对自己负责,活出真正的自己。

3. 简单生活

你真正需要的不是那么多,多出来的任何一样东西对别人都有用,将它送出去,或是捐出去义卖,让真正需要的人善用,简单生活习惯之后,生命自然不再累赘。

4. 拥抱别人,让人拥抱

拥抱是一件完美的礼物,老少皆宜。练习用拥抱代替说话,表达内心最深刻的感受,即时的拥抱能传送安慰与支持,传递生命活力。

5. 家庭优先

和乐家庭最高指导原则:日常体贴,遇事幽默。家庭关系是你这辈子最有意义的投资,试着每天用15分钟,和父母、配偶、孩子,甚至宠物,共同分享回忆、经验、想法、梦想和创意。

6. 别为小事抓狂

你为什么生气? 塞车、买票插队、同学争执、服务生态度恶劣……生气之前,思考哪些才是真正值得生气的情况,例如,虐待儿童、人民遭受饥饿之苦、战争……相较之下,就可以知道有些事是多不值得生气。将怒气转向值得生气的事上,并且想想自己可以为这些情况做什么。

7. 找寻老友

爱情常来来去去,朋友总是越陈越香。曾经同甘共苦的朋友是上帝给的礼赞,花点时间列出老朋友清单,拨个电话聊聊或访友,寻回那曾有的感动与契合。

8. 创意生活家

别让一成不变的生活,腐蚀生命的活力,试着吃半饱、花一半,使用比平时少一半的资源。试试看即使有样东西不够用了,是否能够找到替代品,既可以发挥创意,也能为环保尽一份心力。

9. 练习冒险

无数的第一次造就了你,生命就像一辆10段变速的单车,大部分的人只用到低速挡。你应该尝试新事物,先从小冒险做起,充分发挥自己的潜能,同时不忘赞美自己的勇气。

10. 说谢谢你

一日平安,一日感谢。培养强烈的感恩心,每天至少谢谢一个人,告诉他们你喜欢、仰慕或欣赏他的地方。

11. 别对你的人生说没空

日常生活需要良性循环,人生只有一次,休息是为了走更远的路。每个月定出一天可以彻底休息,放自己一天假。

12. 活到老学到老

学习是一生的事,不断学习,你会发现生命更开阔。

13. 奉献给予

奉献能让你花小钱拥有极大快乐。助人渡难关的方式很多,给予食物、衣物、工作、金钱、时间,你可以由简单的方式开始,如捐出收入的5%,仔细考虑哪些是真正需要你帮助的人,把有限的钱放在最需要帮助的人身上,最能产生无限的功效。

14. 与敌人和好

保持宽容态度,以倾听来代替争吵,让自己变得更温柔与仁慈。不要把问题过度放大,试着问自己:一年后,我还会在意这件事吗?

15. 活出健康的人生

分析自己的饮食习惯,找出需要改进的地方,让营养更均衡。每周至少3次运动,持之以恒,至少上一次恢复精力的课程(如瑜伽或太极),身心健康,精力充沛。

16. 让快乐贴身相随

快乐的人会微笑或哼唱,甚至吹口哨,有快乐的想法,你就会飞起来。专注地想快乐的事,让自己产生向上飞跃的力量。日积月累,快乐会变成一种习惯。

17. 年轻不老心

忘记身份证上的年龄,找出自己觉得重要的以及会让自己心跳加速的事物,让这些点点滴滴充满生活,就能让自己的心态变年轻。

18. 磨亮想象力

要更有创意,就要像孩子般地思考,如重看一本最喜欢的童书,学习小孩子的思考方式;或者读一首诗,在心里想象它的意境;一边听广播的古典音乐、爵士乐或世界音乐,一边想象音乐所传达的景致……都可以提升想象力。

19. 笑纹比皱纹重要

儿童平均一天笑500次,成人只笑15次,任何小事都可以让小孩乐不可支,鼓励自己在笑声中享受人生。

20. 救救地球

减少物品使用量,减少用水,减少用纸,减少开车,减少包装,少用清洁剂,避免用过即丢,减少用量,重复使用,环保回收,自然就在你心中。

21. 救一个生命

帮助需要帮助的人,付出时间、金钱等,可以帮助别人,个人视野也会因了解他人的生活而提升。

22. 试试双手的力量

人生的意义在于创造,艺术可以提升人的生命境界,每做一件事,记得多加些巧思,在每件所做的事情上,发挥报告才能,加入你自己。亲自动手做,享受四肢劳动的乐趣,即使是简单的维修工作都是原创的艺术品。

23. 记得多玩玩

利用闲暇时间享受游玩的乐趣,重新学习游乐技巧,彻底享受自由的快乐。

24. 三人行必有我师

向不同的人学习,拥有会批评的朋友,学习接受建设性的批评。

25. 适当的自私

你有权主导自己的生活,你有全权对别人的要求说不,你有权对批评你或贬低你的人表示意见,你有权和别人分享你的感情,增加生活控制权。

26. 分享

不论是分享阅读心得或是生活偶得,经由感受每个人不同的经验,赋予生命全新的刺激与成长,世界将变得更好。

27. 重回孩提时代

抛开一些已养成的大人行为或习惯,不要剥夺与生俱来的纯真特质,与小孩相处(担任孩子的课外营老师、自愿当儿童球队教练);重读一些小时候听过的故事,可以回忆小时候的情景;看看旧时留下的物品,如成绩单、劳作或礼物;到念过的小学走一遍,回忆自己曾发生过的事或当时的梦想。

28. 向自然学习

自然中蕴含生活哲学,是生命的指示灯,能帮助你发现自己的定位与热情所在。从四季的替换中我们学会从悲伤中复原,因为生命是周而复始,生生不息的。而自然的多样化风貌,教我们学会拒绝大众压力,教我们学会表达真实的自我。

29. 心灵慢跑

心灵激励可以预防精神疾病,让心灵保持思考,也会减慢老化的速度。编一本梦想书,做做白日梦都是可行的。

30. 活出热情

支离破碎的灵魂得到的往往是乏味的成功,对生活的兴趣应高于购物,用最少的时间工作,将大部分的时间给自己感兴趣的事情,做自己爱做的事,做你想做的,说你想说的,学习享受生活,享受你做的任何事情。

31. 可以不完美

每个人天生不同,接受自己,也同样接受别人,用慈悲心训练自己爱缺憾中美丽的事物。

32. 勇闯生命难关

有人为工作而生活,有人因梦想而生活,有人因为要找出究竟为什么要活着而继续生活,生是上天赋予的权利,活则要靠自我的智慧与勇气。

33. 打开地图去旅行

到任何你有兴趣或好奇的城市旅行。旅行,潜藏着一份改变自己和生活的渴求,在旅行中可以得到不可思议的收获,变得不容易害怕,遇到问题时较能从容应付,知道自己离家在外时最想念、牵挂的是什么,最可有可无的是什么。

34. 简单干净就是品味

不论是扫地抹桌子,晾衣服晒被单,都能特别仔细,特别用心,让延长使用年限的心,取代用过即丢的习惯;用全新的恋旧心情,与日常生活建立恒久感情。用材质好、式样大方的家具取代三五年就必须淘汰更换的三夹板;用设计简单、质地宜人,可以一穿再穿取代追求流行的穿衣风格。

35. 在家做义工

慈善事业可以先从家里做起,可以先把服务心用在家里,把家里整理好,花些时间和家人相处,为别人做些事可以让生活更添乐趣与价值,也会让你的人生更有成就。

36. 再试一下

人生最大的压力来源是怕压力,当你相信自己能而能面对事情时,这已是一个好的开端,一切的多虑都将消失,你终会发现:事情并不棘手难办,别人能,当然,你也能。

37. 命运操之在我

一块钱、一句好话、一件善事、一点知识、一些方便、一个笑容,都可以改变自己的命运。

38. 生命的财富

时间就是财富,但是时间的意义在于运用,而非节省。好好运用上天给予每个人的同等财富。

39. 为生命加油

你此生最大的恐惧是什么?最担心最害怕的是什么?是害怕应该表达的心意来不及表达?还是害怕心愿不能实现?把今天当作最后一天来活,知道此生担忧会常在,恐惧就不再是恐惧。

40. 多为别人想一想

爱有多深,包容与体谅就有多深,敢爱的人才敢去包容和体谅他所爱的人。做个善于体谅的人,多给对方时间与空间,做个有智慧与爱心的人。

41. 随时等着被利用

让服务变成生命中的一部分,用生命服务、肯定自己。

42. 化不幸为助力

自己是态度的主宰,而态度决定未来,从跌倒中站起来,化悲痛为力量,每种不幸都蕴含同等或更大利益的种子。

43. 优点轰炸

每个人都有优点,但我们往往习惯看别人缺点,试着做好话连篇、用心说好话的人,勇于表白,要去掉别人身上的刺,最好的方法是拍拍他的背。

44. 和自己赛跑

学习和自己比,忘记曾经拥有的分数,现在要关注的是如何让今天过得比昨天好,用心去发现,能看到生命更宽广的蓝天。

45. 换个角度,心中一片天

别人也许是对的,不要让自己受执着的困扰,便能了解万物,欣赏及认同世间一切。

46. 乐观

处于痛苦时,最有效的事物就是乐观。凡事往好处想,乐观的人可以发明飞机,悲观的人就只能发明降落伞。

47. 真心聆听

通往内心深处的是耳朵,专心聆听并适当回应,对别人是一种很大的鼓舞。

48. 好奇心不打烊

世界上只有愚人,没有愚问。对所有的事物保持一颗敏感的心,好奇是所有人类文明进步的开始。

49. 情绪急转弯

事情没有变,变的是你的观念。改变想法,就能改变情绪,带来完全不同的结果。

50. 我真的很不错

每个人都是一座宝藏,凡人也有超人力量,成功在于唤醒心中的巨人,开发自己的宝藏。

实战练习

生命线

操作:在下面方框内按照你自己的想法画生命线。在右侧标出箭头,这一条线代表你的生命线,起点代表你出生的时候,在终点写出你的预测死亡年龄。然后找出自己现在所处的位置。回忆过去发生在你生活中的事情,并将它们按时间顺序在生命线上列出来,根据感受,愉快的可以放线条上方,不愉快的可以放在线条下方。然后再想象未来想要做的事情及可能发生的事情,仍然按可能愉快或不愉快放在线条的上下方,然后仔细看看你的生命线,它就是你的心灵地图。

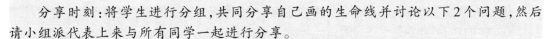

分享时刻:将学生进行分组,共同分享自己画的生命线并讨论以下2个问题,然后请小组派代表上来与所有同学一起进行分享。

(1)面对生命线你想到了什么?

(2)生命线给了你什么启示?

第二节 尊重生命——大学生生命伦理与责任观

一、大学生生命伦理内涵

生命伦理学(bioethics)由两个希腊词构成:bio(生命)和ethnics(伦理学)。生命伦理学就是研究与生命相关的所有伦理学问题,即对在现代生命科学发展过程中出现的如何对待生命、完善生命、发展生命及控制生命数量和提高生命质量等诸多伦理问题做出理论和实践的概括。生命伦理的基本原则是:尊重自律(自我决定)原则、不加害原则、行善原则和正义原则。

二、大学生生命责任观内涵

人是社会关系的总和,生命不是孤独的存在。生命存在的自然属性,要求我们珍惜自己的生命;生命存在的社会属性,要求我们珍惜他人的生命;生命存在的精神属性,则要求我们释怀生命的困惑。

(一)珍惜自己的生命

我们的生命是世界上独一无二的存在,每个生命都有无限发展的可能性,我们要能够接受变化和不断发展成长的自己,并承担相应的责任。人对自己的责任,是生命的第一责任。我们要认真完成学业,对自己的未来负责;我们要珍爱生命,为自己的家庭和社会负责。

案例分享

中国地质大学自杀事件

年仅20岁的常某,是中国地质大学某系大三学生。凌晨3点,这名来自新疆的女孩从学校宿舍楼13楼跳下。警方调查发现,她把两年的学费都用于网购。常某的遗体在河北省保定市的一家殡仪馆火化,一同被火化的,还有她网购的部分护肤品。在她身后,留下的是一封"不敢面对亲友"的遗书,但留给亲友和同学更多的,除了哀伤和悲痛,还有惋惜与思考。

(二)尊重他人的生命

正确对待生命的态度,就是在交往中彼此尊重生命的存在、生命的个性和生命的权利。任何人都没有权利剥夺其他个体的生命,对于自己的生命我们应该珍惜,对于他人的生命,我们应该关爱。

> **案例分享**

药家鑫事件

2010年10月20日22时30分许,药家鑫驾驶小轿车从西安外国语大学长安校区返回市区途中,将前方在非机动车道上骑电动车同方向行驶的被害人张妙撞倒。药家鑫恐张妙记住车牌号找其麻烦,即持尖刀在张妙胸、腹、背等处捅刺数刀,将张妙杀死,逃跑途中又撞伤二人。同月22日,公安机关找其询问被害人张妙被害案是否系其所为,药家鑫矢口否认。10月23日,药家鑫在父母的陪同下到公安机关投案。2011年4月,西安市中级人民法院对此案作出一审判决,以故意杀人罪判处药家鑫死刑,剥夺政治权利终身,并赔偿被害人家人经济损失费;药家鑫随后提起上诉。2011年5月,二审判决宣布维持原判;2011年6月7日,药家鑫被依法执行注射死刑。

(三)善待其他物种的生命

众生平等,不分物我。不同形态的生命相互依存,组成了我们生活的世界,无论是花草树木还是飞鸟走兽都是生命,我们要善待它们的生命,不能再发生"大学生虐猫"这样的事件,让我们负起生命的责任,实现生命之间的和谐。

> **案例分享**

大学生虐猫事件

2020年4月8日,有网友爆料山东理工大学大四学生范某庆虐杀动物,并拍摄视频贩卖。曝光的视频中有多只猫被火烧、鞭打等手段虐待,画面十分残忍,让人极度不适。随后曝光的聊天内容显示,范某庆贩卖的虐猫视频一部分为原创,一部分为倒卖!4月9日,视频曝光后的第二天,记者电话向山东理工大学求证,理工大学工作人员表示范某庆确为学校学生,网上曝光的虐猫视频令人发指,不敢相信这是一位受过高等教育的大学生所为,对此事他们非常震惊并对此高度重视,正在调查。4月9日晚,范某庆在网上发布道歉声明,恳请社会"给我一次改过的机会"。在声明中,范某庆表示,诚心接受网友的谴责和学校的批评教育,也愿意承担由此不良行为所带来的一切后果,还表示今后一定爱惜动物。4月13日,就在范某庆道歉,网友们也准备相信他,给他一次改过机会时,又有网友曝出,他不是真心道歉,还附上了与他的聊天内容。聊天截屏显示,范某庆态度嚣张,对网友叫嚣""学校能拿我咋办""你们能拿我咋办"。4月15日,山东理工大学发布了对虐猫学生范某庆的处理公告,决定对其予以退学处理。

三、如何培养大学生生命伦理和责任观

（一）学会体验生活

喜怒哀乐、酸甜苦辣皆是生活，我们不能因为生命中的苦就否认了生命存在的意义，我们要直面生活，积极地去感受生命、体验生活，同时承担生命的责任。

（二）学会化解生命危机

大学生风华正茂，但是个别人因为生命中的危机就选择了轻生或者随意伤害他人的生命，没能肩负起生命的责任。当生命中有危机发生时，我们要学会自我调节，学会调节自己的情绪状态，学会确立合理的生活目标，学会接受现实。

（三）学会释放生命潜能

大学阶段是充满希望的阶段，有很多的未知等待我们去探索，有很多的梦想等待我们去实现，我们要把有限的时间投入到有意义的学习和生活中，不要让自己虚度时光。

（四）学会感恩

我们要学会感恩，常怀感恩之心，不忘党恩、国恩、帮扶恩、救助恩、父母恩、师长恩、同学恩等，塑造健全人格，养成良好的道德品质，做到的心中有亲人、心中有他人、心中有集体、心中有祖国、心中有社会、心中有自然的"六心常在"，从而学会感恩、学会理解、心怀感恩、诚信做人、受助思源。特别是学会感谢自己的父母，父母给予了我们生命，把我们培养成了大学生，我们背负着父母的殷切希望。不能因为生活中遇到了一些挫折就选择轻生进行逃避，放弃自己的生命等于把自己应该承担的生命责任转给了家人和社会，是极不负责任的表现。

（五）学会回报社会

十年树木，百年树人。培养一个大学生需要10多年的教育时间，因此我们应该努力学习，肩负起生命的责任，承担起社会责任。

实战练习

开展班级辩论活动，主题为"生命不仅仅属于自己"。

第三节　寻找生命的意义——大学生生命价值观

一、大学生生命价值观的含义

价值，即有用，生命价值观是指个体对有关生命及生命价值、生命意义、人生理想、人生信仰和人生态度的重大问题的根本看法和态度，是一套系统化、理论化的生命价值意识。生命价值观包含两个层次：基础层面的生命本体意识和精神层面的生命价值意

识。生命本体意识是指生命的物质形式和感情欲望,生命价值意识是指为了追求生命存在的意义而积极创造生命价值以及提升其价值。大学生生命价值观教育,是目的性与规律性相统一的特殊教育实践活动,它是社会及其所属教育工作者对高等学校为社会主义现代化建设培养优秀人才的使命遵循与理想追求的行动过程,也是当代大学生追求价值理性、培育丰富情感、坚定终极信仰的实践过程。大学生生命价值观教育是引导大学生树立正确对待生命的观点和看法,加强大学生的生命价值观教育实际上是回归人的本真,以人为本,真正回归到现实生活的本来状态。

生命价值观就像一根无形而有力的指挥棒,对当下和未来的生命实践和生命创造起着支配、调节和控制的作用。

二、大学生生命价值观现状

目前我国当代大学生的生命价值观呈现良好态势,大多数大学生都能热爱生命,但是,据中国心理卫生协会2014年底的一组统计数据显示:"我国自杀人群中,大学生群体的自杀率居高不下,是同龄人的2~4倍,而且还在逐年上升。"大学生生命价值观的现状如下。

(一)接受生命价值观教育不够

生命教育是大学教育中的重要方面,通过生命教育让大学生认识生命、理解生命从而珍惜生命。我国大学生生命价值观教育的主要问题有三点。

(1)对自身价值认识错误。很多大学生认为自己是天之骄子,但是现实中落差较大,面对现实时易茫然,易产生极端行为。

(2)承受压力和应对挫折能力不强。当代大学生大多成长环境都比较好,父母溺爱,抗压能力不强,遇到挫折易轻生。

(3)死亡观缺失。死亡在生命中无可避免,但是由于有些大学生对死亡没有正确的认识,导致把死亡当作所谓的解决事情的办法。

(二)对自我生命的关注高于对他人生命的关注

当前很多大学生认为自己和他人的生命都是珍贵的,但是如果二者只能选其一的话,先保护好自己。

(三)信仰缺失

信仰是人们对人生观、价值观和世界观等的选择和持有,它能够驱使人们共同应对不幸和灾难,促成整个社会的相互作用和支持。信仰也是一个民族繁盛的精神支柱,是一个国家富强的重要动力。可是今天,大学生这个特殊群体普遍表现出的信仰缺失现象却令人无比忧虑。据中科院哲学研究所组织的《转型期社会伦理与道德》的大型社会调查,回答"没有信仰"的占36.09%,"有信仰"的仅占28.10%。还有许多学者在各自所在的不同地区的高校也做了大量的实证调研,调研结果反映出对信仰冷漠的学生占25%以上。

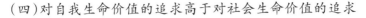

（四）对自我生命价值的追求高于对社会生命价值的追求

人的生命价值不仅体现为生命的存在，也体现为为社会所做贡献的多少，但是目前有些大学生认为生命价值中"实现自己的目标"比"对社会做出重大贡献"更重要。

二、大学生树立正确生命价值观的途径

大学阶段是大学生人生价值观、世界观、道德观形成的重要时期，这个时期拥有正确生命价值观对大学生人生的成长是至关重要的。2014年五四青年节，习近平主席在北京大学师生座谈会上讲话，倡导广大青年朋友要自觉践行社会主义核心价值观。他希望青年大学生："一要勤学，下得苦功夫，求得真学问；二要修德，加强道德修养，注重道德实践；三要明辨，善于明辨是非，善于决断选择；四要笃实，扎扎实实干事，踏踏实实做人。"习近平主席的殷切期望，是引导大学生如何对待生命，实现人生价值，让当代大学生向上向善，敢于承担责任，更好地奉献于社会。大学生树立正确生命价值观的途径有以下几点。

（一）家庭教育

父母是孩子的第一任老师，人们最初获得的教育都来自他的家庭。因而，生命价值观教育不可脱离家庭这个大背景，不可忽视家庭教育的必要性。

（1）生存能力的培养。父母要培养孩子生存的能力，培养孩子适当的吃苦意识，进行生存训练，让孩子离开父母也能很好地生存，千万不要培养"衣服快递回家给家长洗"的大学生。

（2）责任意识培养。马克思、恩格斯曾说"作为确定的人，现实的人，你就有规定，就有使命，就有任务"，也就是说，我们都是社会人，无可避免地要肩负一定的对于国家、社会、家庭、自己的责任。

（3）感恩意识的培养。感恩意识就是对我们所拥有的一切恩情认识、恩情体验并意欲回报的恩情态度和观念。感恩之心是一种美好的心理能力，它不仅让人懂得回报，也让人在感激他人的同时获得了自我幸福感的提升。

（二）学校教育

意大利教育家蒙台梭利曾经说过：教育的目的在于帮助生命力的正常发展。高校作为社会中的高等教育机构，其根本任务就是利用一切教育资源来促进大学生全面发展，使其成为社会需要的各类人才，而生命价值观教育就是大学生成才的主要教育内容之一。

（1）建立生命价值观知识教育课程。在高校开设生命价值观教育课程是实施生命价值观教育的最基本途径，各高校应开设专门的课程予以教授，也应在各个学科内适时地开展教育，让其贯穿整个大学教育的始终，引导学生认识生命、珍爱生命、发展生命。

（2）充分发挥思政工作者的作用。高校的思政工作者主要包括政治理论课程教师、辅导员以及党团组织老师等，他们是高校大学生生命价值观教育的主要力量。

(3)加强心理健康教育。心理健康教育有利于生命价值观教育工作的开展,有利于把危机事件扼杀在摇篮里,有利于大学生的全面发展。

(4)营造生命价值观教育校园氛围。高校还可以通过开展丰富多彩的课外活动,营造积极健康的校园文化氛围,潜移默化地影响学生,培养学生正确的生命价值观。

(三)自我教育

自我教育是教育的最高境界,我国著名的教育家叶圣陶说过:"教育的目的就是为了不教育。"自我教育是大学生把自己同时当作教育的主体与客体,根据社会的要求和自我发展的需要,在自我意识的基础上,依靠自身的思想矛盾运动所进行的思想转化和行为控制活动;是个体为提高自身思想道德水平而进行的自我选择、自我激励、自我调控和自我完善。大学生要学会正确认识自我。首先,大学生要实事求是,通过自我的观察和内省以及他人的态度和评价,认识自我,查漏补缺。其次,在自我认识的基础上进行自我反思,客观公正的评价自我。遇到事情,多对自己进行反省,从而完善自我,取得不断进步。最后,大学生自己要积极加强自我修养,提高自身素质,不断学习,充分掌握生命价值的有关知识和原理,真正体会生命与生存的不同,为未来的社会生活打下基础,以便更好地适应社会生活。

大学生生命价值观的形成与发展是一个长期、复杂的过程,要家庭、学校及学生本人形成合力,培养正确的生命价值观,从而指导大学生人生道路的选择,推动人生实践的进程,实现人生的价值和意义。

拓展阅读

尼克·胡哲的故事

尼克·胡哲出生于1982年12月4日。他一生下来就没有双臂和双腿,只在左侧臀部以下的位置有一个带着两个脚趾头的小"脚",他妹妹戏称为"小鸡腿",因为尼克家的宠物狗曾经误以为那个是鸡腿,想要吃掉它。

看到儿子这个样子,他的父亲吓了一大跳,甚至忍不住跑到医院产房外呕吐。他的母亲也无法接受这一残酷的事实,直到尼克·胡哲4个月大才敢抱他。

但是,尼克·胡哲的双亲并没有放弃对儿子的培养,而是希望他能像普通人一样生活和学习。

尼克·胡哲的父亲是一名电脑程序员,还是一名会计。尼克·胡哲6岁时,父亲开始教他用两个脚趾头打字。后来,父母把尼克·胡哲送进当地一所普通小学就读。尼克·胡哲行动得靠电动轮椅,还有护理人员负责照顾他。母亲还发明了一个特殊塑料装置,可以帮助他拿起笔。没有父母陪在身边,尼克·胡哲难免受到同学欺凌。"8岁时,我非常消沉",他回忆说,"我冲妈妈大喊,告诉她我想死。"10岁时的一天,他试图把自己溺死在浴缸里,但是没能成功。在这期间双亲一直鼓励他学会战胜困难,他也逐渐交到了朋友。直到13岁那年,尼克·胡哲看到一篇刊登在报纸上的文章,介绍一名残疾人自强不息,给自己设定一系列伟大目标并完成的故事。他受到启发,决定把帮助他人作为自己的人生目标。尼克·胡哲从17岁起开始做演讲,向人们介绍自己不屈服于命运的经历。随着演讲邀请信纷至沓来,尼克·胡哲开始到世界各地演讲,迄今已到过35个国家和地区。2005年获得"杰出澳洲青年奖"。

尼克·胡哲语录:

(1)上帝在我生命中有个计划,通过我的故事给予他人希望。

(2)人生最可悲的并非失去四肢,而是没有生存希望及目标!人们经常埋怨什么也做不来,但如果我们只记挂着想拥有或欠缺的东西,而不去珍惜所拥有的,那根本改变不了问题!真正改变命运的,并不是我们的机遇,而是我们的态度。

(3)人生的遭遇难以控制,有些事情不是你的错,也不是你可以阻止的。你能选择的不是放弃,而是继续努力争取更好的生活。

(4)你不能放弃梦想,但是可以改变方向,因为你不知道在人生的拐角处会遇到什么。

(5)如果你失败了,再站起来。

(6)如果发现自己不能创造奇迹,那就努力让自己变成一个奇迹。

(7)态度决定高度。

(8)我仍热爱生活,因为我对生存的渴望。

(9)在生命中,我们不能选择什么,却可以改变什么。

(10)认为自己不够好,这是最大的谎话;认为自己没价值,这是最大的欺骗。

推荐:
电影《荒岛余生》
视频《生命力士尼克》

实战练习

1. 树与人

(1)热身活动:

自然界中都有哪些种类的树?你喜欢哪种树?

(2)分组:

按树的名称分组(如杨树组、松树组)

(3)发展活动:

①参天大树。

每个同学画出自己喜欢的大树,想象它有多少岁,经历了多少风风雨雨,饱受了多少世间沧桑,它都有哪些价值?自己和它相比,是怎样的感觉?

②树与人的对话。

每个同学与自己画的树进行一次心灵的对话,并将对话写在树的下方。

③分享时刻。

●小组分享与讨论。

●全班分享与讨论。

(4)辅导教师结合大家的"作品"进行总结。

2. 因为有了我

作为生命的个体,你的存在会给别人带来哪些快乐和幸福,请在下面把句子补充完整。

因为有了我,_____

因为有了我,_____

第十一章 就业心理及就业准备

本章导航

机会是留给准备好的人,就业亦然。本章我们将从职业生涯规划、职业准备与就业心理及调适展开讨论。

第一节 职业生涯规划

一、职业生涯规划的内涵

生涯是什么？樊富珉认为生涯是指一个人一生中所从事的工作以及其所担任的职务、角色,同时也涉及其他非职业的活动。美国生涯理论专家舒伯(D.E.Super)认为生涯是生活中各种事件的方向,生涯发展是以人为中心的,他根据年龄将人的各生活阶段与职业发展配合,将生涯发展阶段划分为成长、探索、建立、维持与退出五个阶段,他还提出了生活广度、生活空间的生涯发展观,具体如图11-1所示。

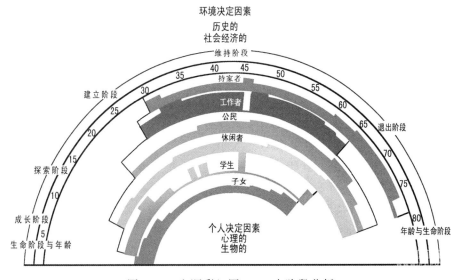

图11-1 生涯彩虹图——5个阶段分析

在生涯彩虹图中,横向层面代表的是生活的广度,彩虹的外层显示生涯的主要发展阶段和大致估算的年龄,舒伯特别强调各个年龄的划分有相当大的弹性,依照个体不同情况而定。

二、大学生职业生涯规划的意义

大学生正处于生涯发展的关键时期,时代的发展给大学生提供了更多的发展机会,也提出了更高的要求,如何在众多的生涯选择中不迷茫,职业生涯规划就显得尤为重要。

(一)协助个人认识自我

职业生涯规划可以帮助高职高专学生更好地认识自我,了解自己的优缺点、兴趣爱好,从而对现实目标进行理性的分析。

(二)协助个人规划自我实现理想

明确的职业生涯规划有助于高职高专学生把理想与现实结合起来,然后依规划实现理想。

(三)协助个人理性就业

职业生涯规划越明确,越合理,高职高专学生在毕业就业时就越少迷茫与失望。

三、大学生职业生涯规划的制订

由于每个人都是一个独特的个体,因此每个人职业生涯规划都不同,我们要从了解自己、探索自己开始,了解自己的职业定位,确立职业目标、制订可行计划,然后执行计划。常用的职业生涯规划模式如下。

(一)5W分析法

(1)Who am I? 我是谁? 是指对自己进行深刻的反思,充分了解自己的优缺点,对自己有一个全面、客观、清醒的认识。

(2)What will I do? 我想做什么? 是指自己要清楚地知道想要什么样的职业和什么样的生活。

(3)What can I do? 我会做什么? 是指要清楚自己能干什么或者哪些方面可能有发展的潜力。这是对自己能力的考量,个人职业的定位必须以自身的实力、能力作为根基,而职业发展空间则取决于自身潜力的大小。

(4)What does the situation allow me to do? 环境支持或允许我做什么? 主要是指周围环境资源的支持,这种支持将有助于你的自我发展。你可以通过主客观因素的深入调查,做可行性分析,这些分析既包括经济发展、政策、制度、职业空间、社会企业发展等客观因素,也包括朋友关系、社会人脉等主观因素。

(5)What is the plan of my career and life? 我的职业与生涯规划是什么? 确立自己最终的职业目标。

(二)SWOT 分析法

SWOT 分析:S(strengths)是优势,W(weaknesses)是劣势,O(opportunities)是机遇,T(threats)是威胁。优势与劣势指的是自己的优缺点;机遇指现在的就业形势、职业发展空间等;威胁指专业冷门、同学竞争等职业发展会遇到的挑战。

SWOT 是基于内外部竞争环境和竞争条件下的态势分析,将与研究对象密切相关的各种主要内部优势、劣势和外部的机会和威胁等,通过调查列举出来,并依照矩阵形式排列,然后用系统分析的思想,把各种因素相互匹配起来加以分析,从中得出一系列相应的结论。

运用这种方法,我们可以仔细分析就业形势与自己的能力匹配情况,规划好自己的职业生涯。

(三)人职匹配法

美国职业心理学家霍兰德(John Holland)认为人格分为六种类型,并且六种人格对应着六种职业类型,分别为现实型、研究型、艺术型、社会型、企业型和常规型。

(1)社会型(S)。喜欢与人交往、不断结交新的朋友、善言谈、愿意教导别人。关心社会问题、渴望发挥自己的社会作用。寻求广泛的人际关系,比较看重社会义务和社会道德。

典型职业:喜欢要求与人打交道的工作,能够不断结交新的朋友,从事提供信息、启迪、帮助、培训、开发或治疗等事务,并具备相应能力。如教育工作者(教师、教育行政人员),社会工作者(咨询人员、公关人员)。

(2)企业型(E)。追求权力、权威和物质财富,具有领导才能。喜欢竞争、敢冒风险、有野心、抱负。为人务实,习惯以利益得失、权利、地位、金钱等来衡量做事的价值,做事有较强的目的性。

典型职业:喜欢要求具备经营、管理、劝服、监督和领导才能,以实现机构、政治、社会及经济目标的工作,并具备相应的能力。如项目经理、销售人员、营销管理人员、政府官员、企业领导、法官、律师。

(3)常规型(C)。尊重权威和规章制度,喜欢按计划办事,细心、有条理,习惯接受他人的指挥和领导,自己不谋求领导职务。喜欢关注实际和细节情况,通常较为谨慎和保守,缺乏创造性,不喜欢冒险和竞争,富有自我牺牲精神。

典型职业:喜欢要求注意细节、精确度、有系统有条理,具有记录、归档、据特定要求或程序组织数据和文字信息的职业,并具备相应能力。如秘书、办公室人员、记事员、会计、行政助理、图书馆管理员、出纳员、打字员、投资分析员。

(4)实际型(R)。愿意使用工具从事操作性工作,动手能力强,做事手脚灵活,动作协调。偏好于具体任务,不善言辞,做事保守,较为谦虚。缺乏社交能力,通常喜欢独立做事。

典型职业:喜欢使用工具、机器,需要基本操作技能的工作。对要求具备机械方面才能、体力或从事与物件、机器、工具、运动器材、植物、动物相关的职业有兴趣,并具备相应能力。如技术性职业(计算机硬件人员、摄影师、制图员、机械装配工),技能性职业(木匠、厨师、技工、修理工、农民、一般劳动)。

(5)调研型(I)。思想家而非实干家,抽象思维能力强,求知欲强,肯动脑,善思考,不愿动手。喜欢独立的和富有创造性的工作。知识渊博,有学识才能,不善于领导他人。考虑问题理性,做事喜欢精确,喜欢逻辑分析和推理,不断探讨未知的领域。

典型职业:喜欢智力的、抽象的、分析的、独立的定向任务,要求具备智力或分析才能,并将其用于观察、估测、衡量、形成理论、最终解决问题的工作,并具备相应的能力。如科学研究人员、教师、工程师、电脑编程人员、医生、系统分析员。

(6)艺术型(A)。有创造力,乐于创造新颖、与众不同的成果,渴望表现自己的个性,实现自身的价值。做事理想化,追求完美,不重实际。具有一定的艺术才能和个性。善于表达、怀旧、心态较为复杂。不善于事务性工作。

典型职业:喜欢的工作要求具备艺术修养、创造力、表达能力和直觉,并将其用于语言、行为、声音、颜色和形式的审美、思索和感受,具备相应的能力。如艺术方面(演员、导演、艺术设计师、雕刻家、建筑师、摄影家、广告制作人),音乐方面(歌唱家、作曲家、乐队指挥),文学方面(小说家、诗人、剧作家)。

然而,大多数人都并非只有一种性向(例如,一个人的性向中很可能是同时包含着社会性向、实际性向和调研性向这三种)。霍兰德认为,这些性向越相似,相容性越强,则一个人在选择职业时所面临的内在冲突和犹豫就会越少。为了帮助描述这种情况,霍兰德建议将这六种性向分别放在一个正六三角形的每一角,如图11-2所示。

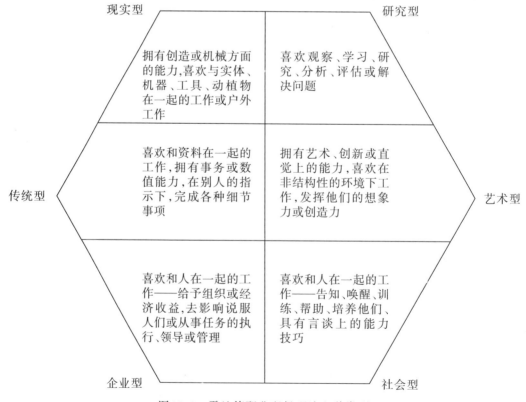

图11-2 霍兰德职业兴趣理论六种类型

拓展阅读

两颗种子,两种人生

春天到了,万物复苏。两颗种子也醒了,它们躺在一片肥沃的土壤里憧憬着各自的未来。

第一颗种子说:"我一定要努力生长!我要向下扎根,让生命在土壤里变得坚强!我要'出人头地',让茎叶随风摇摆,歌颂春天的到来!我还要开出美丽的花朵,结出丰硕的果实,给这个大地增添些许沁人的花香,为人们提供醉人的果实。这样我既可以感受春晖照耀脸庞的温暖,也可以体味晨露滴落花瓣的喜悦和生命成熟的欢欣!"

第二颗种子听后皱着眉头颤抖地说:"我可没有你那么勇敢!我若向下扎根,也许会碰到坚硬的石块;我若用力往上钻,可能会伤到我脆弱的茎;我若长出幼芽,难保不会被蜗牛吃掉;我若开出美丽的花,只怕小孩看了会将我连根拔起;我若结出果实,只怕还会被不劳而获的家伙偷偷摘去。我还是等情况安全些再做打算吧!"于是它继续瑟缩在那一片它自认为十分安全的土壤里。几天后,一只母鸡在庭院里觅食,它就这样不声不响地进了母鸡的肚子。而第一颗种子一直在努力生长着,这期间它受过伤,挨过冻,哭过,笑过,被人踩踏过,被蜗牛啃过。但是它始终没有忘记自己高高在上的梦想。每当寒夜侵袭,一切都沉寂下来的时候,它也会不时地感到一种难以抑制的孤独和凄凉,但它总是一遍一遍地对自己说:"我不能放弃,也不会放弃!因为我有梦想啊!"终于有一天,它长大了,开出了娇艳的花,结出了累累的果实。

两颗同样的种子,由于它们订立的目标不一样,它们有了完全不一样的结果。

实战练习

霍兰德职业兴趣测量表

请根据对每一题目的第一印象作答,不必仔细推敲,答案没有好坏、对错之分,如果选择"是",请打"√","否"则请打"×"。

1. 我喜欢把一件事情做完后再做另一件事。(　　)
2. 在工作中我喜欢独自筹划,不愿受别人干涉。(　　)
3. 在集体讨论中,我往往保持沉默。(　　)
4. 我喜欢做戏剧、音乐、歌舞、新闻采访等方面的工作。(　　)
5. 每次写信我都一挥而就,不再重复。(　　)
6. 我经常不停地思考某一问题,直到想出正确的答案。(　　)
7. 对别人借我的和我借别人的东西,我都能记得很清楚。(　　)
8. 我喜欢抽象思维的工作,不喜欢动手的工作。(　　)
9. 我喜欢成为人们注意的焦点。(　　)
10. 我喜欢不时地夸耀一下自己取得的好成就。(　　)
11. 我曾经渴望有机会参加探险。(　　)
12. 当我一个人独处时,会感到更愉快。(　　)
13. 我喜欢在做事前,对此事做出细致的安排。(　　)

14. 我讨厌修理自行车、电器一类的工作。（　　）
15. 我喜欢参加各种各样的聚会。（　　）
16. 我愿意从事虽然工资少,但是比较稳定的职业。（　　）
17. 音乐能使我陶醉。（　　）
18. 我办事很少思前想后。（　　）
19. 我喜欢经常请示上级。（　　）
20. 我喜欢需要运用智力的游戏。（　　）
21. 我很难做那种需要持续集中注意力的工作。（　　）
22. 我喜欢亲自动手制作一些东西,从中得到乐趣。（　　）
23. 我的动手能力很差。（　　）
24. 和不熟悉的人交谈对我来说毫不困难。（　　）
25. 和别人谈判时,我总是很容易放弃自己的观点。（　　）
26. 我很容易结识同性朋友。（　　）
27. 对于社会问题,我通常持中庸的态度。（　　）
28. 当我开始做一件事情后,即使碰到再多的困难,我也要执着地干下去。（　　）
29. 我是一个沉静而不易动感情的人。（　　）
30. 当我工作时,我喜欢避免干扰。（　　）
31. 我的理想是当一名科学家。（　　）
32. 与言情小说相比,我更喜欢推理小说。（　　）
33. 有些人太霸道,有时明明知道他们是对的,也要和他们对着干。（　　）
34. 我爱幻想。（　　）
35. 我总是主动地向别人提出自己的建议。（　　）
36. 我喜欢使用榔头一类的工具。（　　）
37. 我乐于解除别人的痛苦。（　　）
38. 我更喜欢自己下了赌注的比赛或游戏。（　　）
39. 我喜欢按部就班地完成要做的工作。（　　）
40. 我希望能经常换不同的工作来做。（　　）
41. 我总留有充裕的时间去赴约会。（　　）
42. 我喜欢阅读自然科学方面的书籍和杂志。（　　）
43. 如果掌握一门手艺并能以此为生,我会感到非常满意。（　　）
44. 我曾渴望当一名汽车司机。（　　）
45. 听别人谈"家中被盗"一类的事,很难引起我的同情。（　　）
46. 如果待遇相同,我宁愿当商品推销员,而不愿当图书管理员。（　　）
47. 我讨厌跟各类机械打交道。（　　）
48. 我小时候经常把玩具拆开,把里面看个究竟。（　　）
49. 当接受新任务后,我喜欢以自己的独特方法去完成它。（　　）
50. 我有文艺方面的天赋。（　　）
51. 我喜欢把一切安排得整整齐齐、井井有条。（　　）
52. 我喜欢做一名教师。（　　）

53. 和一群人在一起的时候,我总想不出恰当的话来说。(   )
54. 看情感影片时,我常禁不住眼圈红润。(   )
55. 我讨厌学数学。(   )
56. 在实验室里独自做实验会令我寂寞难耐。(   )
57. 对于急躁、爱发脾气的人,我仍能以礼相待。(   )
58. 遇到难解答的问题时,我常常放弃。(   )
59. 大家公认我是一名勤劳踏实的、愿为大家服务的人。(   )
60. 我喜欢在人事部门工作。(   )

职业人格的类型:(符合以下"是"或"否"答案的记1分,不符合的记0分)
"常规型":是(7,19,29,39,41,51,57),否(5,18,40)
"现实型":是(2,13,22,36,43),否(14,23,44,47,48)
"研究型":是(6,8,20,30,31,42),否(21,55,56,58)
"管理型":是(11,24,28,35,38,46,60),否(3,16,25)
"社会型":是(15,26,37,52,59),否(1,12,27,45,53)
"艺术型":是(4,9,10,17,33,34,49,50,54),否(32)

请将得分最高的3种类型从高到低排列,得出1个(或2个)三位组合答案,再对照《人格类型与职业环境的匹配》和《测试结果与职业匹配对照表》得出人格类型所匹配的职业。

劳动者类型与职业类型对应表:

类型	劳动者	职业
现实型	①愿意使用工具从事操作性工作; ②动手能力强,做事手脚灵活,动作协调; ③不善言辞,不善交际	主要是指各类工程技术工作、农业工作。通常需要一定体力,需要运用工具或操作机器。 主要职业有:工程师、技术员;机械操作、维修、安装工人,矿工、木工、电工、鞋匠等;司机,测绘员、描图员;农民、牧民、渔民等
探索型(调研型)	①抽象思维能力强,求知欲强,肯动脑,善思考,不愿动手; ②喜欢独立的和富有创造性的工作; ③知识渊博,有学识才能,不善于领导他人	主要是指科学研究和科学实验工作。 主要职业:自然科学和社会科学方面的研究人员、专家;化学、冶金、电子、无线电、电视、飞机等方面的工程师、技术人员;飞机驾驶员、计算机操作员等
艺术型	①喜欢以各种艺术形式来表现自己的才能,实现自身的价值; ②具有特殊艺术才能和个性; ③乐于创造新颖的、与众不同的艺术成果,渴望表现自己的个性	主要是指各类艺术创作工作。 主要职业:音乐、舞蹈、戏剧等方面的演员、艺术家编导、教师;文学、艺术方面的评论员;广播节目的主持人、编辑、作者;绘画、书法、摄影家;艺术、家具、珠宝、房屋装饰等行业的设计师等

(续表)

类型	劳动者	职业
社会型	①喜欢从事为他人服务和教育他人的工作； ②喜欢参与解决人们共同关心的社会问题，渴望发挥自己的社会作用； ③比较看重社会义务和社会道德	主要是指各种直接为他人服务的工作，如医疗服务、教育服务、生活服务等。 主要职业：教师、保育员、行政人员；医护人员；衣食住行服务行业的经理、管理人员和服务人员；福利人员等
企业型（事业型）	①精力充沛、自信、善交际，具有领导才能； ②喜欢竞争，敢冒风险； ③喜爱权力地位和物质财富	主要是指那些组织与影响他人共同完成组织目标的工作。 主要职业：经理企业家、政府官员、商人、行业部门和单位的领导者、管理者等
传统型	①喜欢按计划办事，习惯接受他人指挥和领导，自己不谋求领导职务； ②不喜欢冒险和竞争； ③工作踏实，忠诚可靠，遵守纪律	主要是指各类与文件档案、图书资料、统计报表之类相关的各类科室工作。 主要职业：会计、出纳、统计人员；打字员；办公室人员；秘书和文书；图书管理员；旅游、外贸职员、保管员、邮递员、审计人员、人事职员等

第二节 求职准备

笛卡尔说："机遇只垂青那些有准备的人。"作为高职高专的大学生，我们要找好的工作，需要做好以下几点准备。

一、合理的就业目标和择业标准的准备

所谓合理的就业目标，就是指选择的职业既符合个人的特点，也符合社会需要，体现人职合理的匹配，能充分运用自己所学知识，发挥个人优势，多为社会作贡献的就业目标。今天大学生合理的就业目标主要包括两个方面。一是就业的主要目标。对于一个特定专业的大学生，在目前的就业形式下，最大的可能是从事与所学专业相关的职业。因此大学生应把能充分运用自己所学专业知识的职业作为自己就业的主要目标，这既符合学校教育的培养目标，又能充分运用自己的专业知识，发挥专业特长。二是就业的次要目标。这是由社会职业结构的不断变化，相应地对人才的需求随之变化所决定的。这就要求大学生在学好专业知识的同时，根据自己的兴趣、爱好，利用课余时间，通过自学等途径，学习有关知识，培养能力，决定与自己兴趣、爱好相一致的就业目标。要确定合理就业目标，就要求大学生合理调整就业期望值，优化自己就业的心理坐标。

二、专业知识的准备

大学时期是专业知识准备的最佳时期,应在大学入学时就确立好目标,做好职业生涯规划,在大学期间有针对性地学习,为将来的工作做好充分的知识准备。

专业知识的准备一定要针对职业目标,有总体目标,有阶段目标,逐步完成,才能有效地做好专业知识的准备。

三、职业技能的准备

如果是知识准备是理论层面的准备,那么技能准备就是实践层面的准备。对于高职高专的同学来说职业技能的准备尤为重要,职业技能的准备从现实层面来说,就是不断提升自己的技能水平,并通过相应的认定,不断获取更高层次的技能证书,以满足职业发展的需求。另外参加各种职业技能大赛也是提升职业技能很好的途径。

四、工作经验的准备

目前,很多企业都会倾向于招聘有工作经验的同学,对于刚毕业的高职高专同学而言,意味着我们要积极地对待自己实习期间的工作,并在大学期间通过多种途径去积累工作经验,如勤工助学、做志愿者等。

五、职业素养的准备

职业素养包括职业适应力、职业道德、专业精神等方面的内容,是一个人各方面因素的综合表现,其影响因素很多,主要包括个人受教育的程度、工作实践经历、所处的文化背景等。从某种意义上来说,职业素养对于个体的职业发展具有背景性的意义。个体知识和技能能否很好发挥、职业活动能否顺利开展、职业成就能否满足社会需求等都和职业素养有关,因此我们高职高专大学生应该在学习之余注重职业素养的发展。

六、求职心理的准备

当前,由于受多种因素的影响,在大学生就业中存在某些不健康心理,特别是当就业的现实与理想存在一定距离时产生自卑或恐惧,产生某些不健康的心理。

一是自负心理,这是大学生的一种优势心理。

二是迷惘心理,当所学专业与社会需求不尽吻合时感到无所适从。

三是逃避心理,在"双向选则"时,发现自己的知识不能适应社会的需求,于是追悔、逃避、对就业失去了信心和勇气。

四是消极心理,不能正确认识和分析就业中的不合理现象而感到失望。

因此,大学生在就业准备的过程中,要注意调整自己的心理状态,做好求职心理的准备,保持健康的心理。那么怎样才能使自己有一个健康的心理呢?首先进行自我调节,充分相信自己,看到自己的优势、前景,减轻心理负荷,保持良好的精神状态。其次作好充分的心理准备。树立正确的则业观;看问题不要极端化;处理好自我价值实现与社会的关系。

七、求职资料的准备

（一）个人资料的准备

个人资料主要包括个人简历和相关证明材料。
(1)简历；
(2)身份证明材料：身份证、学生证、就业推荐表等；
(3)学历证明材料：在校期间的成绩单和专门出具的证明等；
(4)证书材料：英语和计算机等级证书、职业资格证、获奖证书等。

（二）招聘信息的收集

招聘信息可以从学校毕业生就业指导中心、各地为毕业生安排的专场招聘会、知名企业的校园招聘会、报刊、广播、电视、网络、短信以及亲朋好友处获得，但注意甄别信息的准确性。

（三）面试技巧的准备

面试着装：简单整齐大方。
面试题目提前准备：如提前准备好自我介绍、为什么要来面试这个职位等相关题目。

八、身体素质准备

无论哪一种职业，对从事者的身体素质都有一定的要求，不少职业对从业者身体素质的要求还比较高。所以，大学生应该始终养成良好的生活习惯，积极参加体育锻炼，自觉遵守作息时间，形成学习和生活的规律，作好身体素质的准备，以迎接社会对自己的选择与职业的挑战。

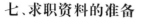

野狼与狐狸

一只野狼卧在草上勤奋地磨牙，狐狸看到了，就对它说："天气这么好，大家在休息娱乐，你也加入我们的队伍吧！"野狼没有说话，继续磨牙，把它的牙齿磨得又尖又利。

狐狸奇怪地问道："森林这么静，猎人和猎狗已经回家了，老虎也不在近处徘徊，又没有任何危险，你何必那么用劲磨牙呢？"野狼停下来回答说："我磨牙并不是为了娱乐，你想想，如果有一天我被猎人或老虎追逐，到那时，我想磨牙也来不及了。而平时我就把牙磨好，到那时就可以保护自己了。"

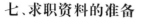

大学生必备面试技巧

在大学生毕业就业时，面试是一个非常重要的过程，有些大学生在这个过程中感到不知所措，或者做得不好，使自己在求职中因小失大，失去机会。

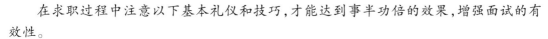

在求职过程中注意以下基本礼仪和技巧,才能达到事半功倍的效果,增强面试的有效性。

1. 面试中的基本礼仪

(1)一旦和用人单位约好面试时间后,一定要提前5~10分钟到达面试地点,以表示求职者的诚意,给对方以信任感,同时也可调整自己的心态,作一些简单的仪表准备,以免仓促上阵,手忙脚乱。为了做到这一点,一定要牢记面试的时间地点,有条件的同学最好能提前去一趟,以免因一时找不到地方或途中延误而迟到。如果迟到了,肯定会给招聘者留下不好的印象,甚至会丧失面试的机会。

(2)进入面试场合时不要紧张。如门关着,应先敲门,得到允许后再进去。开关门动作要轻,以从容、自然为好。见面时要向招聘者主动打招呼问好致意,称呼应当得体。在用人单位没有请你坐下时,切勿急于落座。用人单位请你坐下时,应道声"谢谢"。坐下后保持良好体态,切忌大大咧咧,左顾右盼,满不在乎,以免引起反感。离去时应询问"还有什么要问的吗",得到允许后应微笑起立,道谢并说"再见"。

(3)对用人单位的问题要逐一回答。对方给你介绍情况时,要认真聆听。为了表示你已听懂并感兴趣,可以在适当的时候点头或适当提问、答话。回答主试者的问题,口齿要清晰,声音要适度,答话要简练、完整。一般情况下不要打断用人单位的问话或抢问抢答,否则会给人急躁、鲁莽、不礼貌的印象。问话完毕,听不懂时可要求重复。当不能回答某一问题时,应如实告诉用人单位,含糊其辞和胡吹乱侃会导致面试失败。对重复的问题也要有耐心,不要表现出不耐烦。

(4)在整个面试过程中,在保持举止文雅大方,谈吐谦虚谨慎,态度积极热情。如果用人单位有两位以上主试人时,回答谁的问题,你的目光就应注视谁,并应适时地环顾其他主试人以表示你对他们的尊重。谈话时,眼睛要适时地注意对方,不要东张西望,显得漫不经心,也不要眼皮低望,显得缺乏自信,激动地与用人单位争辩某个问题也是不明智的举动,冷静地保持不卑不亢的风度是有益的。有的用人单位专门提一些无理的问题试探你的反应,如果处理不好,容易乱了分寸,面试的效果显然不会理想。

2. 应试者语言运用的技巧

面试场上你的语言表达艺术标志着你的成熟程度和综合素养。对求职应试者来说,掌握语言表达的技巧无疑是重要的。那么,面试中怎样恰当地运用谈话的技巧呢?

(1)口齿清晰,语言流利,文雅大方。交谈时要注意发音准确,吐字清晰。还要注意控制说话的速度,以免磕磕绊绊,影响语言的流畅。为了增添语言的魅力,应注意修辞美妙,忌用口头禅,更不能有不文明的语言。

(2)语气平和,语调恰当,音量适中。面试时要注意语言、语调、语气的正确运用。打招呼时宜用上语调,加重语气并带拖音,以引起对方的注意。自我介绍时,最好多用平缓的陈述语气,不宜使用感叹语气或祈使句。声音过大令人厌烦,声音过小则难以听清。音量的大小要根据面试现场情况而定。两人面谈且距离较近时声音不宜过大,群体面试而且场地开阔时声音不宜过小,以每个用人单位都能听清你的讲话为原则。

(3)语言要含蓄、机智、幽默。说话时除了表达清晰以外,适当的时候可以插进幽默的语言,使谈话增加轻松愉快的气氛,也会展示自己的优越气质和从容风度。尤其是当遇到难以回答的问题时,机智幽默地语言会显示自己的聪明智慧,有助于化险为夷,并给人以良好的印象。

(4)注意听者的反应。求职面试不同于演讲,而是更接近于一般的交谈。交谈中,应随时注意听者的反应。比如,听者心不在焉,可能表示他对自己这段话没有兴趣,你得设法转移话题;侧耳倾听,可能说明由于自己音量过小使对方难于听清;皱眉、摆头可能表示自己言语有不当之处。根据对方的这些反应,就要适时地调整自己的语言、语调、语气、音量、修辞,包括陈述内容。这样才能取得良好的面试效果。

3. 应试者回答问题的技巧

(1)把握重点,简捷明了,条理清楚,有理有据。一般情况下回答问题要结论在先,议论在后,先将自己的中心意思表达清晰,然后再做叙述和论证。否则,长篇大论,会让人不得要领。面试时间有限,神经有些紧张,多余的话太多,容易走题,反倒会将主题冲淡或漏掉。

(2)讲清原委,避免抽象。用人单位提问总是想了解一些应试者的具体情况,切不可简单地仅以"是"和"否"作答。应针对所提问题的不同,有的需要解释原因,有的需要说明程度。不讲原委、过于抽象的回答,往往不会给主试者留下具体的印象。

(3)确认提问内容,切忌答非所问。面试中,如果对用人单位提出的问题,一时摸不到边际,以致不知从何答起或难以理解对方问题的含义时,可将问题复述一遍,并先谈自己对这一问题的理解,请教对方以确认内容。对不太明确的问题,一定要搞清楚,这样才会有的放矢,不致答非所问。

(4)有个人见解,有个人特色。用人单位有时接待应试者若干名,相同的问题问若干遍,类似的回答也要听若干遍。因此,用人单位会有乏味、枯燥之感。只有具有独到的个人见解和个人特色的回答,才会引起对方的兴趣和注意。

(5)知之为知之,不知为不知。面试遇到自己不知、不懂、不会的问题时,回避闪烁、默不作声、牵强附会、不懂装懂的做法均不足取,诚恳坦率地承认自己的不足之处,反倒会赢得主试者的信任和好感。

实战练习

模拟面试

同学们分成5人一组的小组,各小组设想面试中可能会遇到的问题,每组写8个问题。

小组成员一起选出最好的5个问题,读给大家听。挑选4名志愿者,3名志愿者扮演求职者,第4名扮演面试官。

面试开始,面试官先快速浏览小组选出的问题,他可以使用选出的问题,也可即兴发挥,面试时间10分钟。

面试结束后,全班同学投票选出一个最佳求职者,请教师对求职者的表现给出意见。

第三节　大学生职业心理健康问题及调适

一、高职高专大学生常见职业心理问题

美国心理学家弗洛姆(Erich Fromm)说:"择业就业是一种使人焦虑痛苦、剥夺人的安全感的自由,一种促使人想要逃避的自由,因为你必须选择,无人能代替你选择,且须由你对选择的后果负责。"大学生在就业创业过程中,遇到困难、挫折和冲突是不可避免的,常见的心理问题如下。

(一)压力与焦虑

当前激烈的就业环境给高职高专的大学生带来了较大的就业压力,大学生在就业过程中易出现焦虑和烦躁不安,有些同学甚至出现恐惧的心理,害怕参加重重的录用程序。其实,大学生面临就业会产生压力和焦虑是正常的,但是过度的焦虑和不安,自己又不能化解的话就可能会成为心理障碍影响就业,甚至会造成就业失败。

(二)失落与从众

毕业时,有些同学对职业有着高期望,希望找到高收入、高职位的工作,将自己的就业目标定得很高,即使找不到合适的工作也不肯降低期望值,易导致"高不成,低不就"的失落心理。而有些同学则是对于就业没有确定的目标,就业时听从别人意见,不考虑自己的实际情况,盲目从众,易导致就业失败。

(三)自卑与盲目自信

有些同学毕业时认为自己就读的是高职高专院校,觉得自己竞争力没有本科院校的同学强,缺乏自信,不能向就业单位充分展示自己,易错失好的就业机会;有些同学则正好相反,在学校里面得到了很多锻炼,觉得自己能力强,在就业过程中盲目自信,确立的就业目标偏高,易眼高手低,找不到合适的工作。

(四)矛盾与依赖

高职高专的大学生在毕业时面临着剧烈的心理冲突,产生了种种矛盾的心态。想自主择业,又害怕面对风险;自信心满满,但是面对挫折后很快就自卑;想实现自我,又想依赖家庭;想实现远大理想,却不想正视现实……因此很多同学在毕业时就希望学校推荐就业单位,希望家人帮其就业,出现依赖心理。

二、高职高专大学生求职择业心理调适方法

求职择业时出现以上的心理健康问题我们要懂得如何去调适自己,以减轻或消除心理障碍,以健康的心态迎接职业生活,以下是给大学生预防职业心理健康问题的三点建议。

（一）客观评价自我，适时调整心态

无论是预防问题的出现，还是应对已经出现的问题，都应当是建立在对问题的正确认识和评价基础之上的，要进行求职择业的心理调适，首先就要客观评价自我。一个全面、客观、准确的自我评价，可以帮助了解自己的心理与行为规律，预测可能出现的问题，帮助个体了解自己的思维习惯、行为方式等，通过了解自我，可以预测自己心理与行为发展的趋势，有针对性地进行调整，避免问题的发生。

（二）树立正确的就业观念，调整就业期望值

理想与现实的差距是造成大学生职业心理问题的原因之一，很多大学生没有正确的就业观念，就业期望值脱离现实，这样职业目标无法实现，还会带来消极的情绪体验，因此就业时我们应该树立正确的就业观念，了解如今时代的深刻变革，了解如今就业市场的激烈竞争，了解自己的就业目标……只有我们有了正确的就业观念，调整了自己的就业期望值才能坦然地面对就业市场，做出正确的就业选择。

（三）坦然面对挫折，磨炼心理韧性

面对如今激烈的就业环境，面对如今巨大的就业压力，面对所学的冷门专业，面对个别单位的"性别歧视"……很多大学生会遇到各种困难与挫折，对待困难和挫折的态度不同，所产生的结果也就不同，因为困难和挫折是客观存在的，我们能改变的是对待它们的态度，客观分析、冷静处理、正确归因都是很好的处理方法。另外，提升我们的心理韧性也是处理方法之一，何为心理韧性呢？席居哲等人认为心理韧性指曾经历或正经历严重压力/逆境的个体，其身心未受到不利处境损伤性影响抑或愈挫弥坚的发展现象。可以将其作为个体抵抗压力的能力，因此心理韧性高的人遇到困难和挫折时，其耐受能力相对较高，不易出现心理问题。因此我们在遇到困难和挫折时要坦然面对，同时磨炼自己的心理韧性，适时调整自己的求职心态与求职策略，这样在下一次的求职过程中才能获得成功。

概括而言，为了预防和应对职业心理问题，我们应该做到科学评价自我，建立恰当的职业期望并提高自身的心理韧性，另外做好职业生涯规划，合理宣泄情绪也是很好的处理方法。

拓展阅读

有位青年画家想努力提高自己的画技，画出人人喜爱的画。为此他想出了一个办法。他把自己认为最满意的一幅作品的复制品拿到市场上，旁边放上一支笔，请观众们把不足之处给指点出来。集市上人来人往，画家的态度又十分诚恳，许多人就真诚地发表自己的意见。到晚上回来，画家发现，画面上所有的地方都标上了指责的记号。也就是说，这幅画简直一无是处。这个结果对年轻人的打击太大了，他萎靡不振，开始怀疑自己到底有没有绘画的才能。他的老师见他前不久还雄心万丈，此时却如此情绪消沉，待问清原委后释然一笑，叫他不必就此下结论，换一个方式再试试看。第二天，画家把同一幅画的又一个复制品拿到集市上，旁边放上了一支笔。所不同的是，这次是让大家

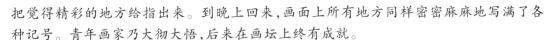

把觉得精彩的地方给指出来。到晚上回来,画面上所有地方同样密密麻麻地写满了各种记号。青年画家乃大彻大悟,后来在画坛上终有成就。

同学们,青年画家换了一个方式去让大家评价他的画,得到完全不同的两个结果,其实在就业问题上也一样,我们可以进行自我调适获得成功。

拓展阅读

求职心理障碍及调适

1. 求职心理障碍

(1)"学而优则仕"的自负心理。有些大学生认为考上大学就是入了龙门,读书多就等于身价高,择业时把眼光盯着大城市,着眼于机关到合资企业等,追求安逸的生活,怕吃苦,眼高手低,一旦找不到工作就万念俱灰。

(2)"白玉有瑕"的自卑心理。有些毕业生过分看重自己某方面的缺陷和不足,害怕用人单位看不上,还有一些人因犯错误抬不起头来,或是因为自己专业不好而信心不足,结果错过时机,难以找到工作。

(3)"温良恭俭让"的保守心理。有些大学生缺乏社会竞争意识,害怕风吹秀木,不愿当出头鸟。到了人才市场,本可一试锋芒,却总是退避三舍,不敢自荐,过分谦虚,担心别人嘲笑自己"自卖自夸",以致错失良机。

(4)"举棋不定"的犹豫心理。有些毕业生择业时缺乏主见,常为家长同学所左右,身不由己,以致"彩球"四处飞,中了哪家算哪家,可一旦签了协议又后悔不迭。

(5)不敢要高薪的心理。货真价实是市场经济的基本特点,在人才市场同样适用。用人单位往往将要求低薪水的人视为"无用之辈",而对那些要求高薪水的人另眼相看。假如你对薪水要求明显低于市场价格,那么你不仅不能表现你的自信心,还可能给用人单位留下工作不会称职的印象。

(6)过分看重个人履历的心理。个人履历的重要作用仅在于能敲开招聘单位大门,至于是否真能进入门槛,更在于接下去的考试和面试,求职者应全力以赴准备面试。

大学毕业生要想找到满意的工作,必须冲破以上误区,树立正确的求职观念。首先要正确认识自我,了解分析市场信息,做到"知己知彼"才能"百战不殆"。其次要勇于推销自己,敢于竞争。坚韧不拔,百折不挠,不达目的不罢休。否则,不会找到令自己满意的工作。

2. 调适

心理学家通过理论探讨和实践检验,创立了许多行之有效的心理调适方法。大学生在就业过程中,可根据自己的心态有选择地加以使用。

自我静思法。遇到困难和挫折时要冷静对待,控制心境,切莫冲动和急躁;摆脱干扰,仔细分析一下是自身原因还是用人单位的原因? 是自己努力不够还是用人单位条件太苛刻? 冷静思考,有利于稳定情绪,找出原因,有针对性地解决问题。

自我转化法。有些时候,不良情绪是不易控制的。这时,可以采取迂回的办法,把自己的情感和精力转移到其他活动中去。使自己没有时间和可能沉浸在不良情绪中,以求得心理平衡,保护自己。

自我适度宣泄法。因求职挫折造成焦虑和紧张时,消除不良情绪最简单的方法莫过于"宣泄"。切忌把不良情绪埋藏于心底。忧虑隐藏得越久,受到的伤害就越大。较妥善的办法是向朋友、老师倾诉,一吐为快,求得安慰、疏导、同情;甚至也可以向亲友痛哭一场,不要强压心底。也可以去打球、爬山、参加运动量大的活动。但是,一定要注意场合、身份、气氛,注意适度,宣泄应是无破坏性的。

自我慰藉法。自我慰藉法就是自我安慰法,即学会自我忍耐。

松弛练习法。松弛练习法也叫做放松训练,是一种通过练习学会在心理上和躯体上放松的方法。

理性情绪法。理性情绪法认为,人有理性与非理性两种信念,这些信念指引下的认知方式会左右人的情绪。人的不良情绪产生的根源来自人的非理性观念,反之亦然。要消除人的不良情绪,就要设法将人的非理性观念转化为理性观念。

当然,自我调适的方法还有很多,如自我重塑法、环境调节法、广交朋友法、自我暗示法、幽默疗法等。这些都是应变的一些方法,但最主要的还是树立远大的理想,树立正确的人生观、价值观,平时就注意培养良好的品质,磨炼坚强的意志,全方位接触社会,体验生活,培养乐观豁达的生活态度。只有这样,才能在择业的重要关头,始终保持积极向上的精神状态和健康的心理,不至于在困难面前退缩。

参考文献

[1]林崇德．发展心理学[M]．北京：人民教育出版社，1995．

[2]樊富珉，何瑾．团体心理辅导[M]．上海：华东师范大学出版社，2010．

[3][美]戴维·迈尔斯．社会心理学[M]．侯玉波，张智勇，乐国安，等译．北京：人民邮电出版社，2006．

[4]方平，张潮，杨晓荣．自助与成长：大学生心理健康教育（高职高专版）[M]．北京：教育科学出版社，2016．

[5]刘庆明，赵生玉．新编大学生心理健康教育[M]．大连：大连理工大学出版社，2017．

[6]王明娟，陈炳霞．大学生心理健康教育[M]．北京：中国言实出版社，2018．

[7]高兰．大学生心理健康教育：心灵成长自助手册[M]．北京：教育科学出版社，2015．

[8]吉家文．新编大学生心理健康教育[M]．天津：南开大学出版社，2012．

[9]夏翠翠．大学生心理健康教育：慕课版[M]．北京：人民邮电出版社，2019．

[10]闫颖，闫瑞．新编大学生心理健康教育[M]．长春：吉林大学出版社，2016．

[11]顾海根．心理测量学[M]．北京：北京大学出版社，2010．

[12]樊富珉，费俊峰．大学生心理健康十六讲[M]．北京：高等教育出版社，2013．

[13]陈明星，姚廷超，寸隽．阳光成长大学生心理健康教育与素质拓展[M]．北京：首都师范大学出版社，2017．

[14]代祖良，李小薇，朱丽芬．大学生心理健康教程[M]．西安：陕西师范大学出版社，2013．

[15]姜国权，郝英．大学生心理健康教育实用教程[M]．沈阳：辽宁大学出版社，2019．

[16]薛红，王雷，陈爽超．大学生生命教育[M]．北京：中国人民大学出版社，2014．

[17]常素芳，李明．生如夏花——大学生生命教育学概论[M]．北京：清华大学出版社，2017．

[18]古月群，漆小萍，叶深南，等．适应与超越——大学新生入学指导[M]．广州：中山大学出版社，2002．

［19］欧巧云．当代大学生生命教育研究［M］．北京：知识产权出版社，2008．

［20］罗崇敏．生命生存生活［M］．昆明：云南人民出版社，2008．

［21］陈曦，谢辉．大学生生涯辅导教程［M］．北京：高等教育出版社，2011．

［22］易传剑，徐凌．走进大学——新生入学适应性教育［M］．北京：海洋出版社，2014．

［23］袁方舟．大学生职业心理与生涯规划［M］．北京：北京师范大学出版社，2014．